학교갈등관리

Conflict Management in Schools

문용갑 · 이남옥 · 문다운 공저

학지사

🌳 머리말

- 이 책은 누구를 위한 것인가?
- 학교갈등관리의 목표는 무엇인가?
- 효율적 갈등관리가 얼마나 중요한가?
- 학교장은 중간자로서 어떻게 성공할 수 있는가?
- 이 책은 어떻게 구성되어 있는가?

학교는 화산과 같다

학교는 화산지역과 유사하다. 지질학적으로 지표면에는 마그마가 분출하는 곳들이 있다. 마그마는 땅속 깊은 곳에서 지열로 녹아 반액체로 된 물질이다. 마그마가 굳어져 생긴 것이 화성암이고, 지상으로 분출하여 형성된 것이 화산이다. 땅속에 마그마가 지표면을 뚫고 솟구쳐 뿜어져 나오면 치명적인 결과를 초래할 수 있다.

화산 소리를 들은 사람은 지진, 화재, 연기, 용암, 재, 공황, 혼돈, 파괴, 죽음 등을 떠올린다. 그러나 화산이라고 모두 위험한 것은 아니다. 활화산, 휴화산, 사화산 중 사화산에서는 안전하게 살 수 있다.

화산 폭발에 놀라지 않기 위해 조기탐지기가 개발되었다. 고대에는 동물의 독특한 행동이 화산 폭발을 알리는 중요한 지표였다. 요즘에는 조기경보 및 대피를 위해 지진계, 측지계 또는 중력계로 화산에 관한 데이터를 기록한다. 하지만 조기경보가 불가능한 상황들이 계속해서 발생하고 있다. 화산은 여전히 폭발하여 파괴적인 에너지를 뿜어내고 있다.

매일 학생, 교사 등 많은 사람이 물리적·심리적으로 밀집된 학교 공간에 모인다. 그 목표와 목적은 어린이와 청소년이 효과적으로 학습하여 사회에서 자신의 자리와 삶의 의미를 찾는 것이다.

학생이든 교직원이든 매일 학교 문턱을 넘는 사람들은 완벽한 존재가 아니다. 그들은 장점도 많지만 단점 또한 많다. 학교의 구조와 과정 역시 불완전하다. 따라서 지구 표면 밑에 있는 초생 마그마처럼 '학교 표면' 밑에 쌓인 많은 갈등잠재요인은 너무나 인간적인 현상이다. 항상 예측할 수 없지만, 이 갈등잠재요인들은 어느 시점에 누구나 알고 있지만 대부분 좋아하지 않는 학교갈등으로 표출된다. 학교갈등은 매일 다양한 인간관계에서 다양한 형태로 발생한다. 수업 시간에 학생들이 수업을 방해한다. 한 학생이 반 친구에게 신체적 피해를 입힌다. 실습실에서 고의로 교재나 교구를 훼손한다. 학부모가 자녀 성적에 크게 불평한다. 두 교사가 교육적 견해가 다르다는 이유로 교무실에서 격렬하게 말다툼을 한다. 한 교사가 업무분배를 거부한다. 학교장이 교감을 충성심이 부족하다고 비난한다. 행정직원이 경비원에게 모욕을 당한다. 이처럼 학교에서는 갈등이라는 마그마가 분출하지 않는 날이 없다.

화산활동은 학기 중에 더 강해진다. 화산 열이 세지듯 학교갈등 온도도 높아진다. 학기 마지막 날, 사람들이 학교라는 화산지역을 떠나면 갈등 온도는 다시 낮아진다. 학생과 학부모의 성적에 대한 불만으로 여진이 며칠 더 이어질 수 있다. 드디어 화산측정기가 경보해제를 알린다. 학교에 많은 화산이 휴지기에 들어가고 일부는 영원히 소멸하기도 한다. 후자는 까다로운 학생이나 교직원이 학교를 떠나는 경우이다.

학교갈등은 과제, 시험, 휴식시간 및 기타 규칙과 마찬가지로 일상적 학교생활의 일부분이다. 학교갈등은 바람직하지 않은 상황에 대해 시기적절한 대응을 하도록 하는 중요한 조기경보 신호가 될 수 있으므로 애초부터 유해한 것으로 간주되어서는 안 된다. 그리고 많은 시간 쌓아 온 감정을 표현할 수 있는 기회도 제공하므로 심리적으로도 유용할 수 있다. 이와 같은 긍정적 측면이 있음에도 불구하고 학교생활에 매우 부정적 영향을 미치는 갈등들이 반복적으로 발생한다. 이런 갈등들은 많은 에너지를 빼앗고 교육환경, 과정 및 결과에 악영향을 미친다.

갈등관리자로서 학교장

학교장은 학교교육의 목표, 방향, 내용과 관련하여 학교구성원들의 이해를 높이고 공감대를 형성하며, 그들의 에너지를 통합하여 교육활동 및 학교경영의 성과를 극대화하여야 한다. 확고한 교육철학을 바탕으로 학교의 특성과 여건을 고려하여 교사, 행정직원, 학생, 학부모, 지역사회, 언론 등의 노력을 결집하고 동시에 의사결정 과정에서부터 추진 과정에 이르기까지 그들의 의견을 충분히 반영하여 모든 구성원이 학교경영을 이해하고 적극적으로 참여하도록 해야 한다.

하지만 학령인구 격감 및 가족구조의 변화, 고등교육의 대중화, 기술발달과 정보화, 정치·경제·문화적 세계화 등의 교육환경 변화와 공교육에 대한 불만족과 불신 누적, 민주적 역동성을 기본으로

하는 교육혁신의 기대감, 국민의 높은 교육열과 풍부한 인적·물적 기반 확충 등의 사회적 요인은 청소년 교육환경과 학교경영에도 상당한 변화를 요구하고 있다. 이와 함께 학교조직의 안정적인 교육목표 달성과 지속적인 발전을 위한 결과 지향적 학교경영이 더욱 강조되고 있다. 교육예산, 교실수업개선, 교원인사관리, 교육수요자 지향뿐만 아니라 학교자율경영도 이러한 변화 추세를 반영한다.

이러한 학교조직의 대내외 환경 변화는 학교장에게 단순한 행정적·관리적 기능뿐 아니라 학교교육의 목표를 명확히 수립함으로써 학교개혁에 앞장설 수 있는 새로운 '지도자'로서의 역할을 요구하고 있다.

특히 자율화·민주화 시대의 도래와 추상적인 학교조직의 목표로 인해 교사, 행정직원, 학생, 학부모, 지역사회, 언론 등의 학교에 대한 상반된 요구와 기대가 분출함으로써 학교 내 크고 작은 갈등들이 발생하고 있다. 제때 해결되지 않은 갈등은 심각한 폭력으로 번져 학교구성원들에게 정신적·신체적 고통을 주고 교육을 목표로 하는 학교조직에게는 제 기능을 하지 못하게 하며 더 나아가 학교 담을 넘어 지역사회로까지 번져 커다란 사회적 문제를 야기할 수 있다.

이런 상황에서 학교장은 학교구성원 및 관련자들이 학교와 자신에게 기대하는 것이 무엇인지를 정확히 파악할 수 있는 능력과 서로 상반된 기대와 요구를 파악하고 이들 간에 갈등이 발생할 때 해결할 수 있는 능력이 필요하다. 오늘날 학교구성원들이 실제 경험하는 갈등은 극히 우려할 수준이며 이에 대한 적절한 대처와 관리가 학생의 성장과 교육의 성패와도 직결되므로 학교갈등관리는 학교장에게 요구되는 중요한 리더십 역량 중 하나이다.

학교갈등관리의 목표

학교조직은 교육을 통하여 학생의 성장과 발달을 목표로 하는 사회적 구성체이다. 이 학교목표는 구성원들의 협력으로 이루어지지만 대개 그들의 대립으로 인해 좌절되기도 한다. 따라서 대립을 최소화하고 협력을 강화하여 효율성을 극대화해야 한다.

학교조직은 목적이 교육이고 대상이 학생이라는 점에서 다른 조직과 비교되며, 서로 개성이 다른 학교구성원들이 상호작용하면서 다양한 역할을 수행하기 때문에 학교사회에서 일어나는 사회적 과정은 복잡 미묘하다.

학교갈등관리의 목표는 갈등이 발생 또는 존재하는 경우 학교 본연의 교육목표를 달성하기 위한 최적의 해결책을 찾는 것이다. 성공적인 갈등관리는 실질적 문제해결뿐만 아니라 특히 학교생활에 관련된 모든 사람의 관계 개선에 기여한다. 생산적인 갈등해결은 팀발달(예: 프로젝트집단)뿐 아니라 학교조직문화, 대외 학교이미지(조직정체성, corperate identity) 및 협력효율성(Neubauer, 2003)과 함께 학교가 학습조직으로서 거듭나기 위한 토대가 된다.

이 같은 일반적 목표에 따르면, 갈등관리는 학교장뿐 아니라 이상적으로는 모든 학교구성원의 임무라고 할 수 있지만 그 시작은 학교장의 몫이다. 학교갈등관리에 관한 문헌에 따르면, 갈등 발생 시 학교장은 대화 또는 회의진행자로서 갈등당사자들이 스스로 해결책을 찾도록 노력하는 모더레이터(moderator)나 조정자(mediator) 역할을 해야 한다. 원칙적으로 이런 주장은 옳지만 제안된 해결방안들이 '최종해결책'으로 받아들여지려면 소정의 기준을 충족해야 한다는 사실을 명확히 언급하는 경우는 거의 없다. 이 기준 충족은 특히 학교와 같은 공식조직에서 중요하다. 여기서 기준은, 예를 들어 원칙, 법적 요건, 관리자의 지시, 개인적·윤리적·종교적 신념 또는 경제적 효율성 및 절약 원칙 등을 의미한다. 따라서 학교장은 다음을 명시해야 한다.

- 학교장의 갈등관리는 단순한 갈등조정 기능에만 국한되어서도 안 되며 항상 효율적인 학교관리를 위한 전체 업무에 포함되어야 한다.
- 학교장은, 예를 들어 갈등당사자 교사와 학부모 사이에서 조정자로서 갈등조정을 하고 싶더라도 본인의 학교관리 책임상 갈등 처리에 완전히 관여하지 않을 수 없다.
- 학교장은 학교문제에 완전히 중립적인 조정자로 활동하고 싶지만 그럼에도 불구하고 갈등당사자들에게는 여전히 학교장으로만 비칠 수 있다. 따라서 이 문제를 인식하는 것이 중요하다.

지금까지 언급한 사항들은 조직의 위계구조를 강조한다. 법률상 학교장이 학교에서 소정의 의무와 권한과 함께 가장 높은 지위를 차지하고 있다는 것은 의심의 여지가 없다. 그러나 학교 현실을 보면 학교장의 권력 원천이 보잘것없는 경우도 있다. 상관으로서 단순히 권력수단을 통해 교사, 학부모 또는 학생에게 영향을 미칠 가능성 또한 빠르게 적어지고 있다. 따라서 모든 학교구성원 갈등에 대해 공식적 권력수단을 쓰는 것보다 지속 가능한 해결책을 찾는 것이 더 합리적이다. 이것이 가지는 실제적 의미는 다음과 같다.

- 원칙적으로 학교장은 권력보다는 동등한 입장에서 갈등을 가

능한 한 객관적으로 분석하고 해결하기 위해 노력하여야 한
다. 학교장은 권력으로 갈등해결을 강요할 수 있지만, 그로 인
해 새로운 갈등이 발생할 수 있다. 갈등은 모든 관련자가 핵심
쟁점이 해결되었다고 인식해야만 실제로 해결된 것이다.

- 따라서 학교장은 함께 문제를 해결하는 과정을 위해 한 개인
  으로 물러서서 의식적으로도 자신의 권력을 포기하여야 한다.
  권력불균형은 갈등조정 진행에 걸림돌로 역효과를 야기할 수
  있으므로 피해야 한다(Wittschier, 1998).
- 그래서 학교장에게는 일종의 딜레마가 있다. 즉, 학교장은 개
  인적으로 책임이 있지만 팀의 일원이 되어야만 리더십을 발휘
  할 수 있다.
- 하지만 이는 학교장이 평범한 교직원처럼 행동한다는 의미가
  아니다. 학교장은 교직원들에게 필요한 정보를 제공하고 근거
  를 제시하고 문제해결 과정에 참여하며, 필요한 경우 학교장
  의 관점에서 중요한 목표를 제시한다.

또한 포괄적 의미에서 학교장의 갈등관리는 기존의 방법으로는
협력하여 해결할 수 없는 심각한 사안에 대해 자신의 권한과 가능
한 법적 절차를 통해 공식적으로 지시하는 것을 의미하기도 한다.
그러나 이런 경우에는 사전에 그 지시가 가져올 결과를 필히 염두
에 두어야 한다. 다시 말해, '날카로운 칼을 탁자 위에 올려놓지만
가능한 한 사용하지 않는 것이다.'

문제를 함께 해결하려는 자세는 주로 상황과 관련자들의 경험
및 특성에 달려 있다. 따라서 합의는 조건에 따라 어렵거나 애매한
경우 아예 불가능할 수 있다. 그렇지만 학교장의 행동은 성공을 위

해 필수적이다.

　저자들은 학교에서 갈등관리를 진작하고 개선하기 위해 이 책을 썼다. 이 책은 수년간 화산과 같은 학교갈등에 대한 개입 및 교육 경험을 기반으로 하였으며 주요 독자는 학교장이다. 또한 교사, 장학사, 교사교육 전문가, 학교심리학자, 상담교사 및 교육대학 학생 등을 대상으로 한다. 내용적으로는 다음과 같이 구성되어 있다.

　이 책은 모두 12장으로 구성되어 있다. 1장에서는 실제 사례들을 통해 밝혀진 학교의 전형적 갈등잠재요인들을 살펴보고, 2장에서는 갈등 개념, 갈등 유형, 갈등 원인, 갈등 생성 및 전개 과정, 갈등해결방법, 갈등예방방법 등에 대해 살펴볼 것이다. 이어서 3장에서는 갈등의 긍정적인 측면을 강조한다. 4장에서는 갈등예방을 위한 다양한 방법을 소개하고, 5장에서는 갈등진단에 따른 갈등해결방법들을 제시할 것이다. 6장에서는 학교장의 업무수행를 위한 조건들을 살펴본다. 특히 일상적 의사결정과 행동을 위한 법적 맥락과 그 중요성에 대해 논의할 것이다. 7장에서는 학교에서 갈등에 처한 개인 또는 집단에 따라 중요한 차이가 있으므로 관련 이론적 기본요소들과 이를 바탕으로 한 학교갈등진단을 살펴보고, 8장에서는 이 기본요소들을 기반으로 한 갈등관리 절차와 전략을 이해할 것이다. 이어서 9장에서는 대표적인 학교갈등해결방법들을 제시하고, 10장에서는 실제로 간과되고 있는 학교갈등예방을 중심으로 장기적 갈등관리를 위한 일련의 방안과 권장 사항을 살펴본다. 마지막 11장과 12장에서는 학교장의 일반적 오류와 자주 묻는 질문에 간략한 힌트를 제공할 것이다.

한국갈등관리조정연구소

문용갑, 이남옥, 문다운

참고문헌

Neubauer, W. (2003). *Organisationskultur.* Stuttgart.

Wittschier, B. M. (1998). *Konflikt und zugenäht: Konflikte kreativ lösen durch Wirtschaftsmediation.* Wiesbaden.

차례

⊙ 머리말 _ 3

1장 학교의 전형적 갈등잠재요소들 • 19

1. 학교장은 어떻게 결정할 것인가? _ 21
2. 사례 _ 22

2장 갈등 이해 • 29

1. 갈등이란 무엇인가? _ 31
2. 개인적 요소들의 변화: 원인이자 결과 _ 39
3. 갈등 기능 _ 45
4. 갈등 유형 _ 47
5. 갈등 인식 _ 59
6. 갈등 생성 및 전개 _ 64
7. 갈등고조기제 _ 81
8. 갈등고조단계 _ 86

3장 기회로서 갈등 • 93

1. 갈등에 대한 긍정적 입장 _ 96

2. 장애 극복 _ 97

3. 변화과정에서 생산적 저항 관리 _ 99

4장 갈등예방 • 103

1. 갈등에 대한 승자적 자세 _ 105

2. 심리적 안정 _ 112

3. 역할 명료화 _ 114

4. 인간관계 관리 _ 116

5. 집단역동 이해 _ 119

6. 과정 성찰 _ 121

7. 구조적 긴장 완화 _ 122

8. 체계원리 파악 _ 127

5장 갈등해결 • 131

1. 갈등진단 _ 134

2. 갈등해결 _ 138

3. 갈등규제인가, 갈등해결인가? _ 156

6장 **리더십과 책임으로서 갈등관리 · 161**

1. 법적 근거 _ 165

2. 학교장의 '책임' _ 165

3. 주요 갈등 _ 167

4. 학교장의 역할 _ 168

5. 리더십 기준 _ 169

7장 **개인 및 집단 갈등관리 · 173**

1. 개인 간 갈등 _ 175

2. 집단과 갈등 _ 177

3. 집단정체성과 우리의식 _ 178

4. 갈등당사자로서 집단 _ 180

5. 집단갈등관리 _ 182

6. 갈등관리 절차 _ 184

7. 갈등진단 및 해결방법 _ 188

8장 **중간자로서 학교장 · 195**

1. 의사결정 기준 _ 198

2. 의사결정을 위한 기본전략 _ 199

3. 조정자 또는 모더레이터로서 학교장? _ 203

4. 협력적 갈등해결대화모델 _ 208

5. 갈등해결대화 지침 _ 214

6. 관계 개선 _ 216

7. 상대방 존중 _ 217

8. 경청과 개별대화의 중요성 _ 220

9. 리더십 요소로서 피드백 _ 222

10. 집단에서 메타커뮤니케이션 _ 224

11. 집단대화 진행을 위한 추가 지침 _ 225

12. 업무 위임 _ 227

13. 업무 위임 시 학교장의 주의 사항 _ 230

9장 학교갈등해결 • 233

1. 교사-학생 갈등해결대화 _ 236

2. 교사-학급 갈등해결대화 _ 241

3. 학생-학생 갈등 또래조정 _ 244

4. 학부모-교사 갈등해결대화 _ 247

5. 갈등해결을 위한 학급교사회의 _ 250

6. 교사-교사 갈등해결을 위한 교사회의 _ 253

7. 교사진 갈등해결대화 _ 256

8. 집단괴롭힘 대처 _ 262

9. 감정관리 _ 279

10. 권력개입 _ 285

10장 학교갈등예방 · 291

1. 훌륭한 학교리더십 _ 295

2. 효과적 수업 _ 300

3. 학생 중심의 교실관리 _ 308

4. 마음챙김 대화 문화 _ 315

5. 체계적 팀발달 _ 327

6. 세심한 학교발전 _ 334

7. 또래조정과 학교폭력 예방:

   우리 학생들은 자신들의 갈등을 스스로 해결해야 한다! _ 345

8. 정기적 교사회의: 교사회의에서 우리는 항상 서로 경험을 교환할

   시간이 너무 적다. 동료관계를 개선하려면 정기적인 회의가

   필요하다! _ 365

9. 수행평가: 항상 점수가 문제다! _ 370

10. 교육관 정립: 우리 모두는 교육에 대해 다른 생각을 하기 때문에

    항상 심하게 다툰다! _ 374

11. 교육과정 개발: 우리도 교육과정이 필요하다! _ 378

12. 수업과 참여 기회에 대한 학부모의 불만족 _ 383

11장 학교장의 전형적인 실수와 예방 · 395

1. 당신은 ……을 알아야 합니다. _ 397

2. 나는 상대방이 자유롭게 마음 놓고 토론하도록 하지만, 상대방이

   나에게 유리한 해결책을 찾지 못하면 단호히 반대한다. _ 398

3. 나는 더 이상의 논쟁을 피하기 위해 갈등대화 시작부터 바로 해결

   방안을 제시한다. _ 398

4. 나는 갈등당사자들과 개별적으로 대화한다. 왜냐하면 그들은
   합리적인 의견을 가질 수 있기 때문이다. _ 399

5. 갈등이 격렬한 상황에서는 가능한 한 냉정하고 발언을
   자제한다. _ 399

6. 갈등해결대화 진행 시 가장 중요한 것은 억눌린 감정을 자제하는
   방법을 찾는 것이다. _ 400

7. 나는 중립을 지키기 위해 갈등해결대화에서 가능한 한
   자제한다. _ 401

12장 학교장이 자주 묻는 질문 • 403

1. 두 갈등당사자(개인, 집단) 또는 위원회 구성원들이 끝없이 토론만
   하고 의견 일치가 불가능하다. _ 405

2. 학교장으로서 중요한 이유로 받아들일 수 없는 주장을 하는 사람이
   있는가? _ 406

3. 항상 법적 주장만 하는 사람이 있는가? _ 407

4. 항상 자기만 말하고 상대방은 말하지 못하게 하는 사람이
   있는가? _ 407

5. 회의에서 한마디도 말하지 않은 사람이 있는가? _ 408

6. 아무도 갈등해결을 위한 방안을 제시하지 않는가? _ 408

7. 학교장은 대다수의 사람(교사, 교직원, 학교 전체 등)에게 영향을
   미치는 문제에 직면하고 있다면 어떻게 할 것인가? _ 409

8. 결어 _ 409

◉ 부록 _ 413
◉ 찾아보기 _ 423

1장

학교의 전형적
갈등잠재요소들

CONFLICT MANAGEMENT IN SCHOOLS

CONFLICT
MANAGEMENT
IN SCHOOLS

● 학교장은 건설적 갈등관리를 위해 학교구성원들을 어떻게 관리하여야 하는가?
● 제시된 세 가지 갈등 사례를 어떻게 해결할 것이며, 어떤 방안이 있는가?
● 간략히 기술한 갈등잠재요인들을 어떻게 처리할 것인가?

1. 학교장은 어떻게 결정할 것인가?

학교장은 경험 많은 교사에게 갈등을 성공적으로 해결한 경험을 물으면, 의견 차이를 좁히기 위한 토론, 정확한 업무 지시, 사회적 민감성 또는 갈등상대방의 관심사 파악 등 다양한 답을 들을 수 있다.

갈등고조로 인한 문제와 위험을 설명하기 위해 먼저 세 가지 갈등 사례를 살펴볼 것이다. 이 사례들을 읽고 다음과 같이 자문한다.

• 이런 경우 나는 학교장으로서 어떻게 결정할 것인가?
• 이런 경우 또는 유사한 경우에 나는 어떤 경험을 했는가?

2. 사례

1) 사례 1: 휴식시간 감독

한 교사가 휴식시간에 운동장에서 뛰어노는 학생들을 감독하고 있다. 관리하기 어려운 후미진 곳에서 학생들이 싸운 적이 있어서 교감은 감독관의 수를 늘리려고 한다. 학교장은 상황을 철저히 파악한 후 '휴식시간 감독연장'이라는 사안을 다음 교사협의회에서 안건으로 상정하여 논의 및 결정하기로 하였다. 이 회의에서 대다수의 교사는 감독관은 1명으로 충분하다며 두 번째 감독관 임명에 반대한다.

(1) 방안 1
학교장은 감독관을 기존의 교사 1명으로 유지하기로 하고 다음과 같이 '인도적인 이유'를 수용한다.

- 가능하다면 모든 교사는 휴식시간에 휴식을 취할 수 있어야 한다. 특히 행동문제가 있는 학생의 수가 전반적으로 증가하여 수업에 큰 부담이 되고 있다.
- 많은 시간제 교사에게도 감독은 별로 즐겁지 않은 일이다.

(2) 방안 2
학교장은 늘어나는 학생안전사고에 대비하기 위해 두 번째 감독관이 필요하다고 생각한다. 학교장은 관련 법적 근거를 설명하고 자신의 책임과 권한을 강조한다. 대다수 교직원이 휴식시간 감독관은 한 명이라는 기존 원칙을 고수하길 원하지만 학교장은 두 번째 감독관을 지정하도록 명령한다. 또 다른 방안이 있는가?

2) 사례 2: A 학생은 수학과목에서 낙제 점수를 받아야 하는가?

고등학교 2학년 A 학생의 부모가 학교장을 방문했다. 부모는 수학교사가 A 학생이 높은 등급을 받을 기회를 주지 않았다고 주장한다. 부모는 수학교사를 도저히 믿을 수 없다. A 학생은 이 성적으로는 3학년 진급뿐 아니라 내신등급이 낮아서 대학진학도 어렵다. A 학생의 점수는 수학교사의 평가기준 때문이다.

(1) 방안 1

학교장은 학부모에게 이 사안에 대해 수학교사와 상의할 것을 약속한다. 수학교사에게는 학부모의 방문을 알리고 학년진급 및 대학진학을 앞둔 학생들에게 재시험 기회를 줄 수 있는지 묻는다. 수학교사는 학생들의 수학점수에 대해 설명한다. 그의 의견에 따르면, 대다수의 학생이 수학에 흥미가 없고 버릇이 없다. 특히 A 학생이 문제이다. 따라서 A 학생 부모의 요구에 따라 재시험 기회를 주는 것은 A 학생에게 달려 있다.

(2) 방안 2

학부모 불만에 따라 학교장은 수학교사에게 수업 내용과 학생 성적을 설명하도록 한다. 그리고 학생 성적을 비판하며 학생 실력

에 맞춘 수업이어야 성적을 올릴 수 있을 것이라고 제안한다. 수학
교사는 대부분의 학생이 수학에 흥미와 관심이 없다는 점을 강조
하며 많은 학생이 수업을 방해한다고 한다. A 학생은 특히 기초실
력도 약하고 수업태도가 좋지 않다. 학교장은 학생의 수학 성적이
좋지 않은 것은 학생지도가 부족했기 때문이라고 한다. 따라서 "학
생이 수학에 관심을 갖도록 실력에 맞는 수업 방법이 있습니까?"라
고 묻는다. 학교장은 수학교사가 A 학생의 부모와 직접 해결하길
바란다. 또 다른 방안이 있는가?

3) 사례 3: 방과후 교실 사용으로 항상 문제가 있다!

S시 행사에 초대된 한 음악단체가 일주일에 두 번 저녁에 연습할
수 있는 공간을 요청했다. S시는 한 학교의 교실관리담당자와 협조
하여 연습에 적합한 교실을 찾았다. 2주 후, B 교사가 음악단체가
쓰고 있는 교실이 문제가 많다고 행정실에 불평했다. "담배 재가
교실 바닥에 떨어져 있고 화분에 담배꽁초가 쌓여 있으며 학생 책
상 아래에 맥주병들도 있습니다. 한번 아침에 교실에 들어가 보세
요. 환기가 되어 있지 않습니다. 수업을 할 수 없을 정도로 지저분
합니다! 학생들은 교실에 들어가지 않겠다고 합니다."

(1) 방안 1

학교 시설담당자가 이 사실을 학교장에 알린다. 학교장은 S시에
음악단체가 문제의 교실을 원상 복구하도록 촉구한다. S시는 이런
불쾌한 상황이 재발하지 않도록 음악단체 책임자에게 촉구할 것을
약속한다.

(2) 방안 2

학교장은 음악단체에 불만을 토로하고 관련 규정대로 교실이 불결하고 환기하지 않으면 앞으로 교실 사용을 금지할 것이라고 통보한다. 학교장은 학교위생 및 방역과 안전한 수업을 책임지고 있다. 교육당국에도 이를 보고한다. 또 다른 방안이 있는가?

이 밖에도 학교장의 관점에서 볼 수 있는 다양한 갈등잠재요인이 있다.

- 과제: 갈등잠재요인
  - 다음 장을 읽기 전에 다음의 문제상황을 해결할 수 있는 방법을 생각한다.
  - 다음 장을 읽은 후에 다음의 문제상황을 해결할 수 있는 방법을 생각하고 앞의 방법들과 비교한다.
- 1. 인원보충 계획: '항상 나만?'
  - 어떻게 교사들과 협의하여 교사의 과도한 스트레스를 예방할 수 있는가?
- 2. 잔업: '나는 타 학교와 협력에 관한 일을 포기하고 싶다.'
  - 업무의 균등분배와 개인적 이해관계를 고려한 업무분장을 어떻게 할 수 있는가?
- 3. 새로운 지침 및 교육과정 도입: "나는 동료교사들과 창의적 교수법 개발을 발표했습니다. 이를 위해 우리는 많은 준비를 했으나 이제 와서 일부 동료교사들이 관심이 없으니 짜증이 납니다."
  - 가능한 한 많은 교사가 함께하는 혁신을 하려면 어떻게 해야 하는가?
- 4. 교자재: "A 교사가 또 교자재를 쌓아 놓고만 있습니다. 우리는 그의 처분만 바랄 뿐입니다."
  - 이 문제는 교사 및 교과목 회의에서 해결책을 찾아야 하지 않는가?

5. 협력: '새 학년에는 누가 누구와 함께 일할 것인가?'

   –능력 있고 조화로운 팀을 어떻게 구성할 수 있는가?

6. 수행평가: '나는 학부모로부터 숙제 검사를 잘 못했다는 비난을 받고 싶지 않다!'

   –이에 대해 우리는 '수행평가원칙'을 정해야 되지 않는가?

7. 과민한 학교장: A 교사가 동료교사들에게 말한다. "교장선생님은 말씀드 리면 공격받는 것 같다고 하시고 비판에 매우 애민하게 반응하십니다. 우 리는 교장선생님 때문에 종종 불쾌합니다. 모든 교직원이 많은 문제가 골 칫덩어리이신 교장선생님 때문이라고 합니다. 교장선생님이 일부 교사에 게 보낸 편지는 자신이 약하다는 신호일 뿐입니다. 저는 교육당국의 개입 이 필요하다고 생각합니다."

   –이런 평가를 받은 학교장은 과연 어떻게 역할을 수행할 수 있는가? 학 교장은 스스로 무엇을 할 수 있고, 해야 하는가?

8. 행동문제가 있는 학생 다루기: "우리는 힘든 학생을 다르게 대해서는 안 됩니다. 그 학생에게 비위를 맞추는 사람도 있고 아예 무시하거나 꾸지람 하는 사람들도 있습니다."

   –교사들은 원칙적으로 이에 대해 어떻게 합의하고 교육의 자유를 제한 하지 않는 선에서 적절한 방침을 세울 수 있는가?

9. 교사 질병: "A 교사는 분명히 알코올 문제가 있습니다. 그는 아무 때나 휴 가를 내고 출근하지 않습니다. 이러면 안 됩니다!"

   –알코올중독 문제는 교육당국의 개입과 의료지원만으로 해결되어야 하 는가? 학교장의 보호 의무는 없는가?

학교장의 개입이 어떤 영향을 미치며 어떤 조건들이 고려되어야
하는지에 대해 평가하기 위해서는 사회심리학적 요소뿐만 아니라
법적 요소도 고려되어야 한다.

참 고문헌

Avenarius, H., & Heckel, H. (2007). *Schulrechtskunde.* Neuwied, Krftel.

Bieger, E., & Mügge, J. (1995). *Hinter Konflikten stecken Energien.* Kompetenz für Leitung und Moderation. Hamburg.

Brozio, C., & Gampe, H. (2008). Qualitätsimpulse für Schulentwicklung und Konfliktmanagement. In Knapp, R., Neubauer, W., & Gampe, H. (Hrsg.), *Schulische Konflikte bewältigen.* Grundlagen und Praxisorientierungen plus CD-ROM mit Praxishilfen. Köln: LinkLuchterhand, S. 45-48.

Knapp, R., Neubauer, W., & Wichterich, H. (Hrsg.) (2009). *Dicke Luft im Lehrerzimmer: Konfliktmanagement für Schulleitungen.*

Kreter, G. (2008). Lehrer-Schüler-Ebene. In Knapp, R., Neuhauer, W., & Gampe, H. (Hrsg.), *Schulische Kontlikte bewältigen.* Grundlagen und Praxisorientierungen plus CD-ROM mit Praxishilfen. Köln: LinkLuchterhand, S. 80.

Myschker, N. (1996). *Verhaltensstönmgen bei Kindern und Jugendlichen.* Stuttgart: Kohlhammer.

Schulz von Thun, F., Ruppel, J., & Stratmann, R. (2000). *Miteinander reden.* Kommunikationspsychologie für Fuhrungskräfte. Reinbek bei Hamburg: Rowohlt.

Stimmer, Fr. (2000). *Suchtlexikon.* München: Oldenbourg.

Wallrabenstein, W. (Hrsg.) (1999). *Gute Schule-schlechte Schule*. Ein Schwarz-Weiß-Buch. Reinbek bei Hamburg.

2장

갈등 이해

CONFLICT MANAGEMENT IN SCHOOLS

CONFLICT
MANAGEMENT
IN SCHOOLS

- 갈등이란 무엇인가?
- 갈등은 어떻게 발생하고 진행되는가?
- 갈등은 어떻게 고조되는가?

1. 갈등이란 무엇인가?

갈등을 관리하려면 관찰한 갈등을 정확히 기술하고 분류하고 이해할 수 있어야 한다. 이를 위해서는 먼저 갈등 개념에 대한 이해가 필요하다.

'갈등'은 일상에서 많이 사용하는 용어이지만 그 의미가 모호하고 광범위해서 무분별하게 남발되기도 한다. 예를 들어, 우리는 일상적으로 결정이나 합의를 보지 못하거나 업무로 인해 스트레스를 받는 경우 명확한 정의 없이 '갈등'이란 용어를 부정적인 의미로 사용한다. 하지만 갈등을 관리하기 위해서는 먼저 '갈등'이란 개념을 정확히 이해하는 것이 필요하다. 의견 차이나 불명확한 상황은 갈등이 아니다. 갈등 개념을 명확히 하기 위해 관련 개념들을 살펴보면 다음과 같다(문용갑, 이남옥, 2020).

- 토론: 토론은 다양한 의견을 가진 사람들이 상대방 또는 청중을 설득시키기 위해 근거를 들어 자신의 주장을 펼치는 과정

이다. 토론을 통해 합의점을 도출하지만 항상 가능한 것은 아니다. 토론에서는 주제를 여러 각도에서 조명하고 차이점들을 서로 제시하는 것이 필요하다.

• 문제: 우리가 원하는 것(목표, 이상 등)과 우리가 현재 처해 있는 상태 사이의 차이를 해소할 방법이 없을 때 문제라고 한다. 그 차이가 상대방의 위협이나 방해로 인한 것이거나 기대와 현재가 불분명한 경우 그 문제는 갈등이 될 수 있다.

• 의견 차이: 의견 차이는 당사자들 사이에 서로 다른 견해, 경향, 사실 등을 의미한다. 토론은 의견 차이에서 비롯되지만 의견이 다르다고 반드시 행동으로 이어지는 것은 아니다. 이런 점에서 의견 차이는 갈등과 다르다. 갈등은 항상 계획된 행동과 관련이 있다. 목표에 대한 의견 차이는 갈등이 될 수 있다

• 공격성: 공격성은 타인에게 수치심을 느끼게 하거나 고통을 주거나 혹은 상해를 입히는 행동이다. 갈등에서도 상대방을 공격할 수 있지만, 공격성이 곧 갈등은 아니다. 공격성은 상반된 목표와 상관없이 가능하다. 서로 의존하지 않는 상태에서도 공격성은 가능하다. 공격성은 갈등의 한 형태이거나 원인이 될 수 있다.

• 폭력: 폭력은 물질적 혹은 심리적 수단을 써서 신체적으로 또는 정서적으로 타인을 괴롭히는 행동이다. 갈등이 고조되면 갈등당사자들은 폭력을 행사한다.

• 경쟁: 갈등과 경쟁은 복수의 행위자(개인, 집단, 조직 등)가 동일한 목표를 서로 성취하려고 노력하는 상황이라는 점에서 동일하다. 하지만 행동 측면에서 갈등과 경쟁은 구별된다. 갈등은 행위자의 행동이 상호의존적이기 때문에 일방이 상대방의 활

동을 간섭 또는 방해하는 데 비해, 경쟁은 행동의 상호의존성
이 없기 때문에 방해도 없다.

• 위기: 위기는 개인, 집단, 조직 등의 생존을 위협하는 상황이나
과정에서 해결방법이나 자원이 없는 상황을 의미한다. 위기는
생과 사, 존립과 멸망이 갈리는 위급한 상황이다. 집단이나 조
직이 위기에 처하면 관리자는 기강 유지나 업무 파악 및 수행
등이 불가능하다.

갈등은 한마디로 불쾌한 '긴장상태'를 뜻한다. 어원적으로 한자
어 갈등(葛藤)은 칡(葛)과 등나무(藤)가 뒤엉켜 서로 불편한 상태를
의미한다. 갈등을 의미하는 영어 conflict도 라틴어 confligere에서
기인하여 '함께'를 의미하는 'con'과 '때리다'는 뜻을 가진 'fligere'에
서 파생된 'flict'의 합성어로서 서로 때리거나 충돌하는 긴장상태를
의미한다. '긴장'의 핵은 분노, 두려움, 불안, 초조, 적개심 등 부정
적 감정이다. 따라서 합리적으로 해결될 수 있고 불쾌한 감정을 동
반하지 않는 상황, 예를 들어 교구를 교체하거나 교사들이 다양한
방안에 대해 사실적으로 논의하는 경우처럼 간장이 없는 경우는
일반적으로 갈등이라고 하지 않고 의견 차이나 해결해야 할 문제
라고 한다. 풀 수 있는 오해도 갈등이 아니다.

긴장상태는 개인 내면에서 감정, 생각, 희망, 목표, 의도, 결정,
평가, 판단 등이 서로 대립하거나 불일치하거나 개인, 집단, 조직
간에 서로 사고, 감정, 의지, 행동이 다르고 그 다름으로 인해 피해
나 위협을 받는다는 감정이 들 때 발생한다. 전자의 경우를 개인 내
적 갈등(intrapersonal conflict)이라 하고 후자의 경우를 사회적 갈등
(social conflict)이다.

앞으로 다룰 학교갈등은 사회적 갈등으로 한정하고 개인 내적 갈등은 제외한다. 물론 개인 내적 갈등은 사회적 갈등과 무관하지 않다. 따라서 학교갈등과 연관되는 범위 안에서 개인 내적 갈등도 고려의 대상이 될 것이다.

그렇다면 과연 무엇이 서로 뒤엉키거나 충돌하여 긴장상태가 된다는 것인가? 긴장상태로서 갈등은 '서로 다름'에 기반한다. 하지만 서로 다르다고 곧바로 갈등이 되는 것은 아니다. 즉, 다름은 갈등의 필요조건이지만 충분조건은 아니다. 다름과 함께 다른 요소들이 더해져야 갈등이 된다. 그 과정을 살펴보면 다음과 같다(Glasl, 2020).

① 우리는 대부분의 사물을 다르게 지각한다. 우리의 이해, 생각 그리고 의견은 근본적으로 다르다.
② 우리의 감정도 다르다.

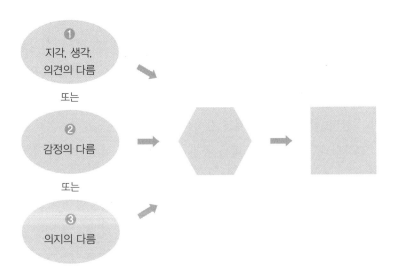

[그림 2-1] 갈등의 개인적 요소: 지각, 감정, 의지의 다름

③ 우리의 의지는 다른 목표를 갖도록 한다.

일상생활에서 다름을 경험하는 것은 매우 자연스런 현상이다. 우리는 누구나 [그림 2-1]과 같이 타인과 다름을 경험한다.

우리는 거의 모든 사람들과 심리적으로 다름을 경험하지만([그림 2-1]의 ①, ② 그리고 ③), 그렇다고 그 다름으로 항상 갈등이 발생하는 것은 아니다. 즉, 타인과 다름이 곧 갈등을 의미하는 것은 아니다. 따라서 갈등을 다름으로 정의할 수 없다. 오히려 다름, 대립 그리고 불일치는 우리의 삶과 발전을 위한 기본적 전제조건이다.

- 날숨과 들숨은 지속적으로 이루어져야 한다.
- 출생과 죽음은 필연적인 자연현상이다.
- 정지와 운동, 수면과 각성, 여름과 겨울, 낮과 밤, 추위와 더위 등은 생명체의 생활조건이다.
- 자기와 전기의 양극과 음극, 중력과 공중부양은 물질계의 근원적 힘이다.
- 심리적으로 기쁨과 고통, 긴장과 이완, 공감과 반감, 연결과 분리의 극성은 느낌과 감정을 가능하게 하는 기본적 사실들이다.

갈등을 야기하지 않는 다름은 문제가 되지 않는다. 관건은 사람들이 서로의 다름을 어떻게 다루고 어떻게 경험하는가이다. 따라서 갈등은 한 행위자(개인, 집단, 조직 등)라도 다름을 자신의 생각, 감정 또는 의도를 실현하려는 행위가 상대방의 행위로 인해 침해당했다고 경험하는 상황이라고 할 수 있다. [그림 2-2]와 같이 자신과 다른 상대방의 지각, 의견 및 사고와 감정 그리고 의지와 함께

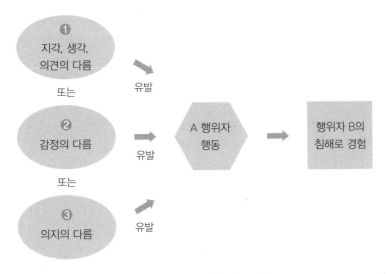

[그림 2-2] 사회적 갈등의 요소들

행위와 그 결과를 침해 또는 방해로 경험한다.

갈등은 행위자(개인, 집단, 조직 등)들의 서로 다름과 침해 및 방해
로 지각된 상대방의 행위들의 상호작용이다. 갈등을 정의하면 다
음과 같다.

- 행위자(개인, 집단, 조직 등)들의 상호작용으로서
- 한 행위자라도
- 자신이 사고, 의견, 지각 그리고 감정과 의지가 다른 상대방의
  행위로 인해
- 침해 또는 방해 받는 것으로
- 경험하는 상황이다.

예를 들어, A 교사와 B 교사가 갈등하기 위해서는 두 교사 모두

서로 다른 것을 보거나 느끼거나 원해야 한다. 단지 한 사람이라도 자신과 다른 상대방의 행동으로 인해 결과적으로 자신이 침해를 당하거나 방해를 받았다는 것만으로 갈등은 시작된다. A 교사든 B 교사든 서로의 다름과 행동 결과를 침해나 방해로 지각하는 순간 수많은 요소가 두 사람 사이의 상호작용에 부정적인 영향을 미친다. 그 이유는 ①, ②, ③, ④[그림 2-2] 참조)가 사람들의 만남에 있어서 가장 중요한 개인적 요소들이기 때문이다. A 교사가 교수법에 대한 자신의 의견을 B 교사가 방해했다고 여기면, 두 교사 사이에 갈등이 발생한다. 이 갈등이 발생하기까지 조건들을 정리하면 다음과 같다.

① 사고, 감정, 의지, 행동의 다름
② 다름으로 인한 피해 또는 위협에 의한 부정적 감정
③ 상대방에게 책임 전가
④ 상대방이 피해를 인지하였음에도 불구하고 행위의 변화가 없음

이 조건들은 갈등을 유발하거나 그 근원이 될 수 있는 모든 요소와 실제 갈등 사이를 연결하는 매개변수라고 할 수 있다. 다름이 갈등의 원인이 될 수 있지만, 그렇다고 그 요소들이 갈등을 직접 유발하는 것은 아니다. 다시 말해, 다름과 함께 부정적 감정, 상대방에게 책임 전가, 상대방이 피해를 인지하였음에도 불구하고 행동이 변하지 않는 것까지, 이런 조건들이 충족되어야 갈등이 발생한다.

갈등으로 인해 두 교사는 서로에 대한 지각(①), 서로에 대한 감정(②), 서로에게 원하는 것(③) 그리고 서로에 대해 해야 할 말과 행동(④)이 모두 달라진다. 이 4요소의 중요한 변화는 다음과 같다.

A 교사와 B 교사가 업무분장을 한다.

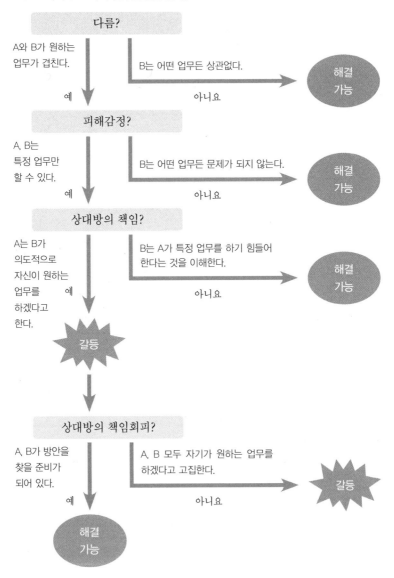

[그림 2-3] 갈등 조건

2. 개인적 요소들의 변화: 원인이자 결과

1) 지각, 의견 그리고 사고의 변화

갈등상황에서는 지각 능력이 점차 감소하기 때문에 갈등당사자
들은 사실에 대해 다른 견해를 갖게 된다. 견해의 차이는 공격성을
낳는다. 다시 말해, 견해의 차이는 지각의 차이를 낳고 분노케 하며
공격적 행위를 자극한다. 갈등당사자들에게서 나타나는 변화는 다
음과 같다.

- 그들의 시선은 선택적이다. 즉, 어떤 것들은 더 선명하게 보이
  고 어떤 것들은 전혀 보이지 않는다.
- 위협적인 것만 명확히 보이고 다른 것에는 관심이 없다.
- 상대방의 단점만 보이고 장점은 보이지 않는다.
- 인지적 근시(cognitive nearsightedness)로 자신의 행동이 가져
  올 중장기적 결과를 인식하지 못한다.
- 사건들을 조작 또는 왜곡하여 지각함으로써 사건 발생을 정반
  대로 기억한다.
- 복잡한 사안이나 사건을 단순하게 지각한다.
- 자신이 보고 싶은 것과 자신의 의견과 고정된 사고패턴에 맞
  는 것만 본다. 즉, 편견이 더 강해지고 굳어진다.

사고의 일반화와 함께 극단적 견해와 생각을 견지한다. 문제는
인지가 조작되고 흐려지고 왜곡될 뿐 아니라 굳어져 변화가 어렵

다는 것이다. 시간이 흐르면서 상대방에 대한 부정적 이미지로 서로의 관계가 나빠져 상대방의 참모습을 보지 못한다.

따라서 갈등당사자는 자신이 인지한 것이 진리라고 간주하지 말아야 한다. 상대방이 자신의 인식과 상반된 이야기로 맞서려 한다면, 그 상대방은 사실을 속이거나 왜곡하려는 것이 아니라 단지 다르게 인지한 것뿐이다. 이런 모습은 갈등당사자든 상대방이든 마찬가지이다.

2) 감정 변화

갈등당사자들은 처음에는 민감하고 불안과 불신이 커지지만 나중에는 점차 더 무감각해지고, 한동안 불일치를 경험하면 상대방의 태도 및 행위와 관련하여 긍정적이고 부정적인 감정들을 더 이상 참고 견딜 수 없으며, 자신에게는 긍정적인 감정을, 상대방에게는 부정적인 감정을 가짐으로써 감정상태가 분명해지고, 더 무감각해지면 서로 동감하지 못하고 점차 공감력도 잃는다. 감정 때문에 서로가 마음의 문을 닫고 자기감정의 포로가 된다. 따라서 갈등을 해결하려는 시도는 자신과 상대방을 자신의 감정 지옥에서 해방시키고 공감력을 살려 상대방에게 다시 다가서는 것이다.

3) 의지 변화

갈등당사자들은 편향되고 무능력해진다. 상대방에 대한 실망감에 사사건건 꼬투리를 잡고 고집하며 어떤 대가를 치르더라도 이기고자 한다. 이들의 의지는 일부 가능한 것에만 집중하기 때문에 절대적이고 극단적이다. 점차 이성을 잃는다. 불일치가 지속될수록 깊이 잠재된 의지가 살아난다. 다시 말해, 개인의 초기 발달단계에서는 당연하지만 후기 발단단계에서는 역행적이고 퇴행적인 본능과 충동이 되살아난다. 따라서 갈등을 해결하기 위해서는 이기고자 하는 의지를 굽히고 너그러움을 가지도록 노력하여야 한다.

4) 행동 변화

1)~3)에서 기술한 변화들은 서로 뒤섞여 언어와 행위로 표출된다. 의지의 마비로 갈등당사자들의 행위는 다양성을 잃고 점차 더 부적절하고 단순해진다. 가장 큰 문제는 거친 행동으로 인해 자신의 생각, 감정 그리고 의지를 표현하지 못한다는 것이다. 그들의 행동과 말은 자신들의 의도와 부분적으로만 일치한다. 이로써 상대방에게 의도하지 않은, 인지조차 할 수 없는 영향을 미친다. 한마디로, 의도하지 않은 부작용은 의도한 결과보다 더 강하게 갈등상대방에게 영향을 미친다. 이로써 위험한 악마화된 영역(demonized zones)이 생겨서 갈등당사자들은 서로 의도하지 않은 불쾌한 일들을 겪게 된다. 갈등당사자들은 자신들의 의도와 상관없이 서로 이런 결과를 경험한다. 서로 비난만 할 뿐, 의도하지 않은 결과에 대해서는 책임지려 하지 않는다. 이로 인해 갈등은 더 고조된다. 갈등과 맞서려면 의도, 행동 그리고 그 결과 사이의 불일치를 밝혀야 한다.

갈등당사자가 갈등을 가장 크게 느끼는 것은 자신의 권리와 이익 또는 추구하는 가치의 좌절이 아니라 갈등이 어색하고 불편하며 심지어 고통스러운 방식으로 자신과 상대방에게 행동하도록 하거나 더 나아가 강제한다는 것이다. 갈등당사자는 자신의 강점을 자각하지 못하고 상대방과 연계성을 인식하지 못한다. 이로 인해 결국 상호작용은 악화된다. 갈등으로 인한 이러한 위기는 갈등당사자에게 가장 중대하고 괴로운 경험이다.

따라서 갈등은 상호작용과 관계의 위기로서 갈등당사자에게 부정적 나선효과로 작용한다. 첫째, 어떤 내용의 갈등이든 당사자는 자신의 나약함을 자각한다. 갈등 이전과 비교할 때 상대적으로 상황통제에 대한 상실감, 혼돈과 의심, 불확실성 그리고 결단력 상실 등을 느낀다. 이는 인간의 갈등에 대한 자연스러운 반응으로 누구도 이에 대해 면역력을 갖추고 있지 못하다.

둘째, 갈등당사자들은 자기몰입으로 갈등 이전보다 더 폐쇄적이고 고립된 존재가 된다. 자기방어적이고 의심이 커지고 적대적이다. 결국 갈등을 통해 강하고 이타적인 사람도 나약해지고 자기중심적으로 된다. 갈등으로 인한 이런 변화는 병적인 것이 아니라 지극히 정상적이다. 나약함과 자기몰입의 상호작용은 부정적 나선효과로 인한 악순환을 심화시킨다. 나약해질수록 적대적이고 폐쇄적으로 되며, 폐쇄적일수록 더 나약해진다. 결국 갈등이 고조됨에 따라 부정적 나선효과는 커지고 갈등의 상호작용은 부정적·파괴적·고립적·적대적 방향으로 진행한다. 앞에서 살펴본 어려움들과 함께 또 다른 문제는 ① 인지/사고/의견, ② 감정, ③ 의지 그리고 ④ 행동이 서로 감염시켜 결국 그 부작용이 더 커진다는 것이다. ① 서로 상대방에게 불평불만만 하면, ② 상대방을 더욱더 보기 싫고 ③ 의지는 더 강해진다. 이로 인해 인지는 ① 이전보다 더 자신에게 힘들게 하는 상대방의 행동에만 집중하고, ② 강력한 대책 마련에 몰두하며, ③ 비꼬는 자세로 대응한다. ④ 그렇다면 누가 이

갈등을 통제할 것인가? '내가 주인인가?' 아니면 '갈등이 주인인가?'

이 질문은 말장난이 아니다. '갈등이 주인이다.'는 갈등당사자가 자기조절을 못하고 앞으로 갈 방향을 잃었다는 의미이다. 갈등당사자는 의식적으로 의견충돌에 맞설 수 있지만, 일정 수준이 넘으면 더는 상황을 살피지도, 자신이 의도한 대로 상황이 진행되도록 영향을 미치지도 못한다. 그리고 갈등이 주인이 되면 갈등당사자는 그 상황에서 빠져나오지도, 그렇다고 신경을 끊지도 못할 수 있다. 갈등당사자는 '타율적으로', 즉 외부로부터 통제를 받게 된다. 갈등당사자의 인지는 점차 왜곡되고, 떨칠 수 없는 의견과 생각에 시달린다. 갈등당사자는 자신을 완전히 사로잡는 감정을 경험한다. 자신의 의지는 일부 목표로만 향하고 행동은 더 단순해지고 융통성을 잃는다.

갈등상황에서는 항상 순환적 인과성(circular causality) 또는 자가감염(self-infection)이 있게 마련이다. 자가감염은 다음과 같이 진행된다([그림 2-4] 참조).

① 먼저, 사실에 대한 의견이 다르다. 합의에 도달하지 못하면

② 갈등당사자들은 서로 상대방이 완고하기 때문에 괴로워하며

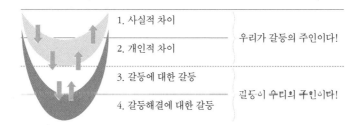

1. 사실적 차이

2. 개인적 차이

3. 갈등에 대한 갈등

4. 갈등해결에 대한 갈등

우리가 갈등의 주인이다!

갈등이 우리의 주인이다!

[그림 2-4] 갈등상황에서 자가감염 증가

결국 관계가 악화된다. 하지만 악화된 관계는 서로 다시 극단적 입장을 취함으로써 ① 사실에 대한 의견 차이에 영향을 미친다. 이로 인해 다음 단계인

③ 갈등에 대한 갈등으로 이어진다. 즉, 서로 ① 사실적 다름과 함께 ② 관계에 대한 해석도 달라진다. 이로 인해 ② 관계 측면에서 분노가 커지고 ① 사실에 대한 관점이 극단적이고 더 강해진다. ③ 갈등당사자들은 갈등의 원인과 배경을 다르게 해석하며(갈등에 대한 갈등), 이 상황을 서로 다른 방법으로 해결하려 한다.

④ 결국 갈등해결에 대한 갈등이 발생한다. 이 모든 것은 다시 ① 사실에 대한 의견 차이와 ② 갈등당사자 간 관계에 영향을 미친다.

자가감염은 점차 발전하여 더 복잡해진다. 감염이 갈등에 대한 갈등(3단계)에 이르면, 갈등당사자들은 갈등을 스스로 해결하는 이른바 자조(self-help)가 어렵다. 이 정도의 갈등은 갈등전문가라도 스스로 해결할 수 없다. 3단계 갈등은 전문가의 도움을 청해야 한다. 주위의 도움은 전문가나 컨설턴트의 자문이 아니라 갈등당사자

1. 사실적 차이	당사자 스스로 해결
2. 개인적 차이	
3. 갈등에 대한 갈등	주변의 도움
4. 갈등해결에 대한 갈등	전문가 도움

[그림 2-5] 갈등상황에서 자조의 한계

들이 주변에 신뢰하는 중립적인 사람들로부터 도움을 받는 것이다.

3. 갈등 기능

갈등 개념에서 갈등의 복잡성을 엿볼 수 있다. 이 복잡성을 통해 갈등관리가 단순하지 않다는 것을 알 수 있다. 역사적으로 보면, 갈등을 바라보는 방식은 다양하다. 고전적 관점에 따르면, 갈등은 목표 달성에 방해 요소이므로 회피하거나 발생하면 제거하여야 할 대상이다. 이와 대조적으로 1970년대 초반부터 갈등의 긍정적이고 유용한 측면을 강조하는 갈등낙관론이 등장하였다. 몇 가지 키워드를 통해 이 양극단적인 두 관점을 비교할 수 있다.

갈등 기능을 살펴봄으로써 갈등에 대해 '좋다' '나쁘다'라는 단순한 평가에서 벗어날 수 있다. 갈등은 나름의 의미가 있다. 모든 갈등은 우리에게 주의하고 행동하라는 메시지를 담고 있다. 따라서

표 2-1 갈등 기능

순기능	역기능
• 문제가 있음을 알린다.	• 서로 조율하지 않고 동기를 잃는다.
• 정체를 막고 변화의 근원이다.	• 저항을 낳는다.
• 관심과 호기심을 자극한다.	• 두려움, 분노, 좌절, 고통, 부상, 스트레스, 불만을 낳는다.
• 해결책을 찾는 데 도움이 된다.	
• 자신의 성격을 알도록 한다.	• 분위기가 나빠진다.
• 집단 정체성을 강화한다.	• 비난을 조장한다.
• 견해 차이를 없애 준다.	• 승자와 패자를 낳는다.
• 공동 토론을 장려한다.	

갈등관리의 일부분은 갈등의 기능, 즉 다음과 같은 질문에 답하는 것이기도 하다.

- 갈등은 나에게 또는 우리에게 무엇을 말하고 싶은가?
- 갈등에서 나 또는 우리는 어떤 의미를 찾을 수 있는가?
- 이 갈등상황은 나에게 어떤 것을 요구하는가?(나는 무엇을 해야 하는가?)

갈등상황에서는 순간적 체험과 의식적 전략이 서로 다르다. 갈등당사자는 갈등을 감정적으로 체험하기 때문에 그 불확실한 상황에서 가능한 한 신속히 벗어나려 한다. 하지만 학교장은 관찰자로서 폭넓게 생각하고 갈등이 긍정적 영향을 미치는지 판단할 수 있어야 한다. 시야를 넓혀 주변에 갈등의 역사를 살펴보면, 갈등이 지닌 변화의 힘을 확인할 수 있다.

학교조직에서 갈등의 기능은 여러 측면에서 살펴볼 수 있다.

- 업무: '주요 업무'와 관련하여 어떤 갈등이 발생하며(예: 목표 갈등), 이와 관련하여 규명되어야 할 것은 무엇인가?
- 구조: 갈등은 학교조직 구조에 대해 무엇을 말하는가? 구조에 어떤 모순이 있는가? 다른 구조를 생각할 수 있으며 그 구조가 적절할 것인가? 기존 구조는 과거 갈등의 산물인가? 갈등은 갈등당사자들에게 구조의 한계를 묻는다.
- 문화: 갈등은 학교조직의 대화 및 정보전달 방식과 규범, 가치 및 인간관, 모순, 불합리, 어두운 부분, 관계 형성 등에 대해 무엇을 말하는가?

- 다양한 사람들 또는 역할수행자 사이에 갈등은 서로 다른 기
  대와 가치에 관해 묻는다.
- 개인 또는 역할수행자: 갈등은 양립할 수 없는 요구, 목표, 가
  치 등의 충돌을 드러낸다.

4. 갈등 유형

갈등은 다양한 기준에 따라 분류할 수 있다.

1) 갈등 대상

앞에서 정의한 학교갈등 개념은 학교 맥락에서의 근본적인 역동
성을 암시하며 일곱 가지 유형의 갈등을 내포한다. 학교는 조직으
로서 ① 목표와 그 목표를 달성하기 위한 ② 방법과 ③ 자원이 있어
야 하며 ④ 문화적 환경이 다르고 ⑤ 자신과 관련된 문제에 대한 생

표 2-2　갈등 유형

학교에서 행위	그로 인한 갈등
1. 문화적 환경이 다르고	→ 문화갈등
2. 자신과 관련된 문제에 대한 생각이 불분명한 구성원들이	→ 개인갈등
3. 목표를 정하고	→ 목표갈등
4. 그 목표를 위한 자원으로	→ 분배갈등
5. 특정 방법으로	→ 평가갈등
6. 서로 관계를 맺으며	→ 관계갈등
7. 자신의 역할을 한다.	→ 역할갈등

각이 불분명한 구성원들이 ⑥ 서로 관계를 맺으며 자신의 ⑦ 역할을 수행한다. 하지만 각 요소의 불일치 또는 차이로 인해 목표갈등, 평가갈등, 분배갈등, 문화갈등, 관계갈등, 개인갈등, 역할갈등이 발생한다.

예를 들어, 문화적 환경이 다르고 자신의 문제를 알지 못하는 A 교사와 B 교사가 서로 다른 목표를 추구하고, 이를 위해 다른 방법으로 다른 자원을 활용하려 하고 다르게 관계를 맺으며 다른 역할을 수행한다. A 교사와 B 교사는 각자 독립적으로 행동하지만 때로는 서로 상대방에게 영향을 미친다. 두 당사자가 만나 의견 일치를 이룰 수 있지만 불일치 또는 차이로 인해 긴장과 갈등이 발생할 수 있다.

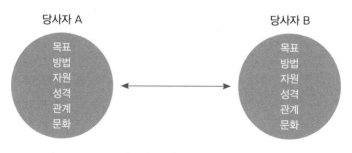

[그림 2-6] 갈등 발생

(1) 목표갈등

목표갈등은 추구하는 목표가 서로 달라서 발생하는 갈등이다. 다양한 목표가 서로 충돌한다. 예를 들어, 교사의 교육권과 학생의 학습권 사이에 갈등이 발생할 수 있다. 또한 모든 목표가 학교구성원 모두에게 동등하게 중요한 것은 아니며, 학교의 다양한 이해관계와 개인적 이해관계에도 차이가 있다.

(2) 평가갈등

평가 또는 지각갈등은 간등당사자들이 동일한 목표를 추구하지만, 행동 방식의 효과와 영향을 다르게 평가하기 때문에 다른 방식이나 방법으로 목표를 달성하려고 할 때 발생한다. 평가갈등은 일반적으로 당사자들이 다르게 지각하기 때문에 발행한다.

(3) 분배갈등

분배갈등은 당사자들이 개인적·재정적 또는 기술적 자원의 분배에 동의할 수 없을 때 발생한다. 분배갈등은 태곳적부터 투쟁, 분쟁 및 전쟁에서 중요한 역할을 한다. 예를 들어, 학교에서는 학생 성적, 교원 성과급 및 업무 등의 분배로 인한 갈등이 발생한다.

(4) 개인 내적 갈등

개인 내적 갈등은 동시에 해결될 수 없는 둘 또는 그 이상의 동기가 존재하는 심리상태를 의미한다. 사람은 자신의 욕구가 물리적·심리적·정신적 그리고 사회적 장애로 인해 충족되지 않으면 좌절하고 갈등한다. 예를 들어, 한 교사가 업무 과다로 휴식을 취하지 못하면 좌절하고 갈등한다. 또한 둘 이상의 지위를 가진 개인은 둘 이상의 역할을 수행하는 상황에서 역할긴장이라는 갈등을 겪는다. 예를 들어, 부장교사가 한 교사에게 상사로서 대할지 학교 선배로서 대할지 갈등한다.

개인 내적 갈등은 개인이 중요한 두 목표를 동시에 이루지 못할 때 겪는 접근-접근 갈등, 나쁜 상황을 놓고 선택해야 할 때 겪는 회피-회피 갈등 그리고 긍정적 결과와 부정적 결과가 함께 뒤따르는 선택을 할 때 겪는 접근-회피 갈등으로 구분된다. 모든 사회적 갈등은 개인 내적 갈등을 기반으로 하지만, 이에 국한되지 않은 다양한 원인이 있다.

개인 내적 갈등은 개인의 내적 상태 및 성격 문제를 의미하며 심한 경우 심리치료의 대상일 수 있다. 따라서 학교조직에서 관리 대상은 사회적 갈등이다. 물론 학교장이 이해해야 할 개인적 갈등이 전혀 없는 것은 아니다. 관리 차원에서 해소 가능한 개인 내적 갈등도 있을 수 있다. 따라서 관리자는 개인적 갈등을 도외시할 수만은 없다. 왜냐하면 개인 내적 갈등은 사회적 갈등과 무관하지 않기 때문이다.

(5) 관계갈등

관계갈등은 당사자 사이의 관계가 악화되어 서로 부정적 눈으로 바라보는 것을 의미한다. 관계가 좋은 두 사람이 갈등으로 인해 적대적 관계가 되면 또 다른 갈등이 발생한다. 또한 관계갈등은 자아개념과 타자개념의 불일치를 의미한다. 예를 들어, 한 교사가 자신은 능력 있고 장점 많은 사람이지만 상대 교사는 능력도 미래계획도 없는 사람이라고 비난한다. 관계갈등의 원인은 당사자 사이에 수용과 존중의 욕구 좌절과 불만스런 대화이다.

(6) 역할갈등

역할은 사회에서 한 개인에게 기대되는 행동이다. 역할갈등은 한 개인이 가지고 있는 여러 지위에 대해 기대되는 역할들이 서로 상충할 때 발생한다. 예컨대, 교사가 제한된 시간에 학생에 대한 학습지도와 행정업무 처리를 놓고 갈등한다.

(7) 문화갈등

'마음의 소프트웨어'(Hofstede & Hofstede, 2005)로서 문화는 무의 식적으로 사고, 감정 그리고 행동에 영향을 미치는 '정신 프로그램' 이다. 다문화가정의 학생이 증가하면서 학생, 학부모, 교사 간 문 화 차이로 인한 오해로 문화갈등이 발생한다. 아울러 갈등을 다루 는 방법, 특히 감정을 표현하고 공격성을 통제하는 방법 역시 문화 적으로 영향을 받아 갈등해결을 어렵게 할 수 있다.

요약하면, 이 다양한 유형의 갈등은 갈등 원인에 따라 크게 세 가 지로 분류할 수 있다.

- 내용 또는 실질적 갈등(목표 및 자원갈등): 목표, 방법 또는 자원 내용 또는 사실로 인한 갈등은 일반적으로 서로 합의하면 쉽 게 해결될 수 있다.
- 관계갈등(평가, 관계, 역할 및 문화갈등)
- 개인갈등

갈등의 핵심 원인을 찾기는 쉽지 않다. 갈등은 어떻게 정의하느 냐에 따라 그 해결이 어려워질 수 있다. 따라서 일부 갈등은 잘못 파악된 갈등 원인에 기인하기도 한다. 예를 들어, 사실갈등을 위해 범인을 찾으면 관계갈등이 발생하거나 개인적 결정이 불명확하면 목표갈등이 된다. 또한 학교조직은 살아 있는 복잡한 체계로서 인 과적 · 결정적으로 설명될 수 없으며, 원인 귀인으로 인해 오히려 갈등이 더 고조될 수 있다.

2) 갈등 규모

갈등은 다양한 규모로 발생할 수 있다. Glasl(2020)은 규모에 따라 소규모갈등, 중규모갈등, 대규모갈등으로 구분한다. 예들 들어, 학교에서 교사와 방해 학생 사이의 갈등과 같은 소규모갈등이다. 한편, 학교조직에서 교무실 교사들과 행정실 직원들 사이에 갈등은 중규모갈등이다. 학교 전체가 통제불능 상태가 되고, 이것이 언론에 보도된다면 대규모 갈등이다. 또 학교 설립을 둘러싼 학교, 학생, 학부모, 교육당국, 지역사회 등의 갈등이 대규모갈등이다. 통상적으로 갈등은 규모가 커지면 한층 더 격화된다. 상반된 입장들의 대립은 더욱 심화되고 해결은 더욱더 어려워진다.

3) 갈등구도

일상적인 학교생활은 많은 갈등잠재요인을 제공한다. 갈등은 매일 매우 다양한 방식으로 드러난다. 개인들뿐 아니라 집단들도 서로 갈등할 수 있다. 갈등은 갈등구도(conflict constellation)에 따라 다음과 같이 구분된다.

표 2-3 ┃ 갈등구도에 따른 갈등 유형

구도	학교조직 내		조직-조직
	동등한 위계	다른 위계	
개인-개인	• 두 교사가 업무분장으로 다툰다. • 두 학생이 필기구 사용으로 싸운다.	• 부장교사가 신입교사를 권위에 도전한다고 괴롭힌다.	• 학교와 교육청이 학교폭력 처리를 서로 미루고 있다.

개인-집단	• 한 교사가 동료교사들에게 집단따돌림을 당한다.	• 부장교사가 계약직 교사를 집단따돌림한다.	• 학교장이 외부 상담사에게 교육 프로그램을 의뢰하였지만 상담사와 교사들이 대립하고 있다.
집단-집단	• 교무부와 행정실이 학교행사를 앞두고 책임공방을 벌이고 있다.	• 학교구조조정을 위해 학교 측과 교원노조가 학교운영 방식을 두고 대립한다.	• 두 학교 학생들이 운동시합을 하며 점수를 놓고 다툰다.

학교에서 대표적 갈등구도는 다음과 같다.

- 교장-교감
- 교장-교사
- 교장-교육청
- 교장-행정공무원
- 교장-학교운영위원회
- A 교사집단-B 교사집단
- 교사집단-교사
- A 교사-B 교사
- 교장/교사-학부모회/학부모
- 교장/교사-학생회/학생
- A 학생집단-B 학생집단
- 학생집단-학생

- A 학생-B 학생
- 학교-언론
- 학교-지역사회
- 학교-교육당국

갈등구도에 따른 대표적 학교갈등을 살펴보면 다음과 같다.

(1) 학생-학생 갈등

학급은 사회적 관계들의 연결망으로 구성된다(Hierdeis & Weber, 1978: 97). 갈등은 종종 학생 간 관계에서 시작된다. 다양한 성격의 학생들이 학교에서 만나지만, 친한 친구집단과는 달리 정해진 학급이 있어 함께 공부할 친구를 자의적으로 선택할 수 없다. 이런 다양성은 사회학습(social learning)을 촉진하지만, 그 학습 과정에는 문제들이 뒤따른다. 모둠활동과 외부자문제(outsider problem)는 학교에서 일반적 갈등영역이다. 학생은 스스로 자신을 고립시키고 철회하며 협력을 거부함으로써 자신을 외부자로 만들 수 있다. 반대로, 예를 들어 비만, 반사회적 행동, 언어장애, 피부색, 종교 등의 불리한 특성으로 인해 집단에서 배제될 수 있다. 여기에는 종종 시기, 편견, 다름에 대한 이해 부족이 중요한 역할을 한다. 그러나 예를 들어, '낙제생' '공부벌레' 등과 같은 외부자는 학교체계에 의해 생성될 수도 있다. 교사가 한 학생을 성적이 나쁘다고 존중하지 않으면 다른 학생들도 따라 한다. 학생 간 갈등의 또 다른 영역은 의자 잡아당기기, 장난치기, 의도적인 신체상해, 타인 물건 무단 사용, 훼손, 절도 등과 같은 타인에 대한 공개적 또는 사적 공격 행동이다.

(2) 교사-학생 갈등

학생과 교사 간 갈등은 다양한 형태로 나타날 수 있다. 협력, 성적평가 그리고 교칙위반은 교사와 학생 간 대표적 갈등영역이다. 협력과 관련해서는, 예를 들어 수업에 대한 관심 부족, 지루한 표정, 낮은 학습의지, 결석 등이 문제가 될 수 있다. 성적평가는, 예를 들어 공정한 평가, 학업수행 압박, 서명위조 또는 수업거부 등을 통해 갈등을 일으킬 수 있다. 세대 또는 가치관 차이로 교사와 학생이 상대 입장에서 이해하고 행동하기 어려운 경우가 많다.

학교에서 서로 충돌하고 갈등을 일으키는 모순된 기대와 욕구는, 예를 들어 다음과 같이 기술할 수 있다. "학생들은 말하고 싶지만 들어야 한다. 움직이고 싶지만 가만히 앉아 있어야 한다. 놀고 싶지만 공부를 해야 한다. 말하고 싶지 않지만 말해야 한다. …… 교사는 진도를 나가고 싶지만 일부 학생이 이해하지 못한다. 숙제검사를 계속하고 싶지 않지만 결국에는 점수를 매겨야 한다. 한 학생을 돌보고 싶지만 공정해야 한다. 방해하는 학생은 포기하고 싶지만 자리를 뜨지 않도록 해야 한다."

또한 학교도 교사와 학생 간 관계와 상호작용에 영향을 미친다. 교실에 정해진 학생 자리, 교무실, 역할분담만으로 이미 학생과 교사 사이에 사회적 차이(social difference)가 형성된다. 위계와 관계는 제도적으로 정해져 있다. 따라서 이런 구조에서는 문제들이 신뢰와 개인적 대화를 통해 해결되지 않는 경우가 자주 발생한다.

(3) 교사-교사 갈등

교사들 사이에도 갈등이 발생한다. 여타 전문직과 마찬가지로 교사들은 전문적 업무를 수행하면서 매일 수많은 문제와 어려운 상황에 대처해야 한다. 따라서 교직 자체가 강한 육체적 · 정신적 스트레스에 노출되어 있으므로 교사에게 문제가 발생할 수밖에 없다. 업무분담, 수업 배정 및 시간표 작성과 관련된 개인적 이해관계는 갈등으로 이어질 수 있다. 또한 교육스타일에 대한 비판과 전공 이기주의도 중요한 역할을 한다. 자신의 행동에 대한 반성 없이 동료교사의 행동을 "너무 엄격하다." "너무 권위적이다." "성공할 수 없다." 등의 말로 평가한다. 자기 행동은 전공, 부전공 상관없이 높이 평가한다. 이런 식으로 수업시간표나 교자재 할당에 대한 자신의 요구 사항을 정당화하려 한다. 서로 다른 성적평가, 구습에 대한 집착, 안락함, 허영심, 이기주의 등도 갈등을 유발하는 요소이다. 또한 교사들은 개혁 및 교육정책 문제에 대한 견해가 다를 뿐 아니라 일반적으로 세계관도 다르다.

교사들도 의견이나 행동이 서로 맞지 않을 수 있다. 학교에서 팀 작업이 필요한 경우에도 교사들은 수업에 대한 책임감으로 자신을 독불장군으로 생각한다. 교사 간 불일치는 갈등역동 속에서 내적 갈등과 대인갈등과 함께 더 커진다. 이런 갈등들은 대개 수업 방법이나 요구 사항 등으로 발생한다. 과목과 관련해서는 전공 관련 질문들이 중요한 역할을 한다. 그 이면에는 특히 서로 다른 이해관계와 교육적 태도가 있다.

(4) 교사-학부모 갈등

갈등은 교사와 학부모 사이에도 발생한다. 불일치는 종종 수업 방법과 학습 내용에 대한 학부모 비판으로 발생한다. 숙제 범위, 교사의 교육스타일과 사회적 · 교육적 견해가 비판의 대상이다. 학부모는 일반적으로 자녀가 무엇을 어떻게 배워야 하는지에 대해 명확한 아이디어를 가지고 있다. 가치관이 다르면 교육문제를 해결하는 데 학부모와 교사가 협력하기 어렵다. 교사와 학부모의 의견 불일치는 학생의 진학을 위한 적성평가에서 종종 발생한다. 이 밖의 갈등영역은 학교와 사생활에서 교사의 역할과 모범적인 행동에 대한 기대이다. 또한 학교와 자녀의 학교생활에 무관심한 학부모들도 있다. 이로 인해 문제들이 수행평가, 숙제, 학습장애, 학생 불안 및 학교 피로와 연결될 수 있다.

가족과 학교의 관계는 이러한 기본 갈등에 기초하고 있다. 가족은 자녀에 대한 개별 지원을 원하지만 학교는 모든 학생을 평등하게 교육해야 하기 때문이다. 그렇다고 학교가 지원보다 항상 선택만을 문제시한다 해도 갈등을 일으킬 것이다. 따라서 참교육은 불평등을 해결하기 위해서는 공정한 처우가 필요하다는 의미이다. 하지만 교육당국은 이런 인식이 부족하다.

(5) 학생/학부모-교사 갈등

학교는 권력불균형이 큰 체계이다. 학생들은 학업수행 및 행동과 인성에 관련된 규범들을 준수하여야 한다. 그리고 여러 교사가 다르게 이끄는 집단들에 적응해야 한다. 학부모는 배후에서, 학교는 직접적으로 자녀의 학업 및 학교 적응에 대한 기대에 영향을 미친다. 때로는 가정과 학교의 목표와 가치가 서로 다르고 학생들의 행동도 일치하지 않는다. 가정에서는 조용한 학생이 학교에서는 문제가 되기도 하고 그 반대일 수도 있다. 학교와 학부모의 생각이 달라 학생에 대한 영향력이 약해진다. 가치관이 엇갈리면 상호 협조가 어렵다. 특히 사춘기 학생의 관심은 또래집단에 집중된다. 학생의 자기발견 과정은 또래집단에서 이루어지며 집단 대 내외 갈등도 동반한다. 자기발견에 갈등은 필수요소이다.

학생들을 접촉하는 교사는 명확한 의무가 있다. 교사는 교사로서 정체성을 가지고 자신의 가치를 교실에서 실현하는 개인이다. 그 결과, 학생들은 종종 다양한 성격의 교사와 행동 방식을 직면하게 된다. 이런 경험은 학생에게는 개인적 위기라고 할 수 있는 사춘기 인생수업이라고 할 수 있지만 혼돈을 야기한다. 학생은 성공도 해야 한다. 학교에서 행동이 성적에 반영되기도 한다.

이런 권력불균형에 대해 학생들이 반항하면 갈등이 촉발될 수 있다. 이에 교사가 자신의 지위를 권력의 수단으로 사용하면 갈등은 심화한다. 이로써 학생과 교사 사이에 악순환이 발생하며, 이에 학부모가 가세함으로써 갈등은 더 심해지거나 약해진다.

(6) 교사-교장 갈등

학교조직은 대내외 관련자들의 다양한 요구가 얽혀 있는 관리하기 어려운 까다로운 체계이다. 민간부문과 달리, 학교에는 공통의 제품이나 목표를 위해 서로 지원하며 일하는 진정한 의미의 팀이 거의 없다. 학교에는 주로 주제 중심의 실무집단이 있으며, 이 집단의 성과는 다른 사람들이 평가하고 실행해야 한다. 또 다른 갈등은 교사와 교장이 직접 협력하지 않거나 교장이 교사로서는 '간첩'이나 경계 침해라고 여길 수 있는 간접적인 방법으로만 정보를 수집하는 데서 발생할 수 있다.

다른 한편으로는 많은 경우 교장과 교사가 서로 피하면서 갈등을 미루거나 냉정하게 처리하고 갈등 속에 내재된 발전 가능성을 충분히 활용하지 못하는 경우가 많다.

(7) 학교-언론과 교육당국 갈등

언론과 당국에 관련해서도 갈등요인이 많다. 이들의 영향으로 갈등이 발생하고 더 고조될 수 있다. 학교장과 교육당국 간의 협력은 일반적으로 다양한 주장과 관점으로 인해 쉽지 않다. 학교장은 학교의 복지를 보장해야 하고 언론과 교육당국의 요구도 충족해야 한다는 점에서 샌드위치 같은 입장에 있다. 양측은 항상 일치하지 않는다.

(8) 학교-지역사회 갈등

학교가 속한 지역사회에는 학교교육에 영향을 미치는 각종 시설 및 단체와 다양한 학부모 모임, 청소년단체와 언론기관, 의료기관, 행정기관, 종교기관 등이 있다. 학교는 이들과 기능적인 연계를 가지는 것이 좋지만, 예를 들어 학교 인근에서 이뤄지는 정비사업 등으로 인한 소음, 분진 및 통학로 안전 문제나 학교 시설물 사용과 관련해 지역사회 주민들과 학교 간에 갈등이 발생한다.

5. 갈등 인식

갈등을 관리하기 위해서는 먼저 갈등이 있음을 인식하여야 한다. 갈등은 다양한 징후를 통해 인식할 수 있다. 갈등징후는 구체적인 행동으로 표출되면 쉽게 파악할 수 있지만, 미세하게 기미만 보이거나 이에 은폐되어 있어 짐작하기 어려운 경우도 많다.

1) 갈등징후

갈등징후는 언어-비언어, 공개-은폐, 적극-소극 그리고 의식-무의식을 기준으로 구분할 수 있다(Kreyenberg, 2005).

(1) 언어-비언어

대개의 경우 우리는 공개적인 반박, 협박, 비방 등과 같은 언어적 표현만을 갈등징후라고 생각한다. 하지만 침묵, 눈빛, 얕보는 듯한 손놀림 등과 같은 작은 비언어적 몸짓이나 표정도 갈등이 있음을 나타낸다. '어 다르고 아 다르다.'는 속담도 있듯이 억양이나 표정, 몸짓, 행동 등이 언어적 의미보다 더 많은 정보를 전달한다.

(2) 표출-은폐

갈등은 가령 누군가가 업무규정을 옹졸하고 융통성 없다고 여기거나 회의에서 난처하게 만들거나 회의에 지각하는 경우처럼 '어딘지 좀 이상하다.'라는 거북한 느낌과 함께 불쾌, 불안 또는 불만 등을 통해 시작된다.

(3) 적극적-소극적

갈등의 적극적 징후의 예로는 파업, 분쟁, 공격 또는 공개적 비난 등을 들 수 있다. 사람들은 대개 갈등상황에서 소극적으로 행동한다. 침묵하거나 무마하거나 피곤해하거나 몸이 아프거나 소침해진다.

(4) 의식적-무의식적

갈등당사자들은 갈등을 의식하는 정도가 다르다. 갈등당사자가 갈등을 얼마큼 의식적으로 감지하는지는 갈등의 간접적·비언어적 또는 소극적 신호를 파악하는 데 할애하는 시간에 달려 있다.

 갈등에 대한 의식은 갈등을 경험한 정도와도 관계가 있다. 예를 들어, 자주 변화과정에 참여한 사람들은 갈등이 불가피하다는 것을 안다. 가령, 문화적 환경의 차이로 갈등신호를 올바로 해석할 수 없는 경우에는 갈등이 의식적으로 자극된 것인지 아니면 우연한 것인지 파악하기 어렵다. 그래서 전후 사정을 살피지 않고 일방적으로 상대방에게 의식적으로 갈등을 자극했다고 비방하면 그로 인해 실제 갈등이 일어난다. 따라서 섣부른 책임추궁은 전혀 도움이 되지 않는다. 갈등을 의식적으로 일으켰는지는 추후에 밝혀질 수도 있다. 특히 은폐된 갈등징후는 간과하거나 잘못 인식하기 쉽다.

표 2-4 갈등징후

	표출/적극적	은폐/소극적
언어적	언어적 공격 • 반대의견 • 비판 • 모욕적 표현, 비방 • 비난 • 막말(killer phrases) • 욕설 • 분쟁 • 논박 • 토 달기 • 반증 • 완고한 자기주장	회피 • 비꼬기, 빈정, 어색한 유머 • 주제 전환, 핑계 대기 • 자신 대신 사람은……, 우리는…… • 불안 조장 • 폄하 • 비꼬기 • 부인 • 예, 그렇지만……(방어적 말투) • 변죽 • 경시하기 • 허튼 농담 • 밀고 • 형식적 친절

	흥분/불안	철회/무기력
비언어적	• 무시 • 관계 단절 • 왕따 • 거절 • 공격행동 • 언행 불일치 • 반대행동 • 폭력 • 태업, 거절, 파업	• 불편 • 흥미상실 • 형식주의 • 필요한 것만 함 • 무관심 • 제안하지 않기 • 지각, 서신 소통 • 준법 투쟁 • 결근, 질병, 화병, 우울 • 불평, 초과근무

이상과 같이 갈등징후는 '공개-은폐'와 '적극적-소극적'을 한 축으로 하고 '언어-비언어'를 또 다른 축으로 하여 〈표 2-4〉와 같이 정리할 수 있다.

외부에서는 갈등당사자의 갈등 의식 정도를 알아볼 수 없으므로, 즉 거의 모든 갈등징후는 의식적으로 또는 우연히 드러나기 때문에 의식-무의식 측면은 그림에서 생략하였다. 사소한 의견 차이가 갈등으로 번진다. 어떤 상황이나 문화 또는 경험에서 갈등신호로 이해된 것이 다른 맥락에서는 전혀 문제없는 대화일 수 있다. 상황을 갈등으로 해석하기 위해서는 항상 어떤 맥락인가 중요하다.

2) 킬러프레이즈

킬러프레이즈(killer phrases)는 대표적인 갈등징후이자 갈등 원인이다. 킬러프레이즈는 상대방에게 '이래서는 안 된다.' '나는 당신과 말하지 않는다.' '나는 대화하거나 협상할 용의가 없다.'라는 뜻으로 상대방을 꼼짝달싹 못하게 하는 폭력적이고 치명적인 발언을 뜻한다. 즉, 킬러프레이즈는 상대방에게 근거 없이 싸잡아서 부정적으로 일반화하여 경멸하는 발언이다. 예를 들면, 다음과 같다.

- 그러면 안 돼!
- 우리는 그것을 이미 해 보았다.
- 지금 우리와 함께한지 얼마나 되었습니까?
- 한번 해 보시죠!
- 여기서 무슨 일이 일어났는지 당신은 전혀 모릅니다!
- 설마 진담은 아니겠지요?
- 당신에게 아무것도 맡길 수가 없네요.
- 그것은 너무 비싸다. 노력이 많이 든다. 지루하다. 길다. 짧다.
- 그것은 충분치 않다. 타당하지 않다.
- 현실성이 없다. 실제로는 전혀 다르게 보인다.
- 우리 학교에서는 전혀 다르다. 그것은 작동하지 않는다.
- 그렇지만 그것은 과학적으로는 전혀 다르게 보인다.

사실, 킬러프레이즈는 실제로 언어적이고 은폐되고 적극적이며 무의식적인 복합 징후로서 종종 갈등징후일 뿐 아니라 갈등을 유발하고 심화하기도 한다. 또한 공격이나 폄하로 인식되기 때문에 창의적 사고를 차단하고 종종 의욕을 꺾는다. 킬러프레이즈가 잦으면 업무 분위기에 부정적인 영향을 미치고 갈등해결을 방해한다.

특히 관리자가 킬러프레이즈를 쓰면 비록 드물더라도 빠르게 부정적인 영향을 미친다. 교직원들은 소극적이고 더 이상 아이디어를 표현하지 않으며 잠재된 갈등이 은근히 끓어오른다. 킬러프레이즈는 대개 갈등을 악화시키고 파괴적인 영향을 미치기 때문에, 특히 학교에서는 원칙적으로 이러한 또는 유사한 경멸적인 발언을 피해야 한다.

6. 갈등 생성 및 전개

원인 없는 갈등은 없다. 갈등은 우리가 볼 수 없는 땅속에서 여러 과정을 거쳐 그 모습을 드러내는 식물과 유사하다. 앞에서 갈등징후를 조기에 인식하는 것이 얼마나 중요한지 확인하였다. 비유하자면, 갈등 전개 과정을 예측하기 위해서는 땅속에 어떤 씨앗이 심어져 있는지 파악하는 것도 중요하다. 여기에서는 갈등의 역사를 이해하기 위해 갈등 원인과 갈등 역사 및 갈등고조과정에 대해 살펴보고자 한다.

1) 갈등 원인

앞에서 설명하였듯이, 갈등은 사물이나 사안이 아니라 그들에 대한 우리의 지각, 생각, 견해와 감정, 의지, 행동이 불일치 또는 다름으로부터 시작된다. 그러면 학교조직에서 이런 다름은 무엇 때문에 발생하는가? 이에 대한 답은 학교조직 구성원 개인, 상호작용, 조직적 요인 및 사회적 요인에서 찾을 수 있다.

(1) 개인적 원인

① 지각

지각은 인간이 감각기관을 통해 실재를 인식하는 과정을 의미한다. 대상이 사람인 경우, 그의 외모나 언행 등을 있는 그대로 지각하지 않고 다양한 신호로부터 상대방의 성격, 의도, 욕구, 능력 등 내면의 특성을 추정한다. 하지만 사람의 감각과 지각기능은 완전하지 않으므로 정보 판단과 해석의 오류로 사람의 본모습을 제대로 보지 못한다.

가령, 학교에서 한 교사가 동료교사의 외모, 태도, 전공 등으로 인해 어떤 이미지를 갖는다. 동료교사의 실제 내면이 어떤지 알 수 없는 상황에서 그 이미지는 그를 대하는 데 영향을 미친다. 이런 지각과정의 오류로 인해 교사는 동료교사에 대한 편협한 사고와 단편적 지각으로 갈등한다. 동료교사의 행동을 그의 성격으로만 귀인하고 구체적인 상황을 고려하지 않고 '네 탓'만 한다. 서로 네 탓 공방으로 갈등은 고조된다. 실재를 좁은 시각으로만 보고 다른 측면들을 보지 못하거나 간과하고 무시하는 사람은 실재를 다각도로 세밀히 보는 상대방과 쉽게 다투게 된다.

우리는 지각을 통해 자신의 세계를 구성한다. 역사가가 역사적 사건에 대해 새로운 해석을 하듯이, 실재는 '의지와 표상'의 결과이다. 실재를 '있는 그대로' '객관적으로' 이해하도록 할 수 있는 방법은 없다. 지각에 따라 우리의 실재나 우리를 위한 실재가 정해진다. 따라서 누가 실재를 올바로 지각하는지, 다시 말해 누가 옳은지를 가려내어 갈등에 대처하려는 것은 거의 무의미하다. 우리가 실재를 어떻게 해석하는지 그리고 해석의 차이에도 불구하고 어떻게 서로 교감하려고 하는지를 이해하는 것이 더 중요하다.

② 감정

인간은 근본적으로 내적 '불안'에서 벗어나기 위해 전략적으로 타인에게 감정적으로 세 방향으로 대한다. 정신분석가 Horney (1973)에 따르면, 사람들은 세 방향을 모두 알고 있지만 보통 한 방향을 선호한다. 선호하는 감정적 방향은 타인을 대하는 개인의 스타일이 된다.

모든 관계에서 한 방향으로만 대하는 사람은 노이로제 환자이다. 건강한 사람들은 특정 방향이 자신에게 맞는다고 느끼지만 필

표 2-5 타인에 대한 감정

접근	회피	대립
타인에 대한 접근은 존중, 수용 그리고 인정받고 싶은 마음에서 비롯된다. 타인의 수용은 곧 안정과 행복이다. 거리감과 비판은 거부와 거절로서 흥분, 불안, 당혹감을 불러일으킨다. 경쟁과 갈등은 안전과 친밀감을 위협하기 때문에 최대한 회피하여야 한다.	타인 회피는 자율성과 자기효능감에 대한 강한 욕구에서 기인한다. 친근감과 관심은 자유를 제한하고 의존적으로 만든다. 타인에 대한 공감과 이해로 자율성이 침해될 수 있다. 감정적이면 스스로 결정하지 못하기 때문에 감정은 가능한 개입시키지 않는다. 관계는 가능한 사무적이고 분석적이어야 원만하다.	타인과 대립은 타인을 혐오하고 지배하려는 마음에서 비롯된다. Hobbes가 언급한 대로 '인간은 인간에게 늑대이다.' 타인을 만나면 싸우려는 성향과 의욕이 생긴다. 관계에서 조롱, 경멸 그리고 모욕이 앞선다. 활력을 불어넣는 갈등을 원한다. 평화와 조화는 어리석은 짓이다.

출처: Berkel (2019: 49).

요에 따라 다른 방향들도 시도해 보고 활용한다. 상대방과 서로 대하는 방향이 다르면 오해, 몰이해 그리고 흥분 등이 발생한다. 자신과 상대방의 행동에 관용적이면 서로의 관계는 즐겁고 원만하지만 의외로 갑자기 갈등으로 돌변할 수 있다.

③ 태도

감정이 사람을 향한 것이라면, 태도는 편안하고 만족스러운 관계 형성에 관한 것이다. 우리는 서로 좋아할 수도 있고, 경쟁할 수도 있다. 타인과 관계에 대한 태도 또는 지향은 세 가지로 구분된다 (Deutsch, 1976).

개인주의적 태도는 지속적으로 유지될 수 없다. 갈등에서 개인주의자는 상대방과 협력할지 경쟁할지 정해야 하지만 그에게는 관

표 2-6 관계에 대한 태도

협력적 태도	개인주의적 태도	경쟁적 태도
우리는 다음과 같은 이익을 위해 관계를 맺으려 한다. • 공동작업: 목표 발굴, 문제 논의, 해결책 강구 • 위계보다 평등 • 과욕보다 공유 • 상대의 목표 실현에 조력: 상대의 목표 실현이 자신의 목표 실현에도 도움이 된다.	나는 다음과 같은 이익을 위해 관계를 맺으려 한다. • 상대도 관계도 중요하지 않다. • 상대에 의존도 의지도 하지 않는다. • 상대와 맞서더라도 나의 이익을 추구한다.	나는 상대를 이용하기 위해 관계를 맺으려 한다. • 상대를 희생시키거나 이용하여 자신의 목표를 달성한다. • 상대는 나의 목표를 방해하기 때문에 불신의 대상이다. • 상대는 싸워야 할 적이다. • 거리를 유지하기 위해 상대를 이겨야 한다.

출처: Berkel (2019: 50).

계가 전혀 중요하지 않으므로 대개 경쟁을 택한다.

경쟁적 태도는 극단적이다. 이기느냐 지느냐가 관건이다. 타인은 결코 친구가 될 수 없다. 적일 수밖에 없는 타인에게는 신뢰보다 불신이 낫다. 경쟁적 태도는 생물학적으로 생존투쟁을 위해 필연적이다. 파트너십이나 배려와 같은 인도적 행동은 방해 요소일 뿐이다.

협력적 태도는 의식적인 가치판단에서 비롯되지만, 양보하거나 조화를 이루려는 노력의 표현이기도 하다. 협력적 태도로만 갈등에 생산적으로 대처할 수 있다.

④ 행동

행동 방식 또한 갈등을 초래할 수 있다. 작용과 반작용의 법칙은 인간관계에도 적용된다. '친절행위 대 적대행위'에서 작용-반작용

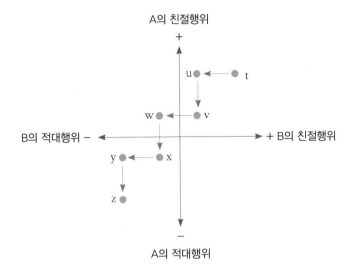

[그림 2-7] 단순반응으로 인한 적대행위

출처: Berkel (2019: 51).

법칙을 확인할 수 있다. 예를 들어, A 교사와 B 교사가 서로 기분 좋게 돕는다(t). 어느 날 B 교사가 서먹서먹하고 무뚝뚝하게 행동한다(u). 그 이유를 모르는 A 교사는 B 교사에게 묻지 않고 만남을 줄인다(v). B 교사는 A 교사가 자신을 싫어한다는 것을 눈치 채고 불안해한다(w). A 교사도 B 교사를 불신한다(x). B 교사가 신경이 예민해지고 A 교사를 욕하면(y) A 교사는 그런 B 교사를 보고 절교로 받아들인다(z). 이로써 두 사람 사이에 긴장이 고조된다.

(2) 상호작용

인간관계는 상호작용으로 형성되며 상호작용은 주로 대화로 이루어진다. 하지만 대화는 늘 불안전하다. 갈등으로서 대화는 널리

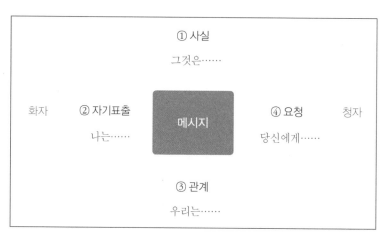

① 사실 측면: 전달 사항에 관한 사실 차원의 진술: '그것은 ……이다.'
② 자기표출 측면: 화자의 자신의 생각이나 감정에 관한 진술: '나는 ……이다.'
③ 관계 측면: 화자와 청자의 관계에 관한 진술: '우리는 ……이다.'
④ 요청 측면: 상대에게 원하는 것에 관한 진술: '당신에게 ……을 원한다.'

[그림 2-8] 대화의 4요소 모델

출처: Berkel (2019: 29).

알려진 Schulz von Thun(1992)의 대화 4요소 모델에 따르면, 화자와 청자 사이에 긴장을 수반할 수밖에 없다([그림 2-8] 참조).

메시지는 사실, 자기표현, 관계, 요청 등 4요소로 구성되지만 화자나 청자가 전달하거나 받아들이는 요소가 서로 다르거나 요소들 사이에 불일치할 때 갈등으로 번질 수 있다.

- 예: 각 요소에서 갈등
  - 사실: 교장이 교직원에게 업무를 지시하였지만 교직원은 업무 내용이 명확하지 않고 교장에게 얼마나 중요한지 알지 못해 대충 처리하였다. 이에 대해 교장이 비판하면, 교직원은 격분하여 교장의 비판이 불공정하다고 한다.
  - 관계: 교무회의에서 교장이 교사에게 인신공격을 한다.
  - 자기표현: 자신만을 과시하는 동료교사의 말에 심경이 불편해진 교사가 그를 조롱하는 뒷담화를 한다.
  - 요청: 교장이 대화를 교묘하게 이끌어 가는 바람에 교직원은 불쾌하지만 동조할 수밖에 없다.
- 예: 요소들의 불일치에 의한 갈등
  - 사실-관계: 교직원이 동료의 제안을 단호하게 거절한다. 화가 난 동료는 그 교직원이 자기만 잘났다는 우월감에 빠져 있다고 비난한다.
  - 관계-내용: 교장은 미운 교직원의 아이디어를 무조건 반대한다. 교직원은 교장을 설득할 수 없어 답답하다.
  - 자기표현-요청: 위험부담 때문에 의사결정을 두려워하는 교장이 담당교사에게 검토 작업이 부족했다고 비난한다.
  - 요청-자기표현: 교장은 교사와 대화할 시간이 없다. 교사는 교장과 하여야 할 중요한 일이 있다고 생각한다.

(3) 조직적 요인

학교조직은 인간공동체의 이질적 요소들이 인위적으로 결합되어 형성된 사회구성체로서 여타 조직과 마찬가지로 다음과 같은 조직의 특성으로 인해 갈등은 필연적이다.

- 목표 차이: 학교조직 내에는 많은 부서와 집단이 있다. 이들의 서로 다른 목표는 마찰과 긴장을 일으킨다. 교장과 교사, 교감과 교사, 교사와 교사, 부서 간, 특히 교사와 행정직원 간에 목표의 차이로 인해 갈등이 발생한다.
- 자원 부족: 학교조직의 인적 · 물적 자원은 항상 한정되어 있게 마련이다. 예산, 시설, 행정지원 등의 자원을 한 부서가 확보하면 타부서에게는 희생이 요구됨으로써 자원에 대한 경쟁이 유발되어 갈등의 요인이 된다. 특히 학교의 빈약한 재정상

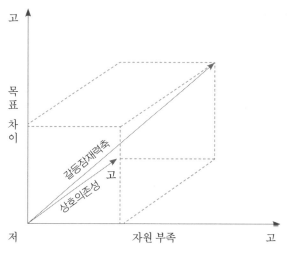

[그림 2-9] 조직갈등요소

출처: Berkel (2019: 53).

황은 부서 간 경쟁의 원인이 되어 갈등이 발생한다.

- 상호의존성: 학교구성원, 부서 및 집단은 수직적 · 수평적 조직 구조에 의한 규정에 따라 과업상 상호의존적이다. 예를 들어, 학교조직의 목표 달성을 위해 교무실과 행정실이 협조, 정보제공 등을 위해 서로 의존적일 수밖에 없다. 그런데 어느 한 부서가 다른 부서의 목표에 의식적 · 무의식적으로 간섭하면 갈등이 생긴다.

이 밖에도 학교조직의 구조적 특성으로 인해 갈등이 발생할 수 있다(최예슬, 엄문영, 2020). 학교에서는 구성원들마다 교육에 대한 목표가 다르고, 활용하는 교수학습이나 업무의 기술이 다양하여 표준화하기 어렵다. 또한 중등교육기관의 경우, 학생과 학부모가 3년마다 이동하며 공립학교의 교원과 행정가는 4~5년을 주기로 순환하는 특성이 있기 때문에 구성원이 학교조직에 참여하는 것 역시 상황에 따라 유동적이다. 이러한 이른바 조직화된 무질서(organized anarchy; Cohen, March, & Olsen, 1972)로 인해 구성원 사이에 불명확하고 표준화하기 어려운 목표, 업무, 활동영역 등으로 갈등이 발생할 수 있으며, 유동성이 높은 특성상 교원들이 서로에게 간섭하지 않거나 회피하는 경향성이 높을 수 있다.

또한 학교는 교수학습 활동이 대개 교사의 자율적 권한하에 이루어지기 때문에 위계적 권한에 의한 통제가 느슨한 이완결합체계(loosely coupled system; Weick, 1976; Meyer & Rowan, 1977)이다. 학교의 각 부서 역시 연결되어 있으나 주요 활동이 상호감시보다 독립된 단위로 이루어진다. 이런 자율성이 높은 조직 구조로 인해 부서 간 긴밀한 협조가 필요한 상황에서 교원 간 의사소통, 상호지원,

협력 등이 어려울 수 있다. 이처럼 학교조직은 수업활동 측면에서 느슨하게 결합되어 있지만 행정업무 측면에서는 엄격히 결합된 관료제적 특성을 동시에 가지고 있는 이원적 체계를 이루고 있다.

학교조직은 조직 구성원의 연령 구조가 매우 넓게 분포되어 있는 다세대 조직(multigenerational workplace)이다(Abrams & von Frank, 2013). 학교는 10대에서 60대에 이르기까지 서로 다른 가치와 인식을 공유하는 세대들이 필연적으로 공존하며 소통할 수밖에 없는 공간이다.

끝으로 학교조직은 교사와 학생이라는 교육적 관계에서 정서적·감정적 교류가 강한 관계지향적 공동체이다. 또한 교원들의 교수학습 활동은 교실 또는 교과 수업별로 분리되어 있는 것으로 보이지만, 한 학생의 전인적 성장이라는 교육목표를 달성하기 위해 교원 및 학교구성원들이 근본적으로 협력해야 하는 구조이다.

(4) 사회적 요인

학교갈등에 영향을 미치는 사회 및 정책적 요인은 다음과 같다. 첫째, 1986년 교육민주화선언 이후, 민주적 학교운영을 위한 의사결정과정에 다양한 구성원의 참여가 증가하고 있다. 학교경영과 교사의 교육활동에서 자율성이 증가하고 있다. 교육분권화에 따라 교장과 교원의 자율성과 책무성 강화가 강조되고 있다. 최근 혁신학교, 자유학기제 등은 교육과정 운영, 교수학습, 평가활동 등에서 학교 및 교원의 자율성을 강조하는 정책이다. 하지만 교원 전문성과 자율성 그리고 적극적 참여와 함께 의견수렴과 조율이 더 중요해지고 있지만 다양한 개인 및 집단의 이해관계가 서로 충돌하고 있다. 둘째, 학교민주화 및 자율화와 수요자 중심 교육 혁신으로 학

생의 인권과 학습권을 강화하는 조치는 지속된 반면, 교직사회에
대한 불신과 함께 교사 권리와 지도 권한은 상대적으로 균형 있게
보장받지 못하며 교사 생활지도에 불응하고 정당한 교육활동 침해
행위가 반복되고 있다.

2) 갈등 전개 단계

갈등분석을 위해 갈등의 전개 과정은 몇 단계로 구분할 수 있다.
갈등은 개인, 문화, 관계에 대한 사전경험, 맥락, 갈등해결역량 등
에 따라 다양하게 진행한다. 갈등 전개 과정은 외부에서 관찰할 수
있는 네 단계로 구분하여 분석한다(Kreyenberg, 2005).

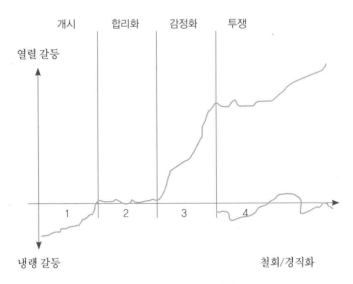

[그림 2-10] 갈등 전개 단계

(1) 1단계: 개시

초기 단계의 갈등은 일반적으로 잠복해 있거나 잠재된 상태로 가열된다. 예를 들어, 당사자들이 의식하지 못하거나 한쪽만 인지한 껄끄러움이나 구조적 모순으로 갈등은 발생할 수밖에 없다. 아직 갈등으로 느껴지지 않지만 불쾌한 감정이 감지된다.

(2) 2단계: 합리화

2단계에서 갈등은 은폐와 공개 사이에서 움직인다. 당사자 일방 또는 양방에서 이상기후가 농후하다. 그럼에도 불구하고 당사자들은 싫은 내색을 하지 않은 채 문제를 해결하고자 한다. 하지만 당사자들은 더 이상 전진하지 못한다. 열띤 토론을 벌이지만 은연중에 가시 박힌 말들이 오간다. 때로는 합리화 단계가 생략되고 곧바로 감정싸움이 벌어지거나, 반대로 감정 폭발 후에 합리화로 이어져 감정을 진정하거나 억제한다.

(3) 3단계: 감정화

대개 갈등은 합리적인 논의를 통해 해결되지 않는다. 구조적이든 개인적이든 갈등의 근본 원인이 밝혀져 해소되지 않으면 좌절감이나 분노로 인해 팽팽한 긴장감이 더 커진다. 이 단계에서 특이한 점은 '열렬'갈등을 의미하는 이미지(예: '뚜껑이 열린다.')와 감정이 섞인 언어(예: '이제 더 이상 참을 수가 없다.')가 주로 사용된다는 것이다. 감정적인 단계 없이 곧바로 경직화 단계로 진행될 수 있다.

(4) 4단계: 투쟁 또는 철회/경직화

감정화 단계 마지막에 갈등은 '폭발'하여 본격적인 싸움이 벌어진다. 불꽃이 튀고 목소리가 커진다. '비 온 뒤에 땅이 굳어진다.'는 속담처럼 폭발로 갈등이 해결될 수도 있다. 하지만 이런 폭발이 모든 상황이나 관계에서 가능한 것은 아니다. 예를 들어, 학교장과 교사 사이에는 폭발이 불가능하다. 이런 경우에 폭발 에너지는 다른 방식으로 터질 수밖에 없다. 공개적인 대결이나 싸움 대신에 내부파열(implosion), 즉 개인 내적으로 터지거나 만성적 질병이 되기도 한다.

내부파열은 갈등당사자의 심리적 철회를 의미한다. 즉, 내부파열이 되면 갈등당사자 중 한쪽은 냉랭한 상태로 침묵하거나 준법주의나 과잉적응과 같은 행동을 한다. 이처럼 얼어붙은 갈등은 상대가 적극적으로 긍정적인 조치를 취하거나 온정적인 태도를 보여야만 해결된다.

내부파열이 없으면 갈등은 경직되거나 만성적으로 지속된다. 이를 악물고 감정을 억제한 채 일을 한다. 경직되고 해결될 것 같지 않은 갈등은 흔히 조롱이나 빈정거림 등으로 표출된다. 폭발 이후에도 갈등이 완화되거나 대화나 해결로 이어지지 않고 또 다른 상처나 모욕으로 이어지면 갈등은 다시 경직될 수 있다.

3) 열렬갈등과 냉랭갈등

갈등 전개는 대개 체온곡선에 비유하여 고조되는 것으로 기술되지만(Thomann, 2002), 모든 갈등이 체온처럼 가열되는 것은 아니다. 질병에 비유하자면, 갈등은 열병이나 암성 종양과 같은 만성질병처럼 표출될 수도 있다.

만성적 갈등은 '해동'이 필요하다. 즉, 연기만 피우는 쟁점에 대해 다시 논의하여야 한다. 천천히 진행되는 갈등은 장기간 암암리에 쌓일 수 있다. 이런 갈등은 갑자기 고조되어 갈등당사자들이 특별히 기억한다.

이런 잠재된 갈등이 냉랭갈등이다. 냉전과 같이 실제 교전은 없지만 경계설정, 제재 등과 함께 대화가 줄어든다. 겉으로는 모든 것이 잘되고 있는 것처럼 보일 수 있다. 냉전이 위험한 것은 상대방을 적으로 여겨 배후에서 공격하기 때문이다. 더 나아가 음모를 꾸미고 적대적 행동을 획책할 수도 있다.

냉랭갈등은 대개 개인적 또는 문화적 기본가정에 근거한다.

- 갈등회피 기본가정: '갈등은 있을 수도, 없을 수도 있다. 우리는 조화를 유지해야 한다.' 이런 태도로 가능한 장시간 이를 악물고 참아야 한다. 문화에 따라 누군가가 격분하면 연기만 내던 냉랭갈등은 열렬갈등이 된다.
- 해결불가 기본가정: '상대방과 대화할 수 없다. 상대방은 나쁜 마음을 먹고 있다.' 갈등당사자는 경직되고 과거 열렬 및 미해결 갈등에 대해 침묵하거나 차단전략을 쓴다.

대부분의 사람이 열렬갈등을 불쾌한 것으로 경험하지만, 오히려 진지하게 갈등을 해결하기 위한 대화의 기회로 삼을 수 있다. 열렬갈등에서 주요 목표는 충분한 수면, 휴식 등으로 흥분을 가라앉히고 침착하게 갈등을 완화하는 것이다.

표 2-7 열렬갈등과 냉랭갈등

	열렬갈등	냉랭갈등
특징	갈등당사자들은 • 지나치게 의욕이 넘친다. • 목표에 집중한다. • 자신이 우월하다고 생각한다. • 맞대결을 하려 한다. • 기필코 상대방을 설득하려 한다. • 규칙과 절차를 걸림돌로 생각한다. • 만나면 분통을 터뜨린다. • 편짜기를 한다.	갈등당사자들은 • 서로 실망하고 환멸을 느낀다. • 서로 의심한다. • 더 이상 갈등을 원만히 해결할 수 없다고 믿는다. • 서로 방해하고 담을 쌓는다. • 상대방에게 빈정대며 비아냥거린다. • 깊은 혐오감을 느낀다. • 만남을 멀리한다. • 형식, 규칙 그리고 절차를 내세운다.
전략	• 갈등이 극도로 감정적이기 때문에 대화를 위한 규칙이 합의되어야 한다. • 갈등당사자들은 의견 대립을 공개하고 토론하려 한다. • 갈등당사자들은 나중에야 비로소 구조적 측면과 조건들에 대해 논의하고자 한다. 이른바 윈-윈(win-win) 문제해결 전략은 갈등을 해결가능한 문제로 간주하여 모든 갈등당사자에게 유익한 해결책을 찾는 것이다.	• 갈등으로 소원해진 갈등당사자들은 가장 먼저 서로 대화할 수 있어야 한다. 이를 위해 개인 인터뷰를 통해 자긍심을 강화시켜야 한다. 공방을 벌이거나 증거 제시로 시작하면 방어 및 거부 행동만 증가한다. • 갈등당사자들은 방어 및 거부 행동이 커지면 어떻게 될지를 생각해서 자신의 행동으로 인한 결과를 인식하고 책임지게 된다. • 습관적 철회를 막기 위해 회피 전술을 저지한다.

출처: Berkel (2018: 72).

4) 갈등 역사

갈등을 유발한 초기 상황을 확인하고 과거에서부터 갈등 원인을 새로이 이해하는 것은 큰 도움이 된다. 특히 특정 시기 이후에 은폐되거나 표출된 유발요인들로 재구성할 수 있는 갈등에피소드가 있으면 도움이 된다. 갈등에피소드를 통한 과거 또는 원인 중심의 분석은 다음과 같은 질문으로 이루어진다.

- 언제 문제, 갈등이 발생했는가?
- 어떤 과거 경험 및 행동패턴으로 현재 갈등상황이 야기되었는가?
- 현재 상황의 원인은 어디서, 어떻게 그리고 언제 이루어졌는가?
- 갈등이 확대된 전환점은 언제였는가?
- 갈등상황은 어떻게 다양한 모습으로 반복되었는가?

이 분석을 통해 갈등당사자들은 갈등을 이해할 뿐 아니라 심리적 부담도 줄어든다. 이런 갈등은 대개 이미 과거에 다른 이름으로 표출되었으며 갈등당사자들이 떨쳐 버리려고 한 갈등이다. 이처럼 갈등을 거시적으로 바라보면 개인적 과실이나 무능력과 관련 없는 패턴이 반복된다는 것이 분명해진다. 예를 들어, 소위 희생양 역할은 학교구성원이 바뀌어도 지속되고 근원적인 구조적 문제를 외면하도록 한다. [그림 2-10]에서 보듯이, 갈등은 다양하게 전개되기 때문에 갈등진단을 위해서는 모든 갈등당사자들이 각자의 관점에서 갈등 진행 패턴을 기술하도록 하여야 한다.

• 예: A 교사와 B 교사가 공동작업을 하기로 합의하였다. 그러나 A 교사는 항상 업무일정을 지체한다. B 교사에게는 약속 준수가 중요하다. B 교사는 이를 A 교사에게 알리고 해명하도록 하고 약속을 준수할 것을 촉구한다. 간담회에서 A 교사가 약속을 지키지 않은 이유는 B 교사의 지시적인 언행으로 수세에 몰리고 있고 공동작업에 대해 책망을 받는다고 느꼈기 때문임이 밝혀졌다. A 교사의 관심사는 스스로 실행 가능한 방법을 찾고 공동작업을 위한 시간을 더 확보하는 것이다.

주관적이고 감정적인 입장 표명을 통해 누구에게 어떤 쟁점이 중요한지, 누가 영향을 받는지, 갈등의 원인이 무엇인지 등이 명확해진다. 필요한 정보를 얻기 위해 원인 분석을 할 수 있으며, 이를 통해 가능한 갈등관리 전략에 필요한 중요한 지식을 도출할 수 있다. 이런 지식은 개별인터뷰 또는 워크숍을 통해 습득할 수 있다. 냉랭갈등이나 경험이 없는 갈등당사자들에 대해서는 개별인터뷰가 유용하다. 언쟁이 예견되는 경우에는 워크숍을 통해 참석한 갈등집단의 관점에서 갈등의 역사를 조사할 수 있다.

방법론적으로 시간을 x축, 감정강도를 y축으로 하는 차트를 이용하여 '갈등선'([그림 2-11] 참조)을 그린다. 이어서 갈등당사자들은 지난 기간에 발생한 중요한 사건(사건 1~n)에 대해 이야기하고 각 사건에 대한 감정의 강도를 평가할 수 있다. 다양한 방법으로 취득한 이미지와 정보는 서로 상대방을 이해할 수 있는 계기가 될 수 있다.

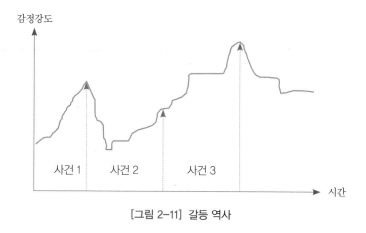

[그림 2-11] 갈등 역사

> • 연습: 자신이 경험한 갈등에 관해 시간 축에 갈등 역사를 그린다. 이어서 갈
> 등상대방의 갈등 역사를 그리고 그의 입장에 선다. 이어서 사회자로서 질문
> 할 수 있는 제삼자에게 갈등 역사에 대한 자신과 상대방의 견해를 이야기
> 한다.

갈등이 특정 갈등에피소드에 머물러 장기화되면 만성적 갈등이
되어 원인을 파악할 수 없을 뿐 아니라 문제를 더 심화시킨다. 따라
서 과거 중심적 분석은 도움이 되지 않는다. 이런 경우에는 현재와
미래 예측이 더 중요하다

7. 갈등고조기제

갈등고조의 가장 큰 원인은 갈등당사자들이 서로 상대방 탓을
하고 자기방어적인 언쟁을 하면서 공격과 역공을 주고받는 이른바

보복의 '악순환'이다. A가 선의든 악의든 말이나 행동을 한다. B는 A의 행동이 자신의 이해관계를 위협한다고 인지하여 분노한다. 분노는 자신을 방어하기 위한 에너지를 동원하기 위함이다. 분노의 에너지는 문제해결을 위해 건설적으로 사용되지 않으면 회피나 강요와 같은 자기방어적 행동으로 이어진다. 이런 행동은 위험 상황에 대한 무의시적 생존전략이다. 하지만 A가 B의 행동을 의도적이라고 인식하고 분노하여 역공을 가하면 A, B 모두 스스로 빠져나올 수 없는 끝없는 보복의 악순환에 빠진다. 이 악순환은 A든 B든 패배를 인정하지 않는 한 지속된다.

이 악순환으로 갈등은 고조된다. 악순환은 대칭적(symmetrical)이거나 상호보완적(complementary)이다(Kreyenberg, 2005). 대칭적 악순환에서는 갈등당사자들이 상대방에 대해 동일한 행동으로 맞대응한다. 예를 들어, 갈등당사자 일방이 협박하면 상대방도 협박으로 맞선다. 상호보완적 악순환에서는 갈등당사자들이 상호보완적인 행동을 하여 갈등이 더 심해진다. 이런 역동은 가령 학교에서 반복적으로 비판하는 학교장과 이에 대해 점점 더 의기소침해지는 교사 사이에서 볼 수 있다(Watzlawick et al., 2007).

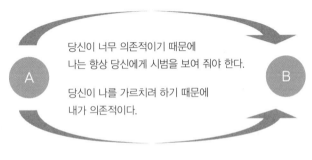

당신이 너무 의존적이기 때문에
나는 항상 당신에게 시범을 보여 줘야 한다.

당신이 나를 가르치려 하기 때문에
내가 의존적이다.

[그림 2-12] 악순환

악순환 과정에서 긴장을 유발하고 갈등을 고조시키는 이른바 심리사회적 갈등고조기제(escalation mechanism)는 다양하다(문용갑, 2011; Glasl, 2020; Kreyenberg, 2005). 대표적인 고조기제를 살펴보면 다음과 같다.

1) 일반화

갈등당사자는 쟁점을 확대 해석하고 상대방과 그의 행동을 선택적으로 인식한다. 편협한 인식으로 고정관념에 빠져 '침소봉대'하듯 상대방의 일부 특징만 들어 일반화(generalization)해서 오해와 쟁점이 더욱 커진다. 상황이 점차 불분명하고 복잡해지면 모든 문제의 원인을 단순화하려 한다. 이러한 단순화는 긴장이 고조되는 복잡한 갈등상황에서 더 강하게 나타난다. 갈등당사자는 자신의 입장을 더욱더 강하게 내세우며 사실과 주장을 혼합하여 상대를 설득하려 한다. 또한 마음의 문을 닫는다.

2) 구두점 찍기

구두점 찍기(interpunction)는 행동과 반응의 악순환을 의미한다. 갈등당사자는 자신은 단지 상대의 행동에 반응할 뿐, 자신이 먼저 자극적인 행동을 한다고는 생각지 않는다. '나는 다른 방도가 없다. 상대의 공격에 맞서거나 나를 보호할 뿐이다.' 갈등의 객관적인 원인을 찾기보다는 책임소재를 찾는다. 고양이가 자기 꼬리를 무는 모습처럼 답을 찾을 수 없는, 끝없는 '네 탓' 식의 질문을 Watzlawick 등(2007)은 구두점 찍기 문제라고 정의한다.

3) 투사

투사(projection)를 통해 자신의 성격적 약점 또는 결함과 행동 방식을 부인함으로써 긴장을 억누른다. 상대의 나쁜 성격이나 약점을 보게 되면, 일종의 보상으로 상대를 공격하고 쟁점으로 삼는다. '남의 눈의 티는 잘 보아도 자기 눈의 들보는 못 보듯' 상대가 모든 문제의 원인이다. 갈등이 부정적으로 진행되는 것은 모두 상대 탓이다. 상대가 일으킨 문제는 부각시키고 자신의 과실은 감추고 잊으려 한다.

4) 적 이미지

갈등당사자는 갈등으로 힘들고 심리적으로 부담스러우면 주위와 동맹을 맺는다. 이런 행동은 '전쟁전술'로 의도된 것은 아니지만 종종 상대방은 적대적인 행동으로 해석하고 자신도 지원세력을 찾는다. 이로써 역설적으로 상대방의 행동을 문제로 간주하고 개인적 특성으로 귀인함으로써 개인화하지만 자신의 행동에 대해서는 공식화하고 탈개인화한다. 즉, 상대방 자체를 적으로 간주하고 문제로 삼는다. 이런 상대방에 대한 적 이미지(enemy image)는 갈등이 사실 차원에서 관계와 심리 차원으로 전환되는 역동을 의미한다. 따라서 갈등당사자는 사실적 쟁점보다는 상대방을 공격하는데 전력을 경주한다. 문제의 원인은 상대방의 성격 때문이라고 단순화하여 상대방을 전형적으로 인식하기 때문에 '우리 편이 아닌 자는 모두 우리의 적이다.'

5) 자기이행적 예언

갈등당사자는 상대방에 대해 '비관적 기대'를 하기 때문에 가령 상대방이 긍정적인 행동을 하더라도 협박으로 해석하고 자신의 판단이 전적으로 옳다는 자기이행적 예언(self-fulfilling prophecy)에 대한 확신으로 상대방에게 협박으로 대응한다. 이에 대해 상대방이 협박을 운운하면, 비록 상대방이 협박할 의도가 없었더라도 자신의 애초 비관적 기대가 확증된 것으로 간주한다. 따라서 '공격만이 최선의 방어이다.'

6) 퇴행

갈등이 고조되면 갈등당사자는 성숙한 행동보다는 미발달단계로 회귀하는 퇴행(regression)을 하여 사춘기적인 유치한 행동을 한다. 갈등이 고조되면 갈등당사자는 발달이 아니라 퇴보한다.

7) 악마화된 영역

갈등당사자의 감정적 행동은 의도한 대로 효과를 미치기도 하지만 의도하지 않은 부작용을 낳기도 한다. 의도한 것과 의도하지 않은 것 모두 다음 행동에 영향을 미친다. 상대방의 행동을 왜곡하여 경험하고 해석하기 때문에 새로운 상황에 맞는 반응을 해야 한다고 믿는다. 하지만 역동적인 심리 · 사회적 과정에 매몰되어 있는 상대방의 입장에서 보면, 그 '반응'은 갈등의 확산에 다름 아니다. 이런 갈등당사자 간 악순환으로 아무도 책임지지 않는 소위 '악마화된 영역(demonized zone)'이 형성된다.

이 고조기제들을 그대로 두면 갈등은 빠르게 자체 동력으로 움직이기 때문에 통제하기 어려워진다. 갈등이 이 기제들로 고조된다는 것은 갈등관리를 위해 반드시 고려하여야 할 사항이다. 이 기제들을 이해하고 갈등의 자체 동력에 숨겨진 에너지를 갈등관리에 활용하는 것이 중요하다.

8. 갈등고조단계

갈등은 완화시키지 않으면 자체 역동으로 하향하는 고속열차와 같이 고조된다([그림 2-13] 참조). 갈등당사자는 갈등에 엄청난 에너지를 쓰지만 그런 자신과 갈등 전개를 통제할 능력은 점점 줄어들어 갈등은 파국을 향하여 돌진한다. 그 갈등열차에 몸을 실은 갈등당사자들은 경솔하고 비합리적인 행동패턴을 보이며 결국에는 최후의 결전을 벌이는 투사가 되기도 한다. 그렇지만 갈등당사자들의 관계는 더 악화되고 자세와 태도가 변하고 인지가 왜곡되며 사이는 더 소원해진다. 해결방안도 점점 줄어들고 행동력은 한계에 이르고 동조하던 개인 또는 집단이 이탈하면서 갈등은 극단적으로 고조된다. 단계가 높아질수록 상대방에게 더 압박을 가한다. 초반에는 기존의 신뢰관계를 바탕으로 외부의 조언 또는 개입 등을 받아들이려 하나, 후반으로 갈수록 독단적이고 극단적인 판단과 행동을 한다.

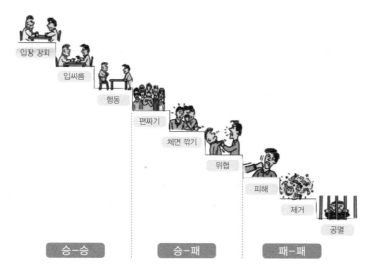

[그림 2-13] 갈등고조단계

출처: Glasl (2020).

1) 단계 1: 입장 강화

갈등당사자 쌍방의 입장이 강해지면서 서로 충돌하고 긴장한다. 생각을 바꾸기도 하고 말실수도 한다. 긴장감으로 자유롭지 못하다. 당장의 합의는 불가능하며 상대에게 따져야 한다는 마음이 앞선다. 그러나 대화를 통해 해결책을 찾을 수 있다고 확신한다.

2) 단계 2: 입씨름

갈등당사자는 더욱 단호한 태도를 보인다. 자기주장만을 내세워 상대를 일방적으로 설득하려 한다. 극단적 사고, 감정, 의지를 보이며 자신의 편을 들어 줄 제삼자를 찾는다. 흑백논리로 합리적인 것처럼 주장한다. 상대의 말과 자신의 주장이 뒤섞이며 상대보다 우위에 서기 위해 입씨름한다.

3) 단계 3: 말 대신 행동

'이제 더 이상 말이 필요 없다.'는 식으로 행동으로 사실을 보여 주고자 한다. 우리의식(we-feeling), 의견 표현, 공감 능력이 약해지면서 상대의 행동에 대한 오해가 커진다. 갈등이 구체적인 행동으로 드러나기 시작한다. 상대를 폄하하고 그의 약점을 주위에 알린다. 시비조 말투와 신경전이 본격화된다.

4) 단계 4: 편짜기

갈등은 사실에서 관계로 옮겨 간다. 갈등해결에 대해 회의적이고 오직 승패에만 집중한다. 자신과 자신의 행동에 대해서는 긍정적인 이미지를 갖지만 상대에 대해서는 적 이미지를 갖는다. 갈등과 관련 없는 타인들에게 자신의 행동의 정당성을 알리고 도움을 청하며 편짜기를 한다.

5) 단계 5: 체면 깎기

더 이상 신뢰할 수 없는 상대를 공개적으로 비난하고 약점을 폭로함으로써 난처하게 만든다. 악마와 같은 상대에게 모든 책임을 돌리고, 복수, 반칙, 피장파장식의 행동을 한다. 모욕, 폭력, 좌절과 고립의 정도가 급속히 높아진다.

6) 단계 6: 위협

사실 문제를 떠나서 남은 것은 오직 상대에 대한 위협뿐이다. 올 가미에 걸린 듯 서로 자신이 만든 막다른 골목에 내몰린다. 스트레 스는 최고조에 달하고 감정을 제멋대로 표현한다. 물리적 힘을 과 시하고 폭력을 행사하고자 하며, 자제력을 잃고 비합리적인 행동 을 한다. 이제 갈등은 자체 동력으로 전진하기 때문에 아무도 통제 할 수 없다. 삶이 갈등에 휩싸여서 더 이상 벗어날 길이 없다.

7) 단계 7: 신체적 피해

상대는 자신을 지키기 위한 '표적물'일 뿐이다. 상대를 이길 수는 없지만, 생존에 충격을 줄 만큼의 신체적 피해를 가하는 것이 곧 승 리이자 최상의 목표이다. 갈등당사자 간 대화는 완전히 단절되고 일방적인 통보만 있을 뿐이다.

8) 단계 8: 상대방 제거

상대방을 제거하는 데 자신의 모든 것을 바친다. 상대방의 가족, 조직 등 모든 것이 공격의 대상이다. 주위를 의식하지 않으며 자신 을 희생해서라도 상대방을 제거하려 한다. 윤리나 도덕 따위에는 아랑곳하지 않는 인면수심의 상태가 되지만 자신의 생명만은 유지 하려 한나.

9) 단계 9: 공멸

상대방을 제거하기 위해 기꺼이 자신의 목숨도 바치는 전면전을 벌인다. 더 이상 돌이킬 수 없는 최악의 상황이 된다. 상대와 함께 죽는 것이 한 가닥 희망이다.

갈등고조 9단계는 크게 세 단계로 구분하여 적절한 대처 방법을 찾을 수 있다.

- 승–승 단계(1~3단계): 갈등당사자 쌍방이 스스로 갈등을 해결할 수 있는 상황이므로 대화 훈련을 통해 자율적으로 모두가 수용할 수 있는 상생의 해결책을 강구할 수 있다.
- 승–패 단계(4~6단계): 갈등당사자 일방이 상대방의 희생을 담보로 하여 승리하는 제로섬 게임만 가능한 상황이다. 갈등은 당사자의 자력으로 저지할 수 없을 만큼 고조된다. 갈등을 해결하기 위해서는 제삼자의 개입이 필요하다.
- 패–패 단계(7~9단계): 갈등당사자 모두가 패자가 될 뿐이다. 상대방 '원수'를 완전히 제거하는 데 주력한다. 제삼자의 도움이 불가능하다. 파국을 막는 방법은 외부 권력이 개입하는 것이다.

이 갈등고조 9단계 모델은 모든 갈등영역 및 차원에 적용가능하다. 일반적으로 갈등은 고조되면 9단계를 거치지만, 그렇다고 필연적인 것은 아니다. 갈등당사자는 각 단계에서 적절히 대처할 수 있다. 단계를 뛰어넘을 수도 있고 위아래로 넘나들거나 특정 단계에 머물며 소강상태를 보이기도 한다. 갈등당사자들이 동일한 단계에 있을 수도 있고 또 서로 다른 단계에 있을 수도 있다. 하지만 마지막 단계로 갈수록 극단화되는 경향을 보인다.

이 모델의 가장 큰 장점은 각 단계를 포괄적으로 자세히 기술하고 있다는 것과 제삼자가 갈등고조단계 및 역사를 이해하는 데 유용한 사고도구(thinking tool)로 활용할 수 있다는 것이다.

참고문헌

문용갑(2011). **갈등조정의 심리학**. 서울: 학지사.

문용갑, 이남옥(2020). **조직갈등관리**. 서울: 학지사.

최예슬, 엄문영(2020). 중등교육 현장의갈등유형과 관리전략에 대한 이론적 · 실천적 탐색. 한국교원교육학회 제78차 연차학술대회, pp. 103-136.

Abrams, J. B., & von Frank, V. (2013). *The Multigenerational Workplace: Communicate, Collaborate, and Create Community.* Thousand Oaks, CA: Corwin.

Berkel, K. (2019). **갈등 트레이닝**. 문용갑, 이남옥 역. 서울: 학지사.

Cohen, M. D., March, J. G., & Olsen, J. P. (1972). A garbage can model of organizational choice. *Administrative Science Quarterly, 17,* 1-25.

Crisand, E., Lyon,, U., & Schinagl, G. (2009). *Anti-Stress-Training.* Autogenes Training mit Yoga und Meditation. 4. Auf. Frankfurt.

Deutsch, M. (1976). *Konfliktregelung. Konstruktive und destruktive Prozesse.* München/Basel.

Glasl, F. (2020). *Konfliktmanagement: Ein Handbuch für Führung,*

Beratung und Mediation. 12. Aufl. Stuttgart: Freies Geistesleben.

Hierdeis, H., & Weber, E. (1978). *Erziehungsinstitutionen: Pädagogik für Sekundarstufe II und Grundstudium.* Donauwörth: Auer.

Hofstede, G., & Hofstede, G. J. (2005). *Cultures and Organizations* (2nd ed.). New York: McGraw-Hill.

Horney, K. (1973). *Feninie Psychology.* New York: Norton Library.

Kreyenberg, J. (2005). *Wirkungsvolles Konfliktmanagement.* 2. Aufl. Berlin: Cornelsen.

Meyer, J., & Rowan, B. (1977). Institutionalized organizations: Formal structure as myth and ceremony. *American Journal of Sociology, 83,* 340-363.

Rüttinger, B., & Sauer, J. (2000). *Konflikt und Konfliktlösen.* Kritische Situationen erkennen und bewältigen. 3. Aufl. Leonberg.

Schulz von Thun, F. (2010). *Miteinander reden: Störungen und Klärungen.* Psychologie der zwischenmenschlichen Kommunikation. Reinbek bei Hamburg: Rowohlt.

Thomann, C. (2002). *Klärungshilfe. Konflikte im Beruf.* Reinbek.

Watzlawick, P., Beavin, J. H., & Jackson, D. D. (2007). *Menschliche Kommunikation.* Formen, Störungen, Paradoxien. 11. Aufl. Bern: Huber.

Weick, K. E. (1976). Educational organizations as loosely coupled systems. *Administrative Science Quarterly, 21,* 1-19.

3장

기회로서 갈등

CONFLICT MANAGEMENT IN SCHOOLS

CONFLICT
MANAGEMENT
IN SCHOOLS

● 갈등은 기회가 될 수 있는가?

갈등은 항상 부정적인 것이 아니다. 갈등은 기회를 제공할 수도 있다. 여기에서는 갈등은 결코 피할 수 없음을 강조하고 어떻게 갈등을 인식하고 활용할 수 있는지에 대해 살펴볼 것이다. 이를 위해 학교장은 관찰 능력을 높이고 교착상태를 타개하며 변화과정에서의 저항을 건설적으로 조절하는 방법을 익혀야 한다.

과연 갈등을 기회로 볼 수 있는가? 갈등이 기회라는 것은 비논리적이면서 논리적 모순이다. 과연 갈등에 대한 부정적 경험이 의미있는 기회가 되는 경우가 있는가? 특히 학교관리에서 갈등은 학교조직의 생산성과 효율성을 저해하고 비용을 증가시키는 요인으로서 신속히 제거되어야 할 대상이다. 따라서 갈등이 있다는 것은 리더십 또는 관리의 실패로 간주된다. 이런 견해로는 오히려 문제만 증가할 뿐, 현실을 제대로 파악할 수 없다. 갈등을 단지 피할 수 있는 불행이나 오류로 간주하면 역설적으로 갈등은 더 증가할 것이다.

갈등과 사고는 대처 방법이 각기 다르기 때문에 반드시 구분되어야 한다. 사고를 방치하고 갈등을 회피하면 더 큰 문제가 발생할 수 있다. 따라서 불필요한 갈등은 예방하고 필요한 갈등은 기회로 삼아야 한다.

1. 갈등에 대한 긍정적 입장

어떤 대가를 치르더라도 갈등을 회피하려는 것은 바람직스럽지 않다. 갈등의 이점을 최대화하기 위해서는 갈등에 대해 긍정적 태도를 취하여야 한다. 갈등에 대한 긍정적 입장은 저항 및 갈등과 관련된 학교조직의 변화과정에도 필수적이다. 소수의 구성원만이 변화에 자발적이고 열정적으로 반응하기 때문이다. 갈등은 변화과정에서 불가피하게 발생하며 다음과 같은 모순들이 의미 있는 기능을 한다.

• 변화를 보장한다-현상을 유지한다.

다름을 허용한다는 것은 학교가 변화에 대해 유연성을 높일 수 있는 기회이다. 학교는 비판과 모순을 인내함으로써 환경에 더 유연하게 적응하고 더 발전할 수 있다. 갈등은 항상성, 즉 안정된 상태 유지가 필요하다는 의미이기도 하다. 변화가 너무 많고 빠르면 방향 감각도 잃고 효율성도 떨어진다.

• 다름을 명확히 한다-공통점을 찾는다.

다름에 대해 논의하지 않고, 이와 관련된 긴장상황을 건설적으로 처리하지 않으면 과업 수행에 있어 정체현상과 형식주의가 만연한다. 갈등을 통해, 예를 들어 과거 무의식적·문화적 기본가정들의 다름이 드러난다.

인간관계가 좋은 것은 순조롭게 진행되어서가 아니라 당사자들이 긴장상황과 문제를 함께 극복했기 때문이다. 모순과 다름을 표현하고 처리함으로써 역설적으로 더 많은 공통점을 찾을 수 있다. 더 많은 의사소통과 쌍방 대화(dialogue)를 통해 서로 이해의 폭이 커질 수 있다.

변화를 완수하기 위해서는 다양한 반대 목소리를 듣고 통합하는 것이 중요하다. 학교장은 변화관리자로서 변화과정에서 발생하는 갈등의 시작점을 확인하고 불필요한 사고를 방지하며 필요한 갈등 잠재요인들을 활용한다. 예를 들어, 복잡한 프로젝트의 성공은 애매한 상황을 견디는 정도(ambiguity tolerance), 즉 긴장상황과 반대를 견딜 수 있는 학교장의 힘이 필요하다. 갈등의 장점을 인식하면 메타관점(meta-perspective)이 강해져 갈등을 사실적으로 묘사하고 객관화할 수 있다.

2. 장애 극복

장애는 대개 사람들이 갈등을 너무 늦게 인지함으로써 발생한다. 그 이유는 사람들이 드러난 갈등징후에만 민감하고 숨겨진 본의를 파악하지 못하기 때문이다. 그러나 많은 경우, 갈등은 '뭔가 잘못되었다.'는 의심이나 근거 없는 직관을 통해서만 파악될 수 있다. 직관은 판단이나 추론의 과정을 거치지 않고 대상을 인식하는 것이다. 따라서 개인 내적 장애를 극복하기 위해서는 갈등에 대한 자신의 접근방식을 명확히 하고 직관 훈련을 하는 것이 중요하다.

직관은 갈등에 대한 이른바 '아날로그식' 접근방식 중 하나이다. 이 방식의 핵심은 다름, 긴장 및 욕구를 감정적이고 직관적이며 종합적으로 파악하는 것이다. 이를 위해서는 무엇보다도 정서적 지각

능력, 즉 자기지각(self-perception)과 사회적 지각(social perception)
이 필요하다(Goleman, Boyatzis, & McKee, 2005; Goleman, 2007).

자기지각은 자신의 정서를 인식하고 자신의 감정과 능력을 사실
적으로 평가하는 능력과 자신에 대한 확고한 믿음, 즉 자기신뢰와
자아존중감을 의미한다. 사회적 지각은 공감, 감수성, 연대, 사회적
네트워크 사고, 자신의 행동에 대한 효과 평가 능력 등을 의미한다.

갈등에 대해 아날로그식 접근방식을 선호하는 사람들은 전체를
보고 사물에 대해 '좋은 감정'을 갖는다. 그러나 그들은 종종 사실
과 구체적인 지각으로 자신의 의견과 '직감'을 증명할 수 없다.

오늘날 갈등에 대한 보다 합리적이고 객관적인 이른바 '디지털
식' 접근방식이 선호되는 경우가 많다. 이에 따라 체크리스트, 진단
도구, 설문지 및 객관적 관찰 등을 통한 과학적 분석이 중심을 이루
고 있다. 이 접근방식은 과학 및 기술 분야에서 중요하며 많은 장점
이 있다. 이 접근방식으로 갈등을 다루는 사람들은 분석과 구조화
에 능숙하다. 그러나 때로는 나무만 보고 숲을 보지 못하기 때문에
의미, 우선순위 및 비전과 같은 전체적 시각을 간과한다.

갈등은 객관적으로 관찰하고 냉철히 처리할 수 있는 엔진 고장
처럼 항상 합리적으로 인식하고 분석할 수 있는 대상이 아니다. 갈
등의 경우, 학교장에게는 갈등을 어떻게 감지하고 평가하며 상황
을 어떻게 평가하고 어떤 역할을 하려는지가 항상 중요하다.

따라서 아날로그식 접근방식과 디지털식 접근방식의 조합이 바
람직하다. 학교장은 자신의 접근방식을 평가하여 부족한 점을 보
완하여야 한다. 예를 들어, 사안에 대해 직관적으로 접근한다면 면
밀한 관찰력을 훈련한다. 선천적으로 디지털식 분석을 선호한다면
직관을 강화해야 한다.

• 직관 훈련: 임의의 대화 상황을 설정하여 자신과 상대방의 감정, 직관, 기분
에 집중하여 자기지각과 사회적 지각을 평가한다. 이를 위해 다음과 같은
질문이 도움이 된다.

−나는 잘 지내고 있는가? 나는 어떤 감정이 드는가?

−대화상대방의 말, 자극 또는 요구로 인해 나는 어떤 감정이 드는가? 상대
방은 나에게 어떤 충동을 유발하는가?

−대화는 어떻게 끝날 것인가?

−상대방의 말 이외에 무엇이 나에게 영향을 미치는가?

−나는 어떤 기분인가?

3. 변화과정에서 생산적 저항 관리

저항은 종종 갈등의 동의어로 사용되기도 한다. 저항은 특히 변
화과정에서 나타나는 일반적인 현상이다(Doppler & Lauterburg,
2008). 무언가 바뀔 것 같으면, 우리는 동물처럼 생물학적으로 생리
적으로 반응한다. 새롭고 특이한 것이 우리에게 유용한지, 해로운
지 그리고 우리의 습관에 해가 되는지를 확인한다.

변화에 즉흥적이고 열광적으로 반응하는 사람은 거의 없다. 사
람들은 변화에 직면하면 일반적으로 즉흥적이고 무의식적으로 또
는 고의적이고 의식적으로 다음과 같은 질문을 한다(Doppler &
Lauterburg, 2008).

• 무엇을 위한 것인가? 목표가 무엇인가? 결과는 무엇인가? 모

든 것이 공개되었는가 아니면 숨긴 의도가 있는가?
- 나는 그것을 할 수 있는가? 나는 그것을 감당할 수 있는가? 나는 성공할 것인가?
- 나는 그것을 원하는가? 나의 이익은 무엇인가? 어떤 위험요소가 있는가?

저항은 복잡한 현상에 따라붙는 꼬리표와 같다. 우리는 자신에게 맞지 않거나 이상하거나 불쾌한 것에 '저항한다.' 저항의 주요 원인은 생소함, 위험 그리고 압력이다.

1) 저항의 근원으로서 생소함

새로운 것은 익숙한 것에 맞지 않는다. 새로운 것은 생소할 뿐이다. 무언가를 파악하거나 이해할 수 없거나 이미 알려진 것을 기반으로 할 수 없으면 대부분의 사람은 두려움을 느낀다. 부정적 경험을 하지 않은 사람만 호기심으로 반응한다. 우리는 이런 사람을 개방적 성격이나 순진함 또는 경험 부족 등으로 묘사한다.

2) 저항의 근원으로서 위험

새로운 것은 불편하거나 위협적이다. 앞의 질문 중에 하나의 질문에 부정적으로 답하거나 주요 욕구가 충족되지 않거나 위험에 처한 경우이다. 갈등조정이나 갈등해결대화(8장 참조)에서 입장 뒤에 숨겨진 관심사나 욕구를 논의하는 것이 앞에 마지막 질문에 해당된다. 드러난 입장 뒤에는 숨겨진 욕구가 있기 때문이다. 심리학자 Maslow의 욕구계층구조에 따르면, 예를 들어 '시간이 없다'는 이유에는 다음과 같은 위협받는 욕구들이 숨어 있다.

- 안전 욕구('모든 것이 익숙한 방식으로 이루어지고 있다.')
- 사회적 욕구('나는 잘 알지 못한다.' 또는 '다른 사람들도 그렇게 한다.')
- 지위 유지 욕구('여기서는 내가 관리자이다. 새로 온 사람이 방해하는가?')
- 자아실현 욕구('나의 재량권, 나의 창의력은 어디에 있는가?')

3) 저항의 근원으로서 압력

변화에 대한 저항의 또 다른 주요 원인은 항상성 또는 균형유지이다. 연구과제, 협상, 회의 등에서 A 교사가 압박, 설득 또는 기만하면 B 교사는 본능적으로 반대한다. 사람들은 자신의 한계와 입장을 견지하려는 강한 본능을 가지고 있으며, 충분한 정보와 참여가 없거나 '체면을 차려야 한다.'고 느끼는 경우 보호반응으로 반응한다. 따라서 이런 사람에게는 이미 갈등프로그램이 짜여 있다.

압력은 반드시 반대 압력을 낳는다. 사람들이 자신의 저항을 드러내는 방법은 외부 충격뿐 아니라 개인적 성향, 개방성, 두려움 등의 정도에 따라 다르다. 사람들은 일반적으로 생경, 위협 또는 압력에 대해 철회, 두려움, 당황 또는 공격성으로 반응한다.

• 연습: 갈등을 기회로 보기

다음 질문을 사용하여 임의의 학교갈등을 관찰한다.

- 이 갈등은 왜 유용한가?

- 갈등은 변화와 보존, 다양성과 통일성, 차이점와 공통점 중 무엇을 목표로 하는가?

- 갈등은 어느 정도로 예상되거나 필요한 변화를 보여 주는 지표인가?

- 갈등이 장기적으로 관계를 개선하는 데 어떻게 도움이 될 수 있는가?

- 갈등이 해결되면 어떻게 되는가?

참고문헌

Doppler, K., & Lauterburg, C. (2008). *Change Management*. 12. Aufl. Frankfurt: Campus.

Goleman, D. (2007). *Emotionale Intelligenz*. 19. Aufl. München: Deutscher Taschenbuch.

Goleman, D., Boyatzis, R., & McKee, A. (2005). *Emotionale Führung*. 3. Aufl. Berlin: Ullstein.

4장

갈등예방

CONFLICT MANAGEMENT IN SCHOOLS

CONFLICT
MANAGEMENT
IN SCHOOLS

- 갈등에 대해 어떤 자세를 취해야 하는가?
- 갈등은 어떻게 예방할 수 있는가?

갈등관리는 발생한 갈등을 생산적으로 해결하거나 유익한 갈등을 자극하기에 앞서 갈등징후를 조기에 감지하여 불필요한 갈등을 예방하는 것으로부터 시작된다. 이를 위해서는 다음과 같은 요소들이 필요하다

- 개인적 조치: 승자적 자세와 심리적 안정
- 의사소통: 역할 명료화, 관계관리, 집단역동 및 과정 이해와 성찰
- 구조적 긴장과 원인 인식
- 학교조직문화 개선을 위한 조치들

1. 갈등에 대한 승자적 자세

갈등을 어떻게 처리하느냐는 개인의 생애를 통해 형성된 갈등에 대한 태도에 달려 있다. 갈등에 대한 자세는 두려움과 분노의 감정으로 표현된다.

표 4-1 두려움과 분노

두려움	분노
방어적	공격적
반응 행동	공격 행동
회피	책임 전가

[그림 4-1]에서 보듯이, 지각, 감정 그리고 동기는 선호하는 행동 방식, 즉 갈등스타일로 드러나고 그 스타일에 따라 갈등에 대처하며, 그 대처는 다시 갈등스타일에 영향을 미친다. 이 과정을 통해 자기강화적인 갈등순환이 형성된다.

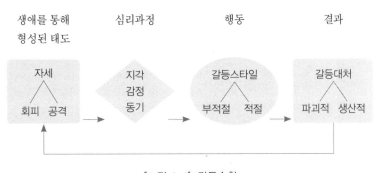

[그림 4-1] 갈등순환

갈등스타일을 이해하기에 앞서 자신의 갈등스타일을 검사한다 (〈표 4-2〉 체크리스트 참조). 문항에 동의하면 알파벳에 표시하고 각 알파벳이 획득한 점수를 합산한다. 갈등에 대한 기본자세와 행동전략([그림 4-2] 참조)에 따라 자신의 갈등스타일을 알 수 있다.

표 4-2 갈등스타일 체크리스트

A 갈등은 업무 분위기를 방해하므로 어떤 경우라도 피해야 한다.

D 일반적으로 인정된 규칙에 따른 해결방안을 찾는 것이 가장 좋다.

A 모든 당사자가 사실에 입각하는 한 갈등은 발생할 수 없다.

D 갈등을 해결하려면 동맹이나 연합이 필요하다.

C 원만한 협력을 위해서는 자신의 목표를 보류하는 것이 중요하다.

E 학교발전은 근본적인 갈등이 해결된 경우에만 지속될 수 있다.

D 갈등이 발생하면 이상적인 해결책이 없는 경우가 많으므로 대개 피해대책이 중요하다.

C 가장 중요한 것은 친근하고 조화로운 분위기를 유지하는 것이다.

B 갈등은 일반적으로 더 나은 것이 우세하기 때문에 좋다.

E 갈등은 실질적으로 좋을 뿐 아니라 갈등당사자들이 수용할 수 있는 해결방안을 찾아야 해결될 수 있다.

C 갈등상황에서는 상대를 이해하는 것이 중요하다.

D 갈등상황에서 중요한 것은 때때로 양보하고 타협하는 것이다.

C 갈등해결을 위해서는 상대의 장점을 보고 자신의 이익을 포기할 수 있어야 한다.

E 갈등이 발생하는 경우 관련된 모든 사람이 탁자에 앉아 공개적으로 정보를 교환하는 것이 가장 중요하다.

E 갈등 없이 학교의 변화는 불가능하다.

B 갈등에 굴복한다는 것은 약하다는 신호이다.

D 교직원 간에 의견 차이가 발생하면 제삼자에게 조정을 요청하는 것이 가장 좋다.

B 갈등이 발생하는 경우 상대방이 올바른 생각을 하도록 설득하기 위해서는 좋은 전략을 세우는 것이 중하다.

A 사람들은 서로 다를 수밖에 없다. 따라서 '서로의 생활방식을 존중한다.'는 모토에 따라 사는 것이 가장 좋다.

E 갈등은 의견의 다양성을 드러내기 때문에 유익하다.

B 갈등상황에서는 인내력과 뛰어난 언변력이 필요하다.

B 협상 능력이 뛰어나면 자신의 입장을 유지할 수 있다.

A 부서에서 지속적으로 갈등이 발생하면 부서장을 교체해야 한다.

C 깅기적 갈등해결은 시고 듭는 분위기를 조성해야민 가능하나.

A 갈등은 피하는 것이 가장 좋다. 약간의 인내심만 있으면 대부분의 갈등은 저절로 결말이 난다.

갈등스타일을 분석한 결과를 살펴보자. 심리학적으로 보면, 모든 사람은 태어나면서부터 자신과 타인 또는 세계(Ernst, 1971)에 대한 경험을 통해 인생관과 가치관이 형성된다. 인생관과 가치관은 외부에서는 관찰할 수 없으며 개인 내적으로만 느낄 수 있다. 그러나 감정, 사고 및 행동이 서로 연결되어 있으므로 부분적이라도 개인의 행동 방식으로부터 그의 태도를 추론할 수 있다. 이러한 개인의 자신과 상대방에 대한 태도로부터 갈등스타일을 분석하기 위한 두 차원을 도출할 수 있다.

- 내가 좋다−나의 목표를 추구한다('내가 이긴다.').
- 상대방이 좋다−상대방과의 관계가 중요하다('상대방이 이긴다.').

이 두 차원의 조합으로 갈등전략으로 작용하는 다섯 가지 갈등스타일이 도출된다([그림 4-2] 참조).

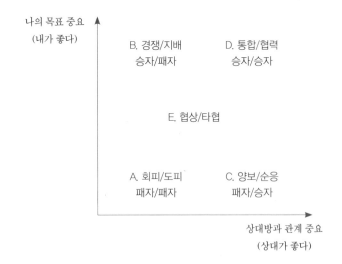

[그림 4-2] 갈등에 대한 기본자세와 행동전략

A에 주로 체크했다면, 패자-패자 태도와 그로 인한 회피전략이 지배적이다. 이런 태도는 대개 문제해결로 이어지지 않는 회피전략이다. 자신과 상대방에 대해 낮은 관심을 보이는 회피형은 자신의 이익과 상대방의 이익에 무관심한 대처 방식이다. 회피는 어떻게 해서든지 갈등을 피하고자 하는 일반적인 인간의 기본 성향이기도 하지만, ① 대응할 시간이 없을 때, ② 문제해결의 가능성이 보이지 않을 때, ③ 상대의 힘과 양보의 정도를 파악할 수 없을 때, ④ 문제해결의 가능성은 보이지 않고 문제의 핵심에 대한 파악도 어려우며 주위만 맴돌고 있을 때, ⑤ 상대로부터 적당한 제안이나 양보가 없고 본인의 기대치를 훨씬 밑돌 때, ⑥ 여러 정황으로 미루어 볼 때 서로의 갈등을 수면 밑으로 당분간 두는 것이 유리할 때, ⑦ 갈등당사자 서로가 갈등 자체를 모른 척하고 있을 때와 같은 경우에 사용된다.

주로 B에 체크했다면, 승자-패자 태도와 그로 인한 경쟁전략이 지배적이다. 이런 태도는 갈등을 고조시킨다. 자신에 대해서는 높은 관심을, 상대에 대해서는 낮은 관심을 갖는 경쟁형은 상대의 이익을 희생시키면서 자신의 이익을 추구하는 방식이다. 경쟁은 ① 나의 힘이 상대보다 우위임을 확신할 때, ② 나의 논리가 상대보다 우위임을 확신할 때, ③ 잃을 것이 없다고 판단될 때, ④ 상대와의 관계가 중요하지 않거나, 최소한 나빠지지 않는다고 생각될 때, ⑤ 신념이 확고할 때와 같이 상대와의 관계를 전혀 고려치 않고 어떤 대가를 치르더라도 자신이 추구하는 목적을 달성하기 위하여 필요한 모든 조치를 취할 때 적용된다.

주로 C에 체크했다면, 패자-승자 태도와 그로 인한 순응전략이 지배적이다. 자신에 대해서는 낮은 관심을, 상대에 대해서는 높은 관심을 보이는 순응형은 자신의 이익을 희생하고 상대의 이익을 만족시키려는 방식이다. 양보는 ① 상대의 논리에 설득당했을 때, ② 상대의 논리에 100% 동의할 때, ③ 애초부터 100% 양보하는 경우, ④ 단지 싸우는 것이 귀찮아서 100% 양보하는 경우, ⑤ 상대와의 관계가 무엇보다도 중요할 때, ⑥ 불이익이 훨씬 크거나 주어진 환경이나 자신이 처한 입지 등을 고려해서 자신이 약자의 위치에 있다고 인식할 경우 선택된다.

주로 D에 체크했다면, 승자-승자 태도와 그로 인한 협력전략이 지배적이다. 협력형은 자신과 상대에 대해 높은 관심을 나타낸다. 즉, 자신과 상대의 이익 모두를 만족시키려는 방식이다. 이 방식은 상대와의 관계를 좋은 상태로 유지하면서 서로 원하는 목적을 100% 이상 확보하고자 하는 일종의 승-승 방식으로 ① 문제해결 능력이 있다고 믿을 때, ② 문제해결에 대한 추진력이 있을 때, ③ 모두가 100%의 만족을 할 수 있는 방법이 있다고 확신할 때, ④ 조정자를 구할 수 있을 때, ⑤ 나의 이익과 상대의 이익 그리고 나와 상대와의 관계가 모두 중요할 때 선택된다.

주로 E에 체크했다면, 승자 없는 타협전략이다. 타협형은 자신과 상대에 대한 중간적인 관심을 의미한다. 즉, 상대와의 관계나 서로 추구하는 목표에서 조금씩 손해를 보면서 상호 양보하는 선에서 협상하는 방식으로 ① 내 이익의 일부 손해를 감수할 때, ② 상대와의 관계가 다소 소원해지는 것도 감수할 때, ③ 지금 다소의 손해를 감수하는 것이 장기적으로 볼 때 이익이나 관계 면에서 유리하다고 판단될 때와 같은 상황에서 선택할 수 있는 전략이다.

얼핏 보기에 가장 이상적인 갈등스타일은 협력형이고, 회피형 또는 경쟁형은 갈등을 건설적으로 해결하기에 부적절하다고 할 수 있다. 하지만 다양한 갈등상황에서 개별 갈등스타일에 대한 일률적인 판단은 쉽지 않다. 갈등 맥락, 내용, 역사, 당사자 그리고 상황을 감안하여 판단하여야 한다. 하지만 자신과 상대방을 위한 윈-윈 해결책을 강구하기 위해서는 협력형이 적절하다.

가장 좋은 갈등스타일이란 없다. 갈등상황마다 적절한 스타일이 요구된다. 갈등대처역량은 상황에 적합한 스타일을 선택하고 유연하게 대응할 수 있는 능력으로 나타난다. 우리는 각자 자신의 고유한 스타일을 개발한다. 임의의 갈등에 특정 스타일로 반응하다가 지속되지 않으면 다른 스타일로 교체한다. 이러한 일련의 과정은 당사자에게는 습관이 되고 상대방은 그의 전형적인 스타일로 인식한다.

경쟁은 은밀하거나 공개적으로 이루어진다. 냉랭갈등에서는 갈등당사자들이 은밀하게 경쟁하지만 열렬갈등에서는 공개적으로 경쟁한다. 협력 또한 합의나 협상을 통해 적극적으로 하지만 양보나 회피를 통해 소극적으로 할 수 있다.

협력과 타협은 사회적으로 선호되는 갈등스타일이다. 갈등을 가장 잘 해결할 수 있는 방법을 물으면 대부분의 사람은 협력과 타협을 꼽는다. 하지만 협력과 타협으로 해결되지 않을 경우 어떻게 하는가? 우리는 선천적이고 생애를 통해 학습된 경쟁과 양보 또는 회피의 갈등스타일을 취한다. 상대도 내가 어떤 스타일을 취할 것인지 알고 있다!

갈등행동은 특정 스타일의 표출이 아니라 여러 스타일이 복잡하게 혼합된 결과이다. 예를 들어, 가부장주의(paternalism)는 순응에 보호를 결합한 경쟁, 협력 그리고 순응의 복잡한 조합이다. 갈등행동은 다양한 요소가 혼합된 복잡하고 다의적인 패턴이다. 갈등스타일은 유효성과 적절성에 따라 평가된다.

- 유효성: 갈등스타일로 자신 또는 상대방의 목표가 달성되었는가?
- 적절성: 갈등스타일로 관계 훼손이나 규범 위반을 방지할 수 있는가?

2. 심리적 안정

갈등상황에서 심리적 안정을 찾기 위해서는 '자의식'이 중요하다. 자의식은 자신감을 위한 전제조건이다. 자신감은 내면의 평온과 안정적이고 편안한 성격에 기반하며 외부로 발산되는 침착성을 의미한다.

평온과 균형감은 당장 훈련을 통해 습득할 수 있는 것이 아니다. 평온과 균형감이 단순히 자제력으로 드러나면 곧바로 폭발하거나, 인내하더라도 괴로운 생각(내가 ……을 했더라면 ……), 불편함 또는 질병으로 폭발할 수 있다. 이는 참다 참다 폭발하는 것이다. 즉, 우리는 더 이상 참을 수 없을 때까지 분노를 참는다. 일반적으로 극적인 폭발을 두려워하는 사람은 극기하고, 극기만 하는 사람은 어느 시점에서 폭발하고 다시 더 극기하려 하는 악순환이 거듭된다.

자신을 수용하고 자신을 위해 노력하고 진심으로 자신을 드러내는 사람은 갈등을 덜 두려워하거나 더 빨리 극복한다. 자신감과 자의식을 찾기 위해서는 자신의 운명, 사명 그리고 목표에 대해 깊이 생각하는 것이 중요하다. 이것들이 명확해야만 안정감을 찾을 수 있는 방법, 기술 또는 연습도 가능하다.

자신감을 높이는 한 가지 방법은 정신훈련(mental training)으로 성공할 수 있도록 자신을 프로그래밍하는 것이다(Eberspächer, 2011; Kießling-Sonntag, 2006). 예를 들어, 훌륭한 운동선수는 최상의 경기나 동작을 상상하는 방법으로 훈련한다. 하지만 많은 사람은 이런 훈련은 하지 않고 실패에 대한 두려움으로 자신의 무의식을 프로그래밍한다.

정신훈련은 자신의 성공을 현실적으로 그리고 모든 감각으로 상상하는 것이다. 그림에 완전히 몰입하여 상상되는 상황과 관련된 것들을 듣고, 음미하고, 보고, 느끼고, 냄새 맡는 것이 중요하다. 달성한 목표를 집중적으로 추적하고 영화 보듯 보는 것이 아니라 스스로 그림 속으로 들어가는 것이다. 중요한 것은 감정적 의미이다. 정상적인 상황에서 무슨 일이 일어나는지, 무엇이 합리적인지가 아니라 '내가 정말 원하는 것이 무엇인가?'를 물어야 한다. 이런 시

표 4-3 　성찰 질문

- 다음의 성찰 질문은 자신의 강점에 대해 숙고하고 더 많은 것을 알아내는 데 도움이 된다.
  - 나는 낯선 사람에게 나 자신에 대해 어떻게 설명할 것인가?
  - 나의 특별한 강점은 무엇인가?
  - 나의 가장 위대한 업적은 무엇인가?
  - 나의 인생에서 정말 자랑스러운 것은 무엇이며 그 이유는 무엇인가?
  - 나는 현재 어떤 역할들을 하고 있는가? 좋은 역할은 무엇이며 좋지 않은 역할은 무엇인가?
  - 내가 가장 좋아하는 세 가지 일은 무엇인가?
  - 먼 훗날 나와 나의 삶에 대해 긍정적으로 알리고 싶은 것은 무엇인가?

각화는 갈등과 같은 어려운 상황에 대처하는 데 활용할 수 있다. 정
신훈련을 통해 자의식과 자신감을 강화하는 또 다른 방법은 가장
중요한 자원인 자신의 강점에 집중하는 것이다.

3. 역할 명료화

갈등은 종종 다양한 역할로 인한 내적 갈등에 따른 대화 부족 등
으로 발생한다. 역할은 특정 사회적 지위에 대한 자신과 타인의 기
대들이다. 이 기대들은 개인의 행동과 정체성을 조절하는 세 영역
으로 구분된다.

개인적 영역과 학교조직 영역 사이에 역할갈등은, 예를 들어 학
교장이 경고해야 할 교직원이 가장 친한 친구의 자녀인 경우에 발

[그림 4-3] 역할 영역

생한다. 그러나 전문 영역과 조직 영역 사이에 가능한 갈등도 많다. 예를 들어, 교사에서 교감으로, 교감에서 학교장이 될 때 주위의 역할기대가 변하면 전문 영역과 조직 영역 사이의 균열이 반복될 수 있다.

학교조직에서 사람들은 개인적 요인보다는 자신의 역할로 인해 갈등에 빠진다. 갈등은 다음과 같은 상황에서 발생한다.

- 역할이 명확하지 않고 대화가 부족한 경우
- 학교조직 구성원이 서로 모순된 역할들을 수행하는 경우(예: 학교장인 동시에 실무자, 이른바 역할 간 갈등)
- 목표, 역할 또는 역할수행에 대해 다른 기대나 견해가 있는 경우(소위 역할 내 갈등). 교사들의 기대와 행정직원들의 기대 사이에 있는 '샌드위치' 학교장이 대표적인 예이다.
- 역할이 바뀌는 경우

역할갈등을 예방하려면 자신의 역할을 명확히 하는 것이 중요하다.

- 나는 어떤 역할들이 있는가?
- 나는 다양한 역할들을 어떻게 수행하는가? 원하는 역할은 무엇인가? 현실적인 역할은 무엇인가?
- 나의 가장 중요한 역할은 무엇인가?
- 나의 정체성을 형성하는 역할은 무엇인가?
- 나는 학교장으로서 어떤 역할을 할 것인가?
- 나는 나의 역할들을 외부 세계에 어떻게 알릴 것인가?

- 새로운 역할은 무엇인가? 여전히 익숙하지 않은 역할은 무엇인가?
- 어떤 역할들이 갈등하는가?
- 어떤 역할이 어떤 장점이 있으며 그 장점을 어떻게 최대한 활용할 수 있는가?
- 역할을 바꾸기 위해 어떻게 해야 하는가? 어떤 자원이 필요한가?

4. 인간관계 관리

인간은 사회적 존재로서 타인과 관계를 맺으며 살아간다. 인간관계는 4단계로 형성된다. 먼저, 최초 대면에서 상대방의 몸짓, 말투, 표정 등을 통한 첫인상에 서로 호감이 형성된다. 상대방에 대한 호감이 형성되면 사람들은 장기적 대인관계 유지를 위한 상호 기대감이 형성되는 두 번째 단계로 발전한다. 학교조직 구성원들이 서로 기대하는 사항들은 학교조직에서 신분보장, 친교, 원만한 역할 및 직무수행, 상호 영향력 행사, 자아실현, 성취동기의 발달 등이다. 예를 들어, 신입교사는 상급교사가 친절하고 공정하게 자기를 대해 주기를, 그리고 자기를 지지하고 자기의 욕구를 충족시켜 주길 기대하는 반면에 상급교사는 신입교사가 생산적이며 학교조직에 충성심을 가지고 규범과 규칙을 준수하여 주길 기대한다. 이처럼 서로 기대감이 형성되면 다음 단계로 발전하지만 기대감이 형성되지 못하면 관계는 단절된다.

상대방에 대한 기대감이 생기면 서로 상대방의 기대감을 충족시키기 위한 노력의 정도와 결과에 의하여 결정되는 세 번째 심리적

계약 준수 단계로 발전한다. 이 단계는 서로 적극적이고 진실하고 정직한 행동을 통하여 상대방의 기대를 충족시켜 주는 과정이다. 상대방의 기대를 완벽하게 충족시켜 주지 못하면 상대방에게 적어도 '당신의 욕구를 충족시켜 주기 위하여 최대한의 노력을 하였다.' 는 것을 구체적으로 확신시켜 주어야 한다. 확신을 시켜 주지 못하거나 상대방이 다른 상대방의 의도적 내지는 이기적 욕심에 의하여 자기의 기대가 충족되지 못하였다는 것을 느끼게 되면 관계는 유지되기 어렵다.

서로 기대 사항을 충족시켜 주는 빈도수가 높을수록 관계는 상호신뢰 및 영향력 행사 단계로 발전한다. 신뢰 형성은 진실한 관계 유지에 매우 중요한 요소로서, 상대방이 형성된 심리적 계약을 잘 준수할 것이라는 믿음을 뜻한다. 예를 들어, 학교장이 행정교원이 부여된 업무를 성공적으로 수행하여 줄 것이며, 학교조직에 충성심을 가지고 성실한 자세를 갖추며, 학교조직의 제반 규범과 규칙을 준수하여 줄 것이라는 신념을 갖기 때문이다. 영향력 행사는 초기 단계인 첫인상에서 상호신뢰까지 형성된 인간관계를 바탕으로 서로 사고, 태도 및 행위에 변화를 일으키는 것을 의미한다.

끝으로 확보된 신뢰를 바탕으로 관계는 더욱 공고해져 공식화됨으로써 유지된다. 관계는 충족시키고자 하는 욕구가 다르기 때문에 필연적으로 여러 가지 갈등과 문제가 발생할 수 있다. 두 사람 사이에 문제가 생기면 공감이나 반감은 물론이고 차이점이나 공통점은 일반적으로 생각하는 것보다 덜 중요하다. 이와 관련한 Gottman(2014)의 부부연구에 따르면, 부부 간 차이보다 더 중요한 것은 부부가 그 차이를 다루는 방법이다. 그의 '행복한 결혼의 일곱 가지 비밀'은 두 사람의 관계와 학교조직의 팀에도 적용할 수 있다.

그에 따르면, 부부의 이혼을 예측할 수 있는 부정적 행동은 상대방의 성격에 대한 비난, 우월한 지위에서의 경멸, 방어, 담쌓기이다. 이혼에 이르는 과정을 보면, 첫 번째 단계에서는 부부의 상호비난, 거부, 반대 등이 시작된다. 이런 상황은 시간이 흐르면서 상대방을 존중하지 않고 경멸하며 조롱하고 비꼬는 말투를 사용하는 두 번째 단계로 이어진다. 이어서 세 번째 단계의 특징은 방어적 태도와 책임 전가이다. 방어적 태도는 본래 자기보호의 일환이지만 부부대화를 더욱 어렵게 할 뿐이다. 네 번째 단계에서는 대화가 비언어적 신호에 의해 중단되는 경우가 점점 더 자주 그리고 빨리 나타난다. 다섯 번째 단계에 이른 부부는 서로 심하게 면박을 주고받고 핏발을 세우면서 전쟁상태로 돌입한다. 이런 지경에 이르면, 더 이상 차분하게 대화를 나누거나 판단을 할 수 없다. 갈등만 심화될 따름이다. 그 결과, 부정적 감정과 흥분이 홍수를 이루게 되어 회피 스키마(schema)만 발달한다.

이런 부부에게는 긍정적 태도, 열린 마음, 사랑, 애틋함, 정서적이고 실질적인 지원이 긍정적으로 작용하며 관계에도 많은 도움을

표 4-4 관계관리 비법

1. 상대방의 관습, 습관 및 욕구를 파악한다.
2. 상대방을 인정하고 존중한다.
3. 서로 외면하지 않고 다가선다.
4. 고집부리지 않고 상대방의 영향력을 수용한다.
5. 문제를 적극 해결한다.
6. 교착상태를 극복한다.
7. 일체감으로 공동 목표를 정한다.

준다. 부부관계를 개선하는 이른바 '일곱 가지 비밀'은 학교 맥락에
도 적용할 수 있다.

5. 집단역동 이해

집단의 이상적인 규모는 5~8명이며, 최대 12명까지 가능하다.
기능적인 집단은 실수예방, 상호보완, 안정적인 비용편익비율(결과
대비 소요시간), 성과물에 대한 동일시 등과 같은 긍정적인 효과가
매우 높다.

집단에서 관계는 구성원들과 함께 증가하며 복잡성도 높아진다.
관계는 두 사람 사이에는 1개, 세 사람 사이에는 3개, 네 사람 사이
에는 6개, 다섯 사람 사이에는 10개, 여섯 사람 사이에는 15개, 여
섯 사람 사이에는 21개가 있다. 따라서 집단은 집단역동과 관련된
종속 및 집단발달갈등이 중요하다.

팀은 형성기로부터 격동기, 규범기, 성과기를 거쳐 해체기까
지 5단계 과정(〈표 4-5〉 참조)을 거치게 된다(Tuckmann & Jensen,
1977). 초기 혼돈과 불확실성으로 가득 찬 형성기에서 긴장과 대립,
갈등이 촉발되는 격동기로 들어선다. 이후 각 단계를 거치면서 팀
은 성장하고 프로젝트를 성공적으로 완수할 수 있다.

팀 갈등예방 및 효과적인 협력을 위해 팀 분위기, 협력 그리고 역
할분담에 대한 주기적인 팀평가가 이루어져야 한다. 평가를 위해서
는 팀기능을 위한 강성 요소(hard factors)와 연성 요소(soft factors)를
유념하여야 한다.

표 4-5 집단발달단계

단계	특징	징후
형성기	• 팀 결성 • 목표 설정 및 관계 형성	• 혼돈, 불확실성, 우려와 공감 부족
격동기	• 과업 개시 • 개성 표출 및 긴장 고조	• 의견 불일치, 대립, 갈등
규범기	• 팀의 규범, 가치 및 정체성 형성 • 상호 수용 및 공감대 형성	• 조화, 합의, 의견 일치, 신뢰 형성
성과기	• 팀이 기능 단위로 작동 • 업무 집중과 높은 성과 창출	• 견고한 신뢰, 문제해결, 자신감, 성과
해체기	• 과제 완료, 팀 해체	• 과업 정리, 자체 평가, 상실감

표 4-6 체크리스트: 팀기능을 위한 요소

강성 요소	연성 요소
• 모든 팀원이 팀의 목표를 알고 있으며 그 목표와 동일시하는가? • 팀이 독립적인가? • 계획, 제어 및 회의를 위해 효율적인 도구를 활용하는가? • 일관된 업무분배와 이탈에 대한 명확한 규칙이 있는가? • 의사결정 권한이 명확하게 합의되었는가? • 학교조직에서 팀워크의 기능과 중요성이 강조되고 있는가?	• 팀원들은 매력적인 비전을 공유하는가? • 팀원들은 원활히 소통하고 정보를 주고받는가? • 메타커뮤니케이션과 개인적 상호 피드백이 이루어지고 있는가? • 갈등과 문제가 자주 거론되는가? • '모두 한마음으로'라는 모토가 있는가? • 협력적이고 동기를 부여하는 경쟁정신이 있는가?

6. 과정 성찰

집단 및 팀 갈등예방에 가장 중요한 것은 과정을 성찰하는 능력이다. 자신과 자신의 기능에 대해 생각할 수 있는 사람은 행동패턴을 쉽게 바꿀 수 있고 학습 능력도 뛰어나다. 〈표 4-7〉의 체크리스트는 팀과정에 대해 생각할 수 있는 계기를 제공하며 과정조절 도구로도 활용할 수 있다.

표 4-7 | 과정 역량 체크리스트

- 팀원들은 자유롭게 자신의 의견을 표현할 수 있는가?
- 팀원이 말하면 다른 팀원들은 주의 깊이 듣는가?
- 모든 팀원이 주요 사안에 대한 중요한 정보를 가지고 있는가?
- 모든 팀원이 동등하게 헌신하는가?
- 대화로 건설적인 결과가 도출되는가?
- 건설적인 비판에 앞서 먼저 공로와 업적이 긍정적으로 평가되는가?
- 실질적인 차이들을 공개적으로 다루고 있는가?
- 모든 팀원들이 서로 인정받는다고 느끼는가?
- 팀원 간 공개적 상호 피드백을 통해 팀원들이 서로 자신에 대해 어떻게 생각하는지 알 수 있는가?
- 개인적 긴장감을 공개적으로 표현할 수 있는가?
- 팀원들이 잘되고 있는 것과 잘되지 않는 것에 대해 자주 이야기하는가?
- 반대 견해와 행동이 허용되는가?
- 결정사안에 대해 모든 팀원이 지지하는가?
- 앞에서 언급한 사안들과 '강성 요소들'에 대해 성찰할 수 있는 정기적인 기회가 있는가?
- 실수로부터 배우는 것이 있는가?

7. 구조적 긴장 완화

1) 집단-집단

학교조직의 다양한 집단들은 서로 경쟁하는 패쇄적인 체계들이
다. 예를 들어, 교사와 행정직원 간 집단이기주의는 성과를 촉진한
다는 점에서 의미가 있지만, 특히 학생교육 측면에서 보면 상호 협력
증진에 커다란 도전적 요소이다. 관건은 자신의 목표와 이해, 관심만
을 생각하는 좁은 시야를 전체를 보는 안목으로 확대하는 것이다.

2) 계선조직-프로젝트

교장, 교감, 부장교사, 교직원으로 이어지는 계선조직에 프로젝

표 4-8 │ 프로젝트 갈등

- 낙관주의 갈등: 야심찬 프로젝트일수록 팀원들은 더 순진해진다.
- 결정장애: 정상에 앉아 망설이기만 한다.
- 티라노사우루스 효과: 팀관리자가 특별대우를 원한다.
- 사회역량갈등: 문제아가 실력 있는 프로젝트엔지니어를 힘들게 한다.
- 주차장 함정: 계선조직이 불편하거나 무능한 직원을 프로젝트에 '주차'
  한다.
- 전문가갈등: 프로젝트관리자는 무엇이든 더 잘할 수 있다.
- 선동가갈등: 계선조직 우두머리들이 일과가 우선이라고 선동한다.
- 도구갈등: 문제는 해결하지 않고 비싼 장비만 구입한다.
- 의미 없는 회의: 상사가 자신의 주장을 밀고 나간다.
- 자원 부족: 자원 없이 프로젝트를 진행한다.

트 중심의 구조가 도입되면 관련 당사자들의 이해관계와 과정의
목표가 충돌한다.

3) 학교장-교직원

학교장과 교직원 사이에는 서로에 대한 역할기대 속에 종속과 자
립을 두고 전형적인 갈등이 자주 발생한다. 학교장은 교직원이 독
립적으로 일하지만 규정을 따르기를 기대한다. 이에 대해 교직원은
학교장이 자신에게 자유를 줄 뿐만 아니라 명확한 지침을 제공하기
를 기대한다. 이런 상황에서 학교장은 개인과 학교조직의 이해관계
를 균형 있게 조율하는 과정에서 끊임없이 갈등을 겪는다.

이런 갈등은 교직원의 일방적인 순종이나 절대적인 충성심으로
해결될 수 없다. Schwarz(2013)에 따르면, 교직원의 욕구와 학교조
직의 요구 사항 간 대립을 조율할 수 있는 관리자는 '이중 반역자'
가 되어야 한다.

표 4-9 | 관계 시각화

학교조직 구성원들의 관계 및 갈등구조를 한눈에 볼 수 있는 방법은 다음
과 같이 다양하다.
- 갈등체계도
  누가 갈등당사자인가? 누가 간접적인 갈등 관련자인가? 갈등은 조직에
  어떤 의미를 갖는가?
  이 질문들은 적절한 갈등개입을 계획하는 데 중요하다. 학교장은 갈등
  상황에 관한 자료를 바탕으로 체계도를 완성한다. 체계도에는 누가 어
  떤 방식으로 갈등에 참여하며, 특히 학교조직에서 갈등이 어떻게 규정
  되고 학교에 어떤 영향을 미치는지를 명시한다.

갈등체계도는 조직도(organigram)처럼 갈등상황을 그림으로 표현하
는 방법으로서 학교구성원들의 관계와 지위를 명확히 표현해 준다. 권
한, 영향력 또는 저항과 같은 주제뿐 아니라 긴장 또는 갈등 영역을 보
여 준다.

학교갈등체계도는 학교구성원들의 역할관계가 아니라 개인적으로 경
험한 업무관계를 볼 수 있도록 하고 무의식적인 인지 또는 갈등에 대한
원근감을 명확히 하는 것이 중요하다. 학교장은 학교구성원들의 관계를
종이에 그린다. 가깝고 먼 관계는 거리로, 관계의 질은 선의 두께, 방향,
화살표, 번개 등으로 표시한다. 이 체계도는 두 사람 간 갈등해결대화를
위한 출발점이다. 모든 학교구성원들에게도 관계도를 그리도록 할 수
있다. 개방적 학교에서는 관계도를 통해 갈등선을 파악할 수 있다.

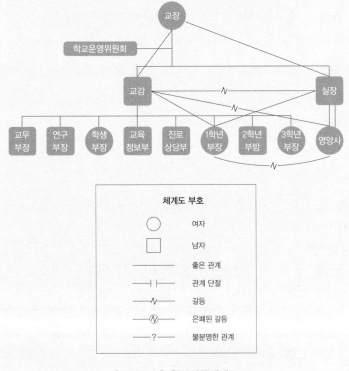

[그림 4-4] 학교갈등체계도

- 그림 그리기

  학교구성원들의 상태를 그림으로 그린다. 이어서 그림들을 갤러리처럼 전시하고 서로 상대 그림에 대해 인터뷰한다. 이를 위해서는 존중과 생산적인 비판을 위한 규칙이 선행되어야 한다.

- 학교조직 세우기

  사람들을 세워서 학교나 학교 관련 문제를 대변하도록 한다. 실제 당사자나 대리인를 세울 수도 있다. 학교조직 세우기는 학교조직 구성원들이 학교에 대한 이미지를 표현하는 것이다.

  실제 갈등당사자들을 대상으로 하는 학교조직 세우기에서는 구성원 간 상호의존과 실제 관계가 방해받을 수 있다. 그리고 구성원들이 대리인들같이 자유롭게 표현하지 못할 수 있다. 그러나 거리감, 동맹, 리더십 그리고 관계구조를 한눈에 확인할 수 있다. 여기서 중요한 것은 대리인들의 발언이 아니라 학교조직에 대한 전체적 인상과 근본적 역동이다. 이 방법의 장점은 적절한 해결책이 아니라 관점 변화와 상호통찰 및 이해이다.

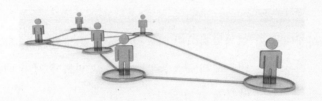

- 갈등체계 세우기

  갈등체계 세우기는 갈등을 분석하고 해결할 수 있는 방법이다. 먼저, 갈등당사자, 관리자 등 갈등 사례를 가져온 사람이 세우기 진행자와 함께 자신의 요구 사항을 설명한다. 이어서 집단에서 갈등당사자들을 대리하는 사람들을 선정하여 각자 위치에 세운다. 대리자들은 교사, 학생, 학부모 등 체계요소를 대신한다. 갈등을 가져온 사람은 추후 공지가 있을 때까지 외부에서 관찰자로서 무슨 일이 일어나고 있는지 관찰한다. 먼저, 대리자들은 자신의 자리에 머물러서 전신을 지각기관으로 활용하여 체계가 자신에게 미치는 영향을 감지한다. 진행자는 대리자들에게 차례대로 무엇이 변했는지 묻는다. 일반적으로 대리자들은 이전에 인식하지 못한 것을 인식한다. 이런 변화는 신체적(예: 통증, 따끔거림, 따뜻함)으로, 정서적(예: 좋아하거나 싫어함, 두려움)으로, 또는 지각적(예: 크기 또는 거리에 대한 인식)으로 일어날 수 있다. 진행자는 관찰자를 참여시켜 대리자들의 인식과 인상에 대해 질문할 수 있다. 다음 단계에서 진행자는 대리자들을 재배치하여 개별 요소들의 상호작용을 위한 공간을 제공하여 전체 체계가 '더 나은' 상태가 되도록 한다. 끝나고 갈등 사례를 가져온 사람은 자신의 위치에 서서 갈등이 해결된 체계 모습이 자신에게 미치는 영향을 느낀다. 세우기가 끝나고 대리자들이 '자신의 삶으로 돌아가면' 세우기에서 발생한 모든 신체적 또는 심리적 반응은 잠시 후 사라진다. 체계 세우기는 30분에서 몇 시간(보통 1~3시간)까지 진행할 수 있다.

4) 비공식적 구조와 공식적 구조

공식적 구조가 역기능적이면 비공식적 구조로 보완된다. 하지만 염려스러운 점은 비공식적 구조는 상대적으로 변화가 적기 때문에 공식적 구조보다 바꾸기 쉽지 않다는 것이다.

5) 사회구조-기술

변화과정에서 일반적으로 구조(예: 정보기술)가 먼저 변하고 이어서 역할과 기능이 바뀐다.

모든 구조적 갈등에서 관건은 어느 한쪽을 없애는 것이 아니다. 필요한 갈등이 해결되지 않으면 잠재된 갈등이 발생하여 정체와 비효율로 이어진다. 파괴적인 갈등을 예방하는 방법은 두 가지이다. 첫째는 승진, 동기 부여, 생산적인 토론, 발전을 위한 책임과 권한이 명확한 업무규정이고, 둘째는 다양하고 매력적이며 교직원들의 참여와 도전을 적절히 유도하는 창의적인 업무 방식이다.

8. 체계원리 파악

　인간은 천부적으로 집단을 이해할 수 있기 때문에 체계에 대해서도 종종 사적인 논리들을 적용하려 한다. 이로 인해 학교조직의 체계원리가 가족의 체계원리와 충돌한다(Buchinger, 2011). 특히 학교장은 교사집단과 관리자집단에 동시에 속한 경우에 '이중소속갈등'(Schwarz, 2013)을 예방하기 위해 학교조직과정을 파악하여 사적인 생각이 아니라 조직적인 자기성찰을 하여야 한다. 이로써 학교장은 학교조직을 구성하는 개인들과 그들의 관계뿐 아니라 구조와 과정에 대해 조직적 사고를 할 수 있다. 학교장은 조직적 자기성찰

표 4-10　체계원리

조직체계 원리	가족체계 원리
• 과업과 기능 중심	• 사람과 관계 중심
• 변화 가능: 사람이 바뀔 수 있다.	• 과업은 바뀔 수 있지만 사람은 바뀌지 않는다.
• 이차적 의사소통: 업무를 위한 만남	
• 개인적 만남 없이 제삼자나 도구를 통한 간접적 의사소통	• 일차적 의사소통: 만남 그 자체가 의미
• 예측 가능한 시간	• 면대면 직접적 의사소통
• 외부에 개방적인 집단	• 명확하게 예측할 수 없는 시간
	• 외부에 폐쇄적인 집단

을 통해 참여와 거리두기 사이에서 균형을 맞추고 조직의식을 강화해야 한다.

　학교조직문화를 관리하는 것도 필요하다. 구조적 조건뿐만 아니라 문화적 조건도 갈등예방을 위한 핵심 요소이다. 먼저, 문화분석을 통해 필요에 따라 적절한 개입 방법을 강구할 수 있다(Pullig, 2016). 특히 학교장은 학교문화 정립과 관리에 핵심적 역할을 한다.

　학교조직문화 형성기제 및 역동은 의식적·무의식적으로 기본 전제로 작용하여 전체적으로 이른바 '학교풍토'를 조성한다. Schein

표 4-11 문화변화기제

일차/간접적 기제	이차/직접적 기제
• 관리자는 새로운 문화창조에 필요한 사항들에 대해 지속적으로 관심을 기울인다. • 학교조직의 생존이나 내부적 통합을 위협하는 중요 사건과 위기에 대한 관리자의 분명한 대응방식을 제시한다. • 관리자는 자신의 철학과 신념을 나타낼 수 있도록 직접 행동을 보여 주는 모범 보이기와 지도가 필요하다. • 조직 구성원의 행위나 업적 달성에 대하여 일관된 보상 및 승진 기준을 제시한다. • 조직문화에 부합하는 인적 자원 확보를 위한 모집, 선발 및 퇴직 기준을 명료하게 제시한다.	• 새로운 학교조직문화에 적합한 조직 구조의 설계가 필요하다. • 일상 업무수행에 필요한 공식적 조직체계와 절차의 확립이 필요하다. • 건물 공간배치, 외관, 건축 등 가시적 측면의 조정이 필요하다. • 조직 내 주요 사건이나 영웅적 인물들에 대한 일화 등의 전파도 효과적이다. • 조직의 철학, 강령, 방침 등의 공식적 제정과 발표의 기회를 갖는다.

(1995)은 기존의 조직문화를 변화시킬 수 있는 기제들을 제시한다
(〈표 4-11〉 참조).

〈표 4-11〉의 다양한 기제 가운데 일차적 기제들은 주로 관리자
의 행동과 깊은 관련이 있으며, 이차적 기제들은 일차적 기제들이
성공적으로 적용되는 상황하에서 의미를 갖게 된다.

참고문헌

Buchinger, K. (2011). *Supervision in Organisationen*. Heidelberg: Carl-Auer.

Eberspächer, H. (2011). *Gut sein, wenn's drauf ankommt*. 3. Aufl. München: Carl Hanser.

Ernst, F. (1971). The OK corral: The grid for get-on-with. *Transactional Analysis Journal, 4*(4), 33-42.

Gottman, J. M. (2014). *Die 7 Geheimnisse einer glücklichen Ehe*. 10. Aufl. Berlin: Ullstein

Kießling-Sonntag, J. (2006). *Erfolg beginnt im Kopf-99 Tipps für mentale Stärke*. Berlin: Cornelsen.

Pullig, K. -K. (2016). *Innovative Unternehmenskulturen: Zwölf Fallstudien zeitgemäβer Sozialordnungen*. Wiesbaden: Springer.

Schein, E. H. (1995). *Unternehmenskultur*. Frankfurt a. M.

Schwarz, G. (2013). *Konfliktmanagement*. 9. Aufl. Wiesbaden: Gabler.

Tuckman, B. W., & Jensen, M. A. C. (1977). Stages of small-group development revisited. *Group and Organization Studies, 2*(4), 419-247.

5장

갈등해결

CONFLICT
MANAGEMENT
IN SCHOOLS

- 관리자로서 갈등은 어떻게 진단할 수 있는가?
- 갈등은 어떤 방법으로 해결할 수 있는가?

학교장은 갈등당사자와 첫 만남만으로도 갈등에 영향을 미친다. 그럼 학교장은 관리자로서 어떤 갈등에 대해 무엇을 해야 하는가? 답하기 쉽지 않은 질문이다. 합리적인 대화가 항상 유용하다고 하는 사람들이 있다. 물론 아스피린이 대부분의 경우에 도움이 되는 것처럼 맞는 말이다. 의학에 비유하면, 깁스는 부러진 다리에 좋은 치료법이지만 복통에는 위약 역할조차도 하지 못한다. 가령, 학교장과 교사의 갈등은 학교장이 관리자로서 두 교사 간 갈등을 해결하고자 할 때와는 완전히 다른 '약'이 필요하다.

이 비유에서 단순히 대화를 잘하는 것만으로는 충분하지 않으며, 학교장이 어떤 방법을, 어떻게, 언제, 누구와 활용하는지를 정확히 아는 것이 중요함을 알 수 있다. 학교장은 어떤 갈등인지 알아야 적절한 방법을 선택할 수 있다. 다시 말해, 의사가 환자의 병명을 특정하고 그 원인을 분석하여 치료방법을 찾듯이, 복잡한 학교 갈등도 개입을 위해서는 갈등 유형, 갈등 원인 및 해결방법에 대한 연대기적 분석을 통한 진단이 필요하다.

1. 갈등진단

갈등진단은 먼저 현재 상황이 표출된 갈등인지 아니면 갈등과 상관없는 문제상황인지를 구분하는 것으로부터 시작된다. 관리가 필요한 갈등에 대한 진단은 갈등과정의 각 단계에 대한 다음과 같은 체계적인 질문(〈표 5-1〉 참조)을 통해 이루어진다.

표 5-1 갈등진단 스키마

질문	내용
갈등은 어떻게 표출되는가?	• 미루어지고 있다 또는 실제 있다 • 표출되고 있다 또는 잠재되어 있다. • 연속적이다 또는 불연속적이다 • 위계가 동등한 당사자 간 갈등 또는 위계가 다른 당사자 간 갈등 • 개인-개인 갈등, 집단-집단 갈등, 개인-집단 갈등
갈등의 원인은 무엇인가?	• 성격, 행동 • 대화 부족 • 목표, 태도, 가치의 차이 • 제약 요소들 • 희소자원 • 조직, 체계, 구조
갈등대상은 무엇인가?	• 갈등은 …… 때문이다. • 문화갈등, 개인갈등, 목표갈등, 분배갈등, 평가갈등, 관계갈등 또는 역할갈등
갈등은 어떤 형태를 취하는가?	• 당사자들은 여전히 합의에 이를 수 있다고 믿는가? • 갈등에서 감정은 어떤 역할을 하는가? • '열렬'갈등인가? '냉랭'갈등인가?

	• 갈등은 비공식적인가? 갈등관리를 위한 규정과 담당자가 있는가?
	• 규정과 담당자가 활용되고 있는가?
쟁점이 무엇인가?	• 쟁점, 갈등 내용 및 대상(문제)은 무엇인가?
	• 갈등당사자들이 제기한 문제는 무엇인가?
	• 모든 갈등당사자가 쟁점이라고 하는 것은 무엇인가?
	• 갈등당사자 각자에 더 중요하거나 덜 중요한 쟁점은 무엇인가?
	• 갈등당사자들은 상대방의 갈등 내용을 어느 정도 알고 있는가?
	• 서로 다른 견해가 있는가? 공통된 견해가 있는가?
	• 갈등당사자들은 갈등 원인이 무엇이라고 하는가?
	• 갈등당사자들은 어떤 변화가 필요하다고 생각하는가?
갈등은 어떻게 전개되는가?	• 무엇이 갈등을 촉발했는가? 어떤 '결정적' 사건이 갈등을 악화시켰는가?
	• 갈등은 어느 단계로 고조되었는가? 갈등이 다음 단계로 고조되는 것을 막을 방법은 무엇인가?
	• 갈등당사자들은 여전히 대화하며 지금도 서로 격렬하게 반응하고 있는가? 아니면 이미 서로 싸우고 있는가?
	• 갈등당사자들 사이에 어떤 행동패턴이 계속 나타나는가?
	• 갈등 일방이 상대방에게 자신의 우려 사항을 해결하도록 설득하기 위해 어떻게 노력하는가?
	• 갈등당사자들은 갈등 진행 과정에서 무엇을 긍정적 또는 부정적 전환점(중요한 순간)으로 보는가?
	• 갈등을 고조시키거나 약화시키는 것은 무엇인가?
	• 갈등에서 멀어질 수 있는 상황이나 계기가 있는가? 많을 때는 언제인가? 적을 때는 언제인가?
	• 갈등이 계속되면 갈등당사자들은 무엇을 기대하는가?

갈등을 해결하기 위해 이미 어떤 조치를 취했는가?	• 누가 언제 어떤 전략을 쓰는가? • 누가 언제 갈등해결을 위해 규칙이나 담당부서를 활용하는가? • 지금까지 해결을 위해 어떤 시도가 있었으며 그 효과는 어떠했는가? • 조치는 누가 시작했고 누가 중단했으며, 누가 하지 못하게 했는가? • 과거에 이미 해결을 위한 전략이 있었는가? 왜 그 전략들은 실행되지 않았는가? • 갈등당사자들은 그 전략들이 종료되거나 실패한 것에 대해 어떻게 설명하는가? • 한번 시도한 방법을 다시 쓰면 갈등이 다시 격해질 것인가?
누가 갈등당사자 인가?	• 갈등으로 누가 실제로 영향을 받는가? 개인, 집단, 부서, 조직? • 갈등당사자가 맞는가? • 갈등당사자 중 핵심 인물은 누구인가? • 갈등당사자들의 결속력은 어느 정도인가? • 갈등당사자의 가장 큰 세 가지 약점과 가장 큰 세 가지 장점은 무엇인가? • 갈등당사자들은 서로 얼마나 의존하고 있는가? • 갈등당사자는 자신의 입장에 따라 상대방에게 어떤 요구를 할 수 있는가? • 갈등당사자들 뒤에는 어떤 지원 세력이 있는가? • 갈등에 관심 있는 제삼자가 있는가? • 갈등당사자들은 갈등에 무관심한 사람들에게 어떻게 행동하는가? • 갈등당사자들은 서로를 어떻게 보고 있는가? • 갈등당사자들의 기본태도와 가치는 무엇인가? • 갈등당자자들의 이해관계는 무엇인가? • 갈등당사자들이 가진 개인적 자원은 무엇인가?

어떤 자원이 있는가?	• 학교의 갈등관리 절차 또는 전략은 무엇인가? • 건설적인 갈등해결전략을 가로막는 불분명하고 모순된 규범, 법, 규칙, 정보 부족 등이 있는가? • 학교장 또는 교직원으로 인해 도움이 되거나 방해가 되는 공식적 · 비공식적 행동들이 있는가? • 교직원 채용 시 대화 및 갈등관리 능력을 평가하는 절차가 있는가? • 교직원의 대화 및 갈등관리 능력은 얼마나 중요한가? • 학교조직문화(규범, 관습, 관습)가 실행가능하고 비용적으로 효율적인 갈등해결에 방해되는가 아니면 도움이 되는가?
개인적 자원	• 갈등당사자들과 학교구성원들은 실질적이고 이해관계에 기반한 협상에 익숙한가? • 갈등당사자들과 학교구성원들은 서로 경청하고 창의적인 해결책을 찾을 수 있는가? • 학교구성원들과 교장 및 교감은 창의적 해결책을 위한 전략을 경험한 적이 있는가?
사회적 지원	• 교내외에 갈등당사자들이 도움을 요청할 수 있는 사람들이 있는가? • 누가 그 사람들에게 도움을 요청하는가? • 그 결과는 어떠했는가? 성공했는가? • 학교장은 갈등을 처리하는 데 어떤 역할을 하는가? • 갈등당사자들은 자신들을 지원하는 난체나 보임 등이 있는가?
물질적 지원	• 갈등해결을 위한 재정적 · 물질적 자원이 충분한가? • 재정 및 행정지원 부족은 어떤 영향을 미치는가? 재정 및 행정지원으로 인해 갈등이 발생하는가? • 인력 부족은 어떤 영향을 미치는가? • 시간 압박은 어떤 역할을 미치는가?

2. 갈등해결

갈등을 해결한다는 것은 갈등진단 결과를 바탕으로 갈등당사자
들이 자율적으로 모두 승리할 수 있는 해결책을 찾아 실행한다는
의미이다. 갈등해결방법은 다양하지만 몇 가지 기준에 따라 분류
할 수 있다. 첫 번째 기준은 갈등당사자들이 스스로 해결할 것인가
아니면 제삼자에게 의뢰하여 해결할 것인가이다. 전자의 방법으로
는 갈등당사자들이 직접 양자 대화를 통해 해결하는 이른바 갈등
해결대화(conflict communication)와 협상(negotiation)이 있다. 후자
의 방법으로는 관리자, 동료, 조정자 등이 개입하여 갈등당사자들
이 해결책을 찾도록 지원하는 화해(conciliation), 갈등모더레이션
(moderation), 갈등조정(mediation) 등이 있다. 이들 방법은 제삼자
의 역할에 따라 다시 세분된다. 제삼자는 단지 대화만 진행하고 모
든 결정은 갈등당사자들이 하는 방법으로는 갈등모더레이션과 갈
등조정이 있고 제삼자가 해결책을 결정하여 갈등당사자들에게 제
시하는 화해가 있다.

두 번째 기준은 갈등의 고조단계에 따라 적합한 방법을 분류할
수 있다. 고조 1~3단계에서는 갈등해결대화, 협상, 갈등모더레이
션 등을 통해 갈등을 해결할 수 있다. 고조 4~6단계에서는 중립적
조정자가 개입하는 갈등조정과 화해로 갈등을 해결할 수 있다. 고
조 7단계부터는 공권력이나 재판관이 개입하여야 한다.

| 표 5-2 | 갈등해결방법 비교 |

	갈등해결대화	협상	화해	갈등모더레이션	갈등조정
당사자의 자율성	자율적	자율적	자율적	자율적	자율적
당사자의 제삼자 선정 권한	제삼자 불개입	제삼자 불개입	당사자의 직접 선정	당사자의 직접 선정	당사자의 직접 선정
제삼자의 전문성	제삼자 불개입	제삼자 불개입	비전문적	비전문적	전문적
형식성	비형식적, 비구조적	비형식적, 비구조적	비형식적, 비구조적	비형식적, 비구조적	비형식적, 비구조적
결과	서로 수용할 수 있는 승-승 해결책	서로 수용할 수 있는 승-승 해결책	서로 수용할 수 있는 승-승 해결책	서로 수용할 수 있는 승-승 해결책	서로 수용할 수 있는 승-승 해결책

학교장은 갈등이 있는 경우 갈등진단 결과에 따라 자신이 갈등 당사자인 경우와 관리자로서 갈등을 관리하는 경우를 구분하여 적절한 해결방법을 활용할 수 있다([그림 5-1] 참조). 먼저, 자신이 갈등당사자인 경우에는 상대방과 갈등해결대화와 협상으로 또는 제삼자의 지원을 통한 갈등모더레이션, 갈등조정 및 화해로 갈등을 해결할 수 있다. 교사-교사, 학부모-교사 등 자신과 관련 없는 갈등에 대해서는 관리자로서 갈등모더레이션, 갈등조정, 화해 또는 분리를 통해 개입할 수 있다.

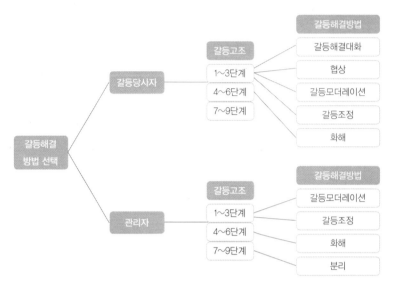

[그림 5-1] 갈등해결방법 선택

1) 갈등해결대화

갈등당사자들이 갈등을 스스로 해결하려면 자신들의 갈등을 해결하려는 양측의 의지가 필요하다. 갈등해결대화의 핵심 목표는 서로의 불일치와 의견 차이를 확인하고 해소하는 것이다.

(1) 준비

갈등해결대화를 위해서는 먼저 준비를 철저히 해야 한다. 감정적으로 긴장된 상황에서 경솔한 대화는 일반적으로 단지 일시적 효과만 있을 뿐 오히려 갈등을 더 고조시킬 수 있다. 따라서 다음과 같이 단계적으로 준비한다.

• 자신의 감정을 명확히 하고 해결지향적인 분위기를 조성한다.

- 목표와 태도를 정하고 검토한다.
- 대화상대의 입장이 되어 상대의 목표를 고려하여 대화에 초대한다.
- 다양한 대화과정 및 전략을 고려하여 대화를 시작하는 적절한 방법을 생각한다.
- 대화규칙과 함께 대화시간과 방해받지 않는 대화장소를 정한다.

(2) 대화진행

갈등해결대화를 위해서는 고조역동을 늦출 수 있는 충분한 시간이 중요하다. 갈등해결대화는 다음과 같이 진행된다.

표 5-3 갈등해결대화 절차

단계	절차
1. 사전준비	• 자신의 감정과 욕구 파악: 감정의 원인을 살핀다. 자신이 정확히 무엇을 인지하였고 그 인지한 것을 어떻게 해석하였으며 어떤 욕구가 좌절되었는지를 명확히 한다. • 목표 설정: 대화를 통해 성취하고 싶은 목표를 정한다. 실질적 차원에서 최소 목표와 최대 목표 그리고 대화 후 상대방과 어떤 관계를 원하는지 구체적으로 정한다. • 역지사지: 생산적 갈등해결을 위해 상대방의 입장에서 생각하는 것이 중요하다. 하지만 감정이입 역량의 저하와 자신의 책임은 보이지 않으므로 어렵다. 따라서 대화 전 상대방이 갈등상황을 어떻게 보는지, 어떤 소망과 욕구가 있는지, 그에게 무엇이 중요한지 고려하는 것이 중요하다. • 대화 일정: 상대에게 대화 일시 및 장소를 복수로 제안하고, 상대가 정하도록 한다. 대화장소는 방해받지 않고 조용하며 중립적인 곳이어야 한다. 서두르지 않고 조용하고 방해받지 않는 분위기에서 상대와 갈등에 대해 충분히 대화할 수 있는 시간이 필요하다. 갈등해결에는 일반적으로 1시간 정도 소요되지만, 생각보다 더 빨리 진행되는 것도 좋다.

2. 대화 개시	• 상대 만나기: 대화 시작과 함께 관계 형성을 위해 상대를 후대하여 신뢰를 쌓는다. 편안한 일상이야기부터 시작할 수 있지만, 갈등이 고조된 경우에는 바로 본 대화를 진행한다. • 대화 동기와 목표 밝히기: 대화 동기와 목표를 밝히고 감정을 표현한다. "시간 내어 주서서 감사합니다. 당신과 진심으로 대화하고 싶었습니다. 지난번 당신과 나눈 사안에 대해 대화하고 싶습니다. 우리가 만족할 수 있는 해결책을 도출했으면 좋겠습니다." • 대화 방법 합의: 원활한 대화를 위한 생각을 나누고 적절한 대화규칙에 합의한다. "저는 당신에게 제가 이번 상황을 어떻게 보고 있는지 간단히 말씀드리고 당신은 어떻게 생각하고 있는지 듣고 싶습니다. 그리고 우리가 미래를 위한 좋은 합의안을 도출하기 위해 고려할 점을 나누고 싶습니다." 대화 시간, 대화 순서, 규칙 위반 시 제재 방법 등도 합의한다.
3. 갈등 규명	• 갈등 규명은 갈등해결대화의 핵심으로 다음과 같은 순서로 진행한다. 　－갈등을 생산적으로 표현한다. 첫째, 먼저 구체적인 갈등상황에서 자신이 본 내용을 진술한다. 둘째, 그 상황이 자신에게 미친 영향을 기술한다. 셋째, 상대방에게 책임을 전가하지 않고 그 영향으로 인한 자신의 감정을 표현한다. 넷째, 상대방에게 그 상황을 어떻게 보았는지 묻는다. 　－상대방에게 집중: 상대방이 말할 때 관심을 표하고 집중하여 경청한다. 이를 위해서는 개방형 질문, 적극적 경청, 요약, 구체화, 감정과 욕구 파악, 반영 등이 필요하다. 물론 상대방의 표현 중에 한두 마디 비난성 표현이 있더라도 신경 쓰지 않아야 한다. 　－쌍방 대화: 상대방의 이야기를 듣고 자신의 견해와 욕구를 표현하는 본격적 대화를 진행한다. 이 쌍방 대화는 자신의 의견을 말하기 전에 상대방을 정확히 이해했는지를 염두에 두어야 하므로 천천히 진행될 수밖에 없다. 아울러 상대방에게 자신의 관심사를 이해했는지 물을 수 있다. 이와 반대로 대화는 갈등에서 나타나는 전형적 '핑퐁게임'이 될 수도 있다. 예를 들어, 상대방의 말을 중단하거나 상대방이 말하는데 "예, 그렇지만" 하면서 자신의 주장만 펼친다. 이런 상황에서는 다음과 같이 이른바 메타커뮤니케이션을 할 수 있다. "제가 보기에 우리의 대화가 제자리를 맴돌며 진척이 없습니다. 다시 시작하여 제가 먼저 당신을 이해해 보겠습니다. 당신도 저를 이해해 주길 바랍니다."

4. 해결	• 서로 이해가 되면 당연히 시선은 과거에서 미래로 향하게 된다. 여기서 중요한 것은 다음과 같다. –소망과 욕구를 표현: 초점을 과거 부정적인 감정으로부터 그 뒤에 있는 욕구와 소망으로 돌린다. –해결방안들을 수집: 이어서 해결방안들을 모아서 실제로 양측이 수용할 수 있는지 검토한다. –합의: 최종적으로 양 당사자가 향후 협력을 보장하는 구체적인 합의안을 도출한다.
5. 종료	• 끝으로 다음과 같은 순서로 대화를 원만히 종료한다. –모든 사안이 논의되었는지 확인: 대화 종료에 앞서 나와 상대방에 중요한 이슈가 무시되었는지 확인하는 것이 중요하다. 이를 위해 모든 사안들이 논의되었는지 또는 충분히 논의되지 않은 사안들이 있는지 검토한다. –대화를 검토: 대화를 종료하기 위해 상대방에게 대화 또는 결과에 만족하는지 또는 내가 다음과 같이 요약해도 되는지 물어서 내용에서 메타 차원으로 이동한다. "저는 우리가 사안에 대해 원만히 합의하게 되어 홀가분합니다. 그리고 우리가 솔직히 대화할 수 있어서 기쁩니다." –끝을 잘 마무리: "혹시 또 다른 질문이 있나요?"

(3) 갈등해결대화에 따른 후속 조치

일반적으로 학교에서 갈등은 홀로 발생하는 것이 아니라 협력 과정의 일부이다. 따라서 합의된 기간이 지난 후, 갈등해결이 효과가 있었는지, 당사자들이 합의한 조치를 준수하고 있는지, 여전히 조치가 필요한지 등을 확인하는 것이 합리적이다.

원하는 해결책을 찾지 못하고 갈등당사자들이 막다른 골목에 도달한 것처럼 느껴지면, 중립적인 외부인을 참여시키는 것이 합리적일 수 있다. 예를 들어, 두 교사 사이에 갈등이 있는 경우 학교장이 제삼자로서 대화를 진행할 수 있다.

2) 하버드 협상법

합의에 도달하는 또 다른 방법은 하버드 협상법(Fisher et al., 2004)으로 알려진 협상이다. 갈등해결대화가 원만한 관계 회복에 초점을 맞춘다면, 하버드 협상법은 문제에 대한 합리적인 해결책을 찾는 것이 핵심이다. 다시 말해, 이 협상법은 효율적이고 통합적 절차를 통한 합리적 결과 도출이 목표이다. 이 목표를 위해서는 협상의 4원칙이 중요하다.

- 사람: 문제와 사람을 분리해서 생각한다.
- 이해관계: 입장보다는 자신의 이해관계에 집중한다.
- 해결방안: 자신과 상대방에게 유리한 해결방안들을 모색한다.
- 기준: 객관적 평가기준에 따라 결정한다.

표 5-4 하버드 협상 절차

단계	내용
단계 1 관계를 형성한다.	• 관계를 우선한다. • 사람과 문제를 분리한다. • 경청, 피드백, 나-전달법을 활용한다. • 상대방의 입장이 되어 본다.
단계 2 이해관계와 목표를 명확히 한다.	• 자신과 상대의 욕구와 이해관계를 찾는다. • 입장이 아니라 이해관계에 집중한다. • 공동의 이해관계를 강조한다. • 문제에 대해서는 강하게 사람에게는 부드럽게 대한다.
단계 3 해결방안을 모색한다.	• 대안 모색을 가로막는 장애물을 제거한다. • 다양한 가능성을 열어 둔다. • 발상과 평가를 분리한다(브레인스토밍). • 나와 상대방의 장점을 찾는다.

단계 4 서로에게 유익한 결정을 한다.	• 결정을 위한 중립적이고 객관적인 평가기준을 찾는다. • 공정성, 효율성, 관련성을 통해 객관성을 확보한다. • 공정한 절차를 선택한다. • 나와 상대방은 헌신을 다한다.
단계 5 실행/종료	• 합의안 실행을 위한 구체적 절차에 합의한다. • 협상을 평가하고 종료한다.

3) 갈등모더레이션

갈등당사자들이 막다른 골목에 다다랐다는 인상을 받았다면 제삼자가 개입하는 것이 바람직하다. 제삼자의 개입은 갈등이 3단계 이상으로 고조되어 갈등당사자 간 불신으로 인해 의사소통이 어려워진 경우에 이루어진다. 감정적으로 긴장된 초기 단계에서는 종종 동료, 가족 등 제삼자가 존재하는 것만으로도 충분하다. 많은 경우 서로 경청하고 관심을 보이는 것만으로도 해결을 촉진할 수 있다. 하지만 이들의 개입으로 충분하지 않을 때는 중립적인 진행자인 모더레이터(moderator)에게 도움을 요청하는 것이 합리적이다.

학교에서는 교실에서 학생 간 갈등에 대해서는 교사가, 교사 간 갈등에 대해서는 학교장이 내부 모더레이터로 개입할 수 있다. 예를 들어, 교사 사이에 이견이 있거나 교사 간 갈등이 있거나 업무분담이 불분명한 경우에 학교장이 갈등모더레이션을 진행할 수 있다 (Seifert, 2018). 문제해결 과정에서 학교장의 대화진행은 일상적인 학교운영의 일부분이라고 할 수 있다. 종종 예상치 못한 갈등상황에서 의식적으로 이 역할을 수행할 수 있으려면 두 가지 원칙을 준수해야 한다.

- 제편성(諸便性, multi-partiality): 갈등당사자들의 입장에서 그들의 소망, 관심사, 고충 및 두려움을 이해할 수 있는 능력
- 불편부당성(impartiality): 사안에 대해 자신의 의견이나 이해관계를 배재하는 능력

갈등모더레이션의 목표는 갈등당사자들이 자신들의 갈등을 스스로 해결할 수 있도록 하는 것이다. 모더레이터의 임무는 해결 과정을 진행하고 문제와 해결에 대한 책임을 갈등당사자에게 맡기는 것이다. 학교장은 모더레이터로서 〈표 5-5〉와 같은 절차에 따라 갈등해결 과정을 진행한다.

표 5-5 갈등모더레이션 절차

단계	내용
단계 1 기본규칙, 상황 및 모더레이터 임무 설명	• 개방적이고 쾌적한 분위기를 조성한다. • 갈등모더레이션 절차를 설명한다. • 모더레이터와 갈등당사자들의 역할을 설명한다. • 기밀 유지 협약에 합의한다. • 협력 규칙을 준수한다. • 갈등모더레이션에 대한 기대를 표명한다. • 갈등모더레이션 위임자와 갈등당사자들의 관계를 설명한다.
단계 2 워밍업 및 대면	• 질문, 요약, 시각화와 결과 기록, 분위기 조성, 경청, 규칙 준수 확인, 구조화, 구체화 등 모더레이터의 역할을 설명한다.
단계 3 목표와 기대를 명료화	• 갈등당사자들은 기대와 목표를 표명한다. • 대화규칙에 동의한다.

단계 4 쟁점 취합 및 우선순위 정하기	• 갈등당사자들은 쟁점을 제기한다. • 쟁점의 우선순위를 정한다.
단계 5 관점 명료화	• 쟁점의 의미와 갈등당사자의 이해관계를 명확히 설명한다. • 모든 사안을 '논의에 부친다.' • 다양한 관점을 확인하고 인정한다.
단계 6 아이디어 개발	• 쟁점에 대한 해결책이 될 수 있는 아이디어를 제시한다. • 제시한 아이디어에 대해 평가하지 않는다.
단계 7 아이디어 평가 및 해결책 협상	• 예를 들어, 아이디어를 타당성, 자원 또는 수용성을 기준으로 평가한다. • 상대방에게 기대와 요구 사항을 제시하거나 적극적 갈등해결을 위한 해결방안을 제시한다. • 갈등해결을 위한 구체적 행위 및 대책에 합의한다.
단계 8 해결책 실행 계획 및 후속 조치	• 합의안 이행 방법에 대해 합의한다. • 해결책 이행을 확인하기 위한 후속 일정에 합의한다.
단계 9 대화과정 성찰	• 협력과 해결책 도출을 위한 긍정적 이정표를 세운다. • 분위기와 합의 결과에 대해 성찰하고 미해결 사항들을 확인한다.

4) 갈등조정

갈등모더레이션에 대한 대안이 갈등조정이다(문용갑, 2011, 2016). 갈등조정은 40년 전 미국에서 개발된(Altmann et al., 2001; Berkel, 2019) 갈등해결방법으로서 결정 권한이 없는 중립적인 제삼자가 갈등당사자들이 자율적으로 갈등을 해결하도록 지원하는 구조화된 절차이다.

갈등모더레이션과 마찬가지로 갈등조정의 전제조건은 갈등당사자의 자발적인 참여의지와 조정자의 중립성이다. 갈등조정 과정은 일반적으로 쟁점, 참가자 그리고 갈등고조단계에 따라 2~3시간 회의가 3~5회 필요하다. 두 사람뿐 아니라 집단들이 참여하는 경우, 갈등조정은 며칠 동안 워크숍 형태로 진행될 수도 있다. 갈등조정의 목표는 다음과 같다.

- 미래 협력을 가능하게 한다.
- 상생의 해결책을 강구한다.
- 갈등당사자들이 구체적인 합의에 이른다.
- 갈등당사자들이 갈등해결대화나 협상의 의미에서 직접적으로 열린 토론을 할 수 있는 능력을 촉진한다.
- 악순환에서 벗어난다.

표 5-6 갈등조정 절차

단계	내용
단계 1 갈등조정 준비	• 갈등조정 분위기 조성 • 조정자, 갈등당사자 등 참가자들 간 관계 형성 • 협력을 위한 용기 고취
단계 2 규칙 설정 및 대면	• 갈등조정 규칙에 동의 • 필요시 개별면담 실시
단계 3 임무와 목표 구체화	• 양 갈등당사자의 목표 기록 • 목표 달성을 위한 책임 명료화 • 목표 달성의 의미와 가능성 정의
단계 4 쟁점 제기와 주요 쟁점 선정	• 해결이 필요한 쟁점 공동 개발 • 다양한 입장을 나-전달법으로 표현

단계 5 입장과 이해관계 분리	• 다양한 입장에 대한 이해, 욕구와 이해관계 파악 • 섣부른 해결방안에 대한 합의 금지
단계 6 아이디어 발상	• 갈등당사자들의 창의성 독려
단계 7 합의 및 후속 회의 일정	• 갈등당사자들이 진정으로 동의하는 해결책 도출 • 누가, 무엇을, 언제, 누구와 할 것인지를 명료화 • 달성한 목표에 대한 만족도 검토

조정자의 조정역량에 대해서는 〈표 5-7〉의 체크리스트를 통해 평가할 수 있다.

표 5-7 조정역량 체크리스트

• 조정자는
 - 조정을 위한 회의 장소 및 시간, 휴식 등의 제반 사항을 준비하였다.
 - 갈등조정 절차를 투명하게 진행하였다.
 - 갈등조정 규칙이 명확했다.
 - 갈등당사자들의 목표가 성취되었다.
 - 갈등당사자들에게 관심과 감사를 표했다.
 - 갈등당사자들이 모두 말하고 질문하는지 확인하였다.
 - 예시를 묻고 구체화했다.
 - 차이점과 유사점을 확인하였다.
 - 경험, 사건 및 감정을 요약하고 반영하였다.
 - 공격, 모욕, 비난 또는 논쟁을 중단하고 그 뒤에 있는 소망에 대해 질문하였다.
 - 서로에게 다가가는 작은 발걸음도 지지하고 격려하였다.
 - 최종 결과 및 중간 결과를 기록하고 시각화하였다.
 - 합의안을 위해 노력하였다.
 - 후속 회의가 예정되었다.

5) 갈등조정과 갈등모더레이션 비교

갈등은 항상 갈등당사자들 사이에 부정적인 감정을 동반하는 관계갈등과 해결되지 않은 문제와 이해관계의 충돌에 따른 실질적 갈등으로 대별된다.

갈등당사자 사이의 감정적 관계가 아니라 실질적 이해관계에만 국한된 갈등은 공정한 갈등모더레이션으로 완만한 해결책을 모색할 수 있다. 갈등모더레이션은 창의적인 해결책을 도출하기 위해 갈등당사자의 입장 뒤에 숨겨진 이해관계에 초점을 맞춘다. 갈등모더레이션 중에 감정 폭발과 함께 스트레스 상황이 될 수 있다. 이런 상황은 정상이며 능숙한 갈등모더레이션으로 확실히 차단할 수 있다. 하지만 갈등당사자 사이에 서로에 대한 거부감이 크고 부정적인 감정을 가지고 협상에 임한다면 상황은 더 복잡해진다. 이런 감정은 일반적으로 갈등당사자들이 과거에 서로 겪었던 경험에서 비롯된다. 당사자들은 해결책에 도달하기 위해 이미 여러 번 시도했지만 실패한 경우가 많다. 이들은 갈등고조를 경험하였으며 서로 상처를 주고받으며 부당한 대우를 받았다는 감정에 시달린다. 이런 경험으로 서로 협력하지 못하고 해결이 쉬워 보여도 합의할 수 없다. 이때는 상대방이 좋은 의도를 보여도 믿지 않는다. 하지만 다른 한편으로는 서로 상대방이 신뢰할 수 있는 사과를 해 주길 바라며, 그 결과에 따라 적절한 조치를 취하려 한다. 하지만 이로 인해 오히려 실질적 갈등과 함께 당사자 간 관계는 감정적으로 더 악화된다.

이런 상황에서는 조정이 필요하다. 조정에서는 과거 서로에 대한 부정적 감정과 상호 불신, 즉 관계갈등을 주제로 삼는다. 그리고 관계갈등의 배경을 조명하고 서로의 상처를 인정한다. 조정자는 적절한 대화기법으로 갈등당사자들과 자신들의 행동을 해석하고 인식하며 검토한다. 이로써 오해를 밝히고 충족되지 않은 욕구와 기대를 분석한다. 조정자는 갈등당사자들이 서로 상대방의 행동과 감정을 이해하도록 지원한다. 이로써 갈등당사자들이 서로 감정적으로 편해지면 다시 건설적인 해결책을 찾기 위해 기꺼이 함께하고자 하는 분위기가 형성된다. 이런 분위기에서 실질적 갈등에 대한 조정이 시작된다. 대략적으로 설명하자면, 갈등조정은 갈등당사자 간 관계 개선과 갈등모더레이션의 조합이라고 할 수 있다.

갈등조정과 갈등모더레이션의 유사점은 다음과 같다. 조정자와 모더레이터는 갈등당사자들에게 절대 편을 들지 않으며 중립적으로 갈등당사자 사이에서 중개한다. 조정자와 모더레이터는 구체적인 해결책보다는 해결 과정에 집중한다. 조정자나 모더레이터는 개인적인 의견을 유보하므로 평가적인 의견을 갖지 않는다. 이런 능력을 위해서는 철저한 교육이 필요하다.

이에 반해 갈등조정과 갈등모더레이션의 차이점은 다음과 같다. 모더레이터는 갈등당사자들이 서로 합리적으로 대화할 수 있을 때 개입한다. 갈등모더레이션에서 모더레이터는 해결 과정을 구조화하고 관리하는 대화기술을 사용한다. 반면에 조정자는 갈등이 교착상태에 빠져서 갈등당사자들이 더 이상 서로 대화하기를 원하지 않을 때 필요하다. 갈등조정의 첫 번째 과제는 정서적 스트레스, 긴장 및 편견을 해소하는 것이다. 이로써 조정자는 대화기법을 사용히여 실질적 갈등에 대해 조정할 수 있다.

표 5-8 갈등조정과 갈등모더레이션 비교

조정자	모더레이터
• 갈등당사자들의 감정, 욕구 및 관심사를 이해한다(제편성). • 법적 구속력이 있는 합의를 할 수 있다. • 감정, 욕구 및 관심사를 명확하게 파악한다. • 복잡한 갈등상황을 구조화한다. • 구체적으로 질문한다. • 갈등의 깊은 구조를 밝힌다. • 모든 갈등당사자의 관점을 넓힌다. • 해결방안을 강구하도록 지원한다. • 조작을 방지한다.	• 평등, 정의 및 공정성을 지지한다. • 명확하고 체계적이며 이해할 수 있는 의사소통을 보장한다. • 갈등당사자 간 원만한 쌍방 대화를 진행한다. • 입장을 분리하고 관점을 확인한다. • 확고한 입장을 완화시킨다. • 타협책을 모색한다. • 창의적인 해결책을 강구하도록 지원한다.

조정자는 갈등당사자들이 자신의 개입으로 스스로 해결책을 찾을 수 있다고 확신하며 구조화된 과정에 따라 갈등당사자들을 지원한다. 조정자는 모든 당사자의 이해관계를 고려하고 특히 모든 당사자가 수용할 수 있는 해결책을 위해 노력한다. 따라서 조정자는 이상적으로는 갈등당사자들이 다시 가까워질 수 있는 미래를 지향한다. 갈등조정은 갈등이 이미 상당 부분 고조되었을 때 선택할 수 있는 방법이다. 이는 갈등당사자들이 직접 맞나 갈등을 협력적으로 해결할 수 없음을 의미한다. 갈등고조단계에 따르면, 조정은 갈등고조 5~7단계에서 가능하다. 반면에 갈등모더레이션은 사실적 갈등이 고조 1~3단계 있는 경우에 권장된다.

6) 화해

갈등당사자들이 모더레이터 또는 조정자의 지원으로 합의에 도달할 수 없는 경우 화해자(conciliator)에게 의뢰할 수 있다(Kreyenberg, 2012). 화해는 합의가 불가능하거나 갈등이 고조 5~6단계로 고조되어 대화가 거의 불가능해 보이는 경우에 필요하다.

서로 상대방을 전혀 신뢰할 수 없거나 매우 사소한 이유로 비난하거나 적으로 보게 되면 관계는 돌이킬 수 없을 만큼 훼손되고 서로 용서하지 않으며 개선될 여지가 없다. 이 정도로 상황이 악화되면 갈등당사자들로부터 해결책을 찾을 수 없다.

이런 경우, 갈등당사자들은 자신의 입장을 강화하기 위해 자신을 지지하는 동료, 상사 등을 변호인으로 끌어들인다. 이런 행위는, 예를 들어 집단괴롭힘과 같은 불공평한 상황에서 도움이 된다. 하지만 변호기능은 특정 교사를 선호하거나 심리게임(psychological games)에 빠질 수 있으므로 학교장과 같은 관리자에게는 오히려 위험요소가 크다. 따라서 가능한 한 중립을 유지하는 것이 좋다. 갈등이 고조된 상황에서는 화해자의 중립적 역할이 중요하다.

화해자의 의무는 갈등당사자들의 요구와 주장을 바탕으로 해결책을 도출하는 것이다. 이를 위해 화해자는 중립적이고 공정하며 편견이 없어야 한다. 화해자가 법적 평등원칙을 준수함으로써 갈등당사자들도 그의 결정을 수용하게 된다.

원칙적으로 갈등당사자들은 화해자의 결정에 동의해야 한다. 이를 위한 전제조건은 갈등당사자들이 화해자를 인정하고 결정 사항들을 수행할 책임을 지는 것이다. 갈등은 일반적으로 금지, 규제 또는 제재 형식으로 행동규제 및 통제에 의한 화해 절차를 통해 종료

된다. 화해 과정에서 감정, 태도, 가치 및 갈등역동은 영향을 미치지 않는다.

> • 예: 두 교사가 휴가계획에 동의할 수 없다. 학교장은 양측의 의견을 모두 듣고 가능한 해결방안을 묻는다. 교사들에게 타협할 기미가 보이지 않자 학교장은 두 사람 모두 업무수행을 위해 휴가를 포기할 것을 결정한다.

화해 절차는 예측 가능한 시간 내에 많은 사람들과 실행 가능한 해결책을 찾고 싶거나 이러한 방식으로 법적 분쟁을 피할 수 있는 경우에 의미가 있다. 많은 분야에서, 예를 들어 고객불만을 법적 절차에 의하지 않고 이른바 옴부즈맨을 통해 해결하고 있다. 화해 절차의 목표는 다음과 같다.

- 고조된 갈등의 확산을 제지한다.
- '싸우는 사람들'을 분리하고 모든 갈등행위를 중지한다.
- 갈등당사자들의 싸움과 해결책 수용을 분리한다.
- 갈등당사자들의 행동을 외부에서 통제한다.

화해 절차의 위험요소는 다음과 같다.

- 대체갈등: 갈등의 근원이 장기적으로 해소되지 않으면 갈등은 다른 곳에서 다시 고조될 수 있다.
- 의존성 조장: 종종 조속한 해결책으로 학교구성원들이 기존 갈등에서 배우고 성장할 수 있는 기회를 잃기 때문에 장기적

으로 비생산적일 수 있다.

- 신뢰 상실: 관리자가 직접 화해자 역할을 맡기로 결정하면 이로 인해 불이익을 느끼는 갈등당사자에게는 신뢰를 잃을 수 있다.

7) 공정한 분리

갈등으로 인해 사람이나 조직에 피해(폭력, 사보타주, 집단괴롭힘 등)가 발생하면, 첫 번째 목표는 피해를 최소화하고 갈등당사자 사이에 물리적 경계를 설정하는 것이다. 권력개입은 갈등을 끝내기 위해 기존의 권력(규칙, 법, 권한 등)을 사용하는 것이다. 독립적인 제삼자의 갈등당사자들에 대한 행동통제는 갈등을 더욱 고조시킬 수 있는 행동을 억제하고 갈등이 유해한 방향으로 진행되는 것을 방지하며 갈등을 공식적 통제하에 두는 것을 목표로 한다. 교육당국의 결정을 통해 갈등을 종식시키려면 공정한 절차, 경고 및 해고, 전학 및 전보 등에 관한 법과 집단괴롭힘에 대처하는 방법에 관한 지식이 중요하다.

대화 또는 협상뿐 아니라 화해로도 합의를 이끌어 내지 못한다면 양 갈등당사자의 공정한 분리가 합의되어야 한다. 하지만 이런 경우 학교장은 갈등하는 교사를 전보 조치하거나 학생을 전학 조치한 경험이 없으면 대개 심리적으로 긴장과 함께 내적 갈등에 빠진다. 교직원, 학생 등 학교구성원 사이에 이미지 손상, 두려움, 신뢰 상실 및 동기 부족이 발생하고 지난한 법적 공방으로 인해 많은 비용이 발생한다.

전보 및 전학 조치 시 가장 흔한 실수는 성급한 절차, 불충분한

설명 및 관련 법 고려, 갈등당사자와의 대화 부족 등이다. 또한 전
보나 전학 조치를 하더라도 해당 당사자와의 소통, 학교를 떠난 학
생에 대한 감사, 남아 있는 학생들의 결속과 활기 등이 부족한 경
우가 많다.

학교가 갈등으로 인해 학생이나 교사에게 전학 또는 전보 조치
를 위한 법적 절차를 밟기 전에 다음 질문에 따른 공정한 분리관리
가 중요하다(Höher & Höher, 2007).

표 5-9) 분리 체크리스트

- 분리에 대한 모든 대안을 신중하게 고려하였는가?
- 모든 당사자가 전보 또는 전학 이유를 이해하고 동의할 수 있는가?
- 전학 및 전보 조치의 법적 근거는 무엇이며 누가 법률 자문을 제공할 수
  있는가?
- 전보 가는 교사나 전학 가는 학생은 새로운 학교환경에 적응할 수 있는가?
- 전보 가는 교직원이나 전학 가는 학생에게 누가, 어떻게 알릴 것인가?
  떠나는 교사나 학생은 이 정보에 어떻게 대처할 것인가?
- 지원이 필요하거나 가능한가?
- 학교 안팎에서 어떤 반응을 예상할 수 있으며 누구의 어떤 입장 표명이
  필요한가?

---

3. 갈등규제인가, 갈등해결인가?

학교장이 효율적인 인사관리와 명확한 구조화를 통해 갈등을 사
전에 예방하는 것이 가장 바람직하지만 그렇다고 갈등을 완전히 피
할 수는 없다. 사소한 갈등은, 예를 들어 교사에 대한 분노가 가라

앉으면 폭발력을 잃는다. 학교장은 사안을 더 냉정하게 보고 이에 대해 이 교사와 논의할 수 있다. 이런 이유로 하룻밤이 지난 후에만 불만 사항을 서면으로 제출할 수 있다는 규정을 둘 수도 있다. 그러나 이런 갈등은 다시는 불미스러운 사건이 없어야 해결된다. 폭력적인 갈등은 사소한 이유로 언제든지 발생할 수 있다(Neubauer, 1997).

갈등을 다루는 또 다른 방법은 권력에 의한 갈등규제(conflict regulation)이다. 예를 들어, 학교장이 '명령'하여 교사들 사이의 격렬한 갈등을 타결하는 것이다. 권력을 이용하여 특정 행동을 강요할 수는 있지만 실제적인 갈등해결방안을 강구할 수는 없다. 갈등은 갈등당사자들이 갈등을 인지하고 해결방안을 스스로 받아들이는 경우에만 실제로 '해결'되기 때문이다(Pikas, 1974). 갈등에서 권력 사용은 다음과 같은 이유에서 불리하다(Neubauer, 1997).

- 실제 갈등은 표면 밑에서 계속해서 불타오르기 때문에 명령에 의한 규제는 기껏해야 단기적으로만 성공할 수 있다. 따라서 일부 학교장은 왜 시간이 지남에 따라 교사들 사이에 항상 많은 문제들이 발생하고 사소한 사안에도 비협조적이고 흥분하며 무관심한지를 이상하게 생각한다. 이 모든 것은 과거 갈등들이 해소되지 않았다는 징조이다.
- 학교장은 공식적인 권력수단을 통해 규제함으로써 나머지 사람들에게 본보기를 보인다. 따라서 학교장은 협상당사자들(예: 학부모)이 공식적 권한(에: 법적 수단)을 사용하여 특정 규정을 시행하거나 방지하기 위해 힘을 합친다고 해도 놀라지 말아야 한다.

- 갈등을 다루는 가장 좋은 방법은 만족스러운 해결책을 찾기 위해 협력하는 것이다. 이 방법은 갈등당사자들이 자신들의 관심사를 밝히고 문제를 객관적으로 논의하고 가능한 해결방안을 강구할 수 있는 충분한 기회가 주어진 경우에만 성공할 수 있다. 지속적이고 효과적인 갈등관리는 협력적인 문제해결을 통해 가능하다. 이를 위해서는 다음 사항에 유의해야 한다 (Neubauer, 1997).

- 모든 갈등당사자는 방해나 중단 없이 자신의 입장을 표현할 수 있는 충분한 기회를 가져야 한다. 격한 갈등이 발생하는 경우 관련 규칙을 명시적으로 도입하는 것이 좋다.

- 일부 대화진행자는 갈등당사자들이 자신들의 문제를 대화진행자에게 위임하도록 하는 실수를 하며 자신의 해결방안이나 호소를 통해 갈등을 해결하도록 노력한다. 하지만 이런 실수는 갈등당사자들의 문제이어야 한다. 대화진행자는 갈등당사자들이 해결책을 찾는 데 도움을 주지만 문제는 그들의 몫이다. 갈등당사자들이 관계문제를 진심으로 해결하지 않으면 대화진행자는 모든 노력을 기울여도 실패할 것이다. 그리고 해결방안들은 갈등당사자들에 의해 거부되거나 표면적으로만 실행될 수 있다. 따라서 갈등당사자들은 문제를 해결해야 한다는 압박을 받아야 한다.

- 대화 시작 시 대화진행자는, 예를 들어 나-전달법으로 공정한 해결책을 강구하고 예외 없이 해결책대로 행동해야 함을 천명해야 한다. 비폭력적으로 효율적인 대화를 통해 모든 갈등당사자들에게 만족스러운 갈등해결책을 찾을 수 있으면 실질적 문제해결 외에도 중요한 결과들을 도출할 수 있다(Neubauer,

1997).

- 모든 갈등당사자는 어려운 문제가 있어도 합의할 수 있다는 것과 그 방법에 대해서도 배우게 된다(학습효과). 이것은 모든 갈등당사자의 갈등관리 능력 향상에 크게 기여한다. 학교장 또한 이런 경험을 통해 배우고 향후 유사한 문제에 대해서도 자신감을 갖게 된다.
- 갈등을 함께 성공적으로 해결하면 유대감과 단결력이 강해진다(감정적 효과). 어려운 상황에 함께 대처하는 것만큼 유대감을 높이는 경험은 거의 없다.
- 앞으로 이런 개인적 맥락에서 문제가 발생하면 합의하려는 의지가 커진다. 또한 문제해결을 위한 대화에 적극적으로 참여하고 해결책 이행에도 최선을 다한다(동기부여 효과).

관계의 공식화 및 관례화를 통해 특정 구조 및 규정을 명문화하는 위험을 감수하는 조직에서, 갈등은 많은 노력이 필요하더라도 창의적인 방식으로 변화를 가져올 수 있는 기회이기도 하다. 성공적인 갈등해결은 면책효과를 가져오며 개방적 의사소통을 장려하고 집단뿐만 아니라 경쟁하는 학교조직의 성과에도 영향을 미친다.

참고문헌

문용갑(2011). **갈등조정의 심리학**. 서울: 학지사.
문용갑(2016). **조직갈등관리**. 서울: 학지사.

Altmann, G., Fiebiger, H., & Miller, R. (2001). *Mediation: Konfliktmana-*

gement für modrene Unternehmen. 2. Aufl. Weinheim und Basel.

Berkel, K. (2019). **갈등 트레이닝.** 문용갑, 이남옥 역. 서울: 학지사.

Fisher, R., Ury, W., & Patton, B. (2004). *Das Harvard-Konzept.* 22 Aufl. Frankfurt a. M.

Fisher, R., Ury, W., & Patton, B. (2018). *Das Harvard-Konzept.* 22. Aufl. Stuttgart: Deutsche Verlags-Anstalt.

Höher, P., & Höher, F. (2007). *Konfliktmanagement.* 4. Aufl. Freiburg: EHP.

Kreyenberg, J. (2012). *Wirkugsvolles Konfliktmanagement.* Berlin: Cornelsen.

Neubauer, W. (1997). *Beratung in der Grundschule.* Bönen: Verlag für Schule und Weiterbildung.

Pikas, A. (1974). *Rationale Konfliktlösung.* Heidelberg: Quelle & Meyer.

Seifert, J. (2018). *Konfliktmoderation: Ein Leitfaden zur Konfliktklärung.* Offenbach: GABAL.

6장

리더십과 책임으로서 갈등관리

CONFLICT MANAGEMENT IN SCHOOLS

CONFLICT
MANAGEMENT
IN SCHOOLS

- '기억에 남는' 특히 긍정적인 학교생활은 어떤 것인가?
- 학교장의 행동과 관련 법적 근거는 무엇인가?
- 학교장의 책임은 무엇인가?
- 상사와 감독자는 어떻게 다른가?
- 학교생활에서는 기본적으로 어떤 갈등이 발생하는가?
- 학교장의 역할수행을 위한 리더십 기준은 무엇인가?

학교장의 광범위한 책임은 학교장의 다음과 같은 이상적인 학교생활에 대한 희망적인 생각을 반영한다.

• 학교장에게 기억에 남는 날

불행히도 A 학교장에게는 다음과 같은 '기억에 남는 날'이 존재하지 않았다. 학교 출근길에 중학교 1학년 3반 학생들이 친근하게 나를 맞이한다. 학교에 도착하자 수위가 나를 반갑게 맞이하며 말을 건넨다. "어제 오후 저는 학부모 대표를 위한 게시판을 원하시는 위치에 설치했습니다." 건물관리원은 청소가 안 된 교실에 대해 불평하지 않았다. 오늘은 "제가 아파서 출근할 수 없습니다."라는 급한 전화도 없다. 그러니 오늘은 교사대체계획도 필요 없다.

일부 교사가 교무실로 들어선다. 교감도 깊은 한숨 없이 들어서며 가방을 탁자에 던지지 않는다. 오늘은 피곤해 보이지도 않는다! 이어서 출근하는 교사들도 기분이 좋아 보인다. '어제 너무 바빴기 때문에' 오늘은 아무도 빨리 복사할 필요가 없다. 종이 울리자 모두 일어나 등교하는 학생들을 맞이한다. S 교사도 정시에 출근하여 학생들과 함께 교실로 갈 수 있다.

행정실에 B 직원이 "학교법과 관련한 보충자료를 제출하겠습니다."라고 한다. 나는 편지함에서 지역학교 학교장들의 비공식회의에 초대장을 보았다. M 교사가 점심식사를 같이 하자고 제안한다. P 학교 학교장이 전화로 '우리 학생들이 협력의 일환으로 귀학교를 방문하여 받은 좋은 정보'에 감사한다고 인사한다. 휴식시간에 2~3학년 담임교사들이 나에게로 온다. 저녁에 학부모님들을 현대미술수업에 초대하여 학생들과 함께 작업하며 예술에 대한 식견을 갖도록 하고 싶다.

교육당국에서 전화하여 교사들의 수업을 참관하기 전에 학교평가 및 심의기준을 제시하기 위해 관련 직원과 함께 약속을 잡으려고 한다. 교육당국은 또한 다음 학기에 물리학을 전공한 교사가 공석을 채울 것이라고 한다.

1학년 학부모대표자들이 회의에서 자신들은 'M 교사의 지루한 영어 수업 때문에 교육청을 대상으로 한 대규모 항의'를 자제할 것이라고 한다. 그들은 먼저 M 교사와 면담하기를 바란다. 교육청 담당자는 말한다. "학교위원회에서 학교운동장 서쪽에 식목을 승인했습니다. 작업이 곧 시작될 것입니다."

- 학교장으로서 위와 같이 기억에 남는 하루를 보낸 적이 있는가?
- 학교생활에서 갈등관리가 필요한 사안이 있는가?
- 현재 상황을 생생하게 기술하고 학교장으로서 자신에 대해 적을 수 있는 원을 그린다. 원 중심으로부터 햇빛처럼 선을 그린다. 선은 학교관리를 위한 회의 및 업무영역의 수만큼 그린다. 각 영역에 대해 현재 잘 진행되고 있으면 더하기 기호를, 즉시 또는 중장기적으로 처리하여야 하는 갈등이 있으면 번개를 기입한다.

• 갈등예방을 통한 장기적 갈등관리를 통해 실질적 갈등해결을
위한 협의, 규명 및 합의과정에 도달할 수 있는 방법이 있는가?

1. 법적 근거

학교장의 주요 임무는 학교교육 및 교육지원업무에 대한 책임에
서 비롯된다. 모든 교사는 공동책임과 함께 자신의 임무에 대한 책
임이 있지만, 전반적인 책임은 학교장에게 있다. 학교장의 이 책임
은 "교장은 교무를 총괄하고, 소속 교직원을 지도·감독하며, 학생
을 교육한다."는 「초·중등교육법」 제20조에 기반한다.

2. 학교장의 '책임'

학교장에게 책임이란 자신의 의지와 행동뿐만 아니라 그 결과에
대해서도 책임을 진다는 뜻이다. 학교장은 교육 임무수행에 대한
책임이 있다. 또한 학교장은 학생, 교사, 학부모, 학교법인, 교육청
등에 책임이 있다.

교육의 질과 그 결과는 교사의 헌신과 의욕에 따라 크게 달라진
다. 따라서 학교장은 교사들이 자신의 개인적 능력과 의욕을 수업
및 관련 교육학적 관계에서 충분히 발휘할 수 있고 자신의 임무를
수행하는 데 책임이 있다. 교사들 사이에 어려움과 갈등은 학교장
이 관심을 가지고 관련자들과 함께 가능한 한 생산적으로 처리해
야 한다. 갈등상황에서 서로 다른 가치들로 인해 다툴 수 있으므

로 학교장은 그 가치들과 실제 교육학적 실현 사이의 관계를 명심해야 한다. 아울러 학교의 교육문제와 관련한 가치에 대해 교사들과 합의를 도출하는 것도 학교장의 책임이다. 합의된 가치들이 정의되면 구체적인 실행계획을 통해 그 실현가치를 입증하여야 한다(10장 '학교갈등예방' 참조).

학교장은 정의된 가치합의에 근거하여 갈등 처리 시 더 근거 있는 주장을 할 수 있지만 원활한 협력을 위한 묘책은 제시하지 않는다. 그리고 지식, 기술, 능력 및 기술을 전수하는 교육과정 외에도 다른 사람들과 함께 살기 위한 윤리적 민감성이 중요함을 분명히 하여야 한다. 따라서 인간적 학교라는 핵심사상이 매우 중요해질 수 있다. 이 핵심사상은 구체적인 학교생활에서 청소년의 학력 향상을 위한 적절한 기본 틀을 제공한다.

학교장은 책임 수행을 위한 권한이 필요하다. 그리고 일상적 학교생활에 대한 포괄적 정보가 있어야 한다. 이는 교사의 측면에서 다음과 같은 의미를 지닌다.

- 학교장은 교사의 수업에 참여할 수 있다. 그러나 장학사의 공식 평가가 있는 경우에는 수업에 참여할 수 없다.
- 학교장은 교사의 교육 및 수업계획을 살펴볼 수 있다.
- 학교장은 학생들의 학습지와 시험지뿐 아니라 출석부를 열람할 수 있다.
- 학교장은 학업 성적과 시험채점을 관리하고 특히 평등 대우 원칙에 따라 그 적법성을 확인할 수 있다.
- 학교장은 반편성과 교사배정을 계획하고 필요한 경우 대체수업을 지시할 수 있다.

학교에서는 관련 법규에 따라 교사와 행정직원 간의 업무가 분배되지만 최종적인 책임은 학교장에게 있다. 교사, 학생, 학부모, 교육당국이 원하는 혁신 역시 학교장의 몫이다. 따라서 다음과 같이 강조할 수 있다. '학교의 변화는 학교장이 변화에 마음을 열고 본인의 사명이라고 선언할 때에만 실제로 이루어진다!'

3. 주요 갈등

학교장의 업무가 많은 만큼 갈등도 광범위하게 발생할 수 있다. 사람들이 함께 생활하고 일하는 곳에는 갈등이 발생하기 마련이다. 2장에서 살펴보았듯이, 학교에서 갈등은 모든 학교구성원 사이에서 발생한다. 따라서 학교장은 이 모든 갈등에 대해 관리임무가 있지만, 특히 다음과 같은 긴장관계에 기반한 갈등들은 반드시 직접 관리하여야 한다.

- 학부모/학생과 학교의 관계: 학부모와 학생의 이해관계와 개인적 요구가 학교와 교사의 권리 및 학교에 관련된 모든 사람의 공익과 대치한다.
- 학교장과 교사의 관계: 교사가 교장의 지시 및 회의 결과에 대해 교육권을 강조한다.
- 학교장과 협의체(학교운영위원회, 교직원회 등)의 관계: 학교장이 자신의 총괄책임을 이유로 협의체의 회의결과를 반대한다.
- 학교와 학교운영자의 관계: 예를 들어, 학교의 희망 사항이 경제적으로 불가능하거나 학교운영자의 비교육적 학교시설 사

용으로 수업에 제한을 받는다.
- 학교장과 교육당국의 관계: 예를 들어, 학교가 장학사의 특정 행위를 간섭으로 여기거나 학부모와의 갈등에서 교육당국이 충분한 지원을 하지 않는다.

4. 학교장의 역할

학교장은 관리 업무가 많은 만큼 다양한 역할을 수행하여야 한다.

- 전문가: 학교장은 교육문제 및 학교법에 따른 업무에 대한 전문가이다.
- 코치: 학교장은 어려운 상황에 처한 교사들을 돕고 조언하는 코치이다.
- 팀리더이자 조정자: 학교장은 원만한 협력과 효율적인 집단작업에 주의를 기울이고 갈등을 조기에 파악하여 조정자로서 함께 건설적으로 해결하려 한다.
- 대화상대: 학교장은 문제가 있는 학생과 학부모의 대화상대이다.
- 모범적 리더: 학교장은 혁신에 개방적이며 새로운 길을 제시하는 리더로서 상황에 적합한 명령을 하고 그 결과를 명확히 하며 필요하다면 실현한다.
- 협력파트너: 학교장은 다른 학교, 청소년기관, 관련 공기관 등과 협력하는 협력파트너이다.

5. 리더십 기준

다양한 역할을 수행하기 위해서는 '일관된 리더십'이 필요하다
(Schulz von Thun, 2010: 28). '일관된 리더십'은 다음의 세 요소의 균
형을 의미한다.

- 학교장은 자신의 가치, 리더십에 대한 이해 그리고 자신의 특
  성과 감정에 따라 행동한다.
- 학교장은 학교생활과 관련된 모든 사람과 원만한 의사소통을
  위해 노력하고, 자신의 리더십 행동에 대해 스스로 자문하며
  상대방과 논의할 자세가 되어 있다.
- 학교장은 교육목표와 학교 전체체계의 현실을 고려하여 적절
  히 행동한다.

이처럼 학교장은 자신과 학교의 한계에 대한 지식과 창의적 의
지를 겸비해야 한다. 이를 위해서는 적응력이 필요하다. 학교장 리
더십의 가치는 경제적 효율성보다는 대체로 다음과 같은 교육학적
원칙에 기반한다.

- 학교는 학교장에게 활기찬 배움의 터이다. 학교는 기본적 지
  식과 능력을 보장하고, 독립성과 비판 및 갈등해결 능력과 같
  은 사회적 행동 및 미래지향적 능력개발을 중요시한다(Knapp,
  2002: 167).
- 학교장은 합의 형성과 자기규율을 위해 어려운 상황에서도 '유

익한 업무분위기를 조성하는 학습 및 의사소통 문화를 구축하
기 위해 항상 열심히 노력한다'(Brockmeyer, 1997: 17).
• 재치와 사교술 등 대화 능력과 함께 진실성과 개방성은 학교
  장의 중요한 관심사이다(Schulz von Thun, 2010: 53).

• 과제: '업무평가' 갈등

장학사가 연구세미나에서 영어부장교사에 지원한 M 교사에 대한 성과보고서
를 작성하도록 학교장에게 요청했다. 학교장은 M 교사의 영어수업에서 약점
을 발견했다. 약점은 전문성뿐 아니라 학생들과의 관계 형성에 관한 것이다.
학교장은 교직원회의에서 자신이 관찰한 내용을 설명하였다. M 교사는 이를
수용하지 않았으며 의견이 달랐다. 휴식시간에 그는 교직원들에게 자신의 수
업평가에 대한 불만을 매우 감정적으로 토로하였다. 학교장도 이 사실을 알게
되었다. 이런 상황에서 학교장은 어떻게 행동해야 하는가?

  −방안 1: 학교장은 M 교사의 교육성과를 정확히 평가했다고 확신하기 때
    문에 전혀 반응하지 않는다.
  −방안 2: 학교장은 M 교사에게 면담을 요청하여 평가가 매우 잘못되었다
    는 주장에 놀라지 않을 수 없음을 분명히 알린다. 학교장은 자신의 전문
    지식과 신념에 따라 성과를 평가했다. '우수' 등급은 정말 인정할 만한 성
    과를 의미한다. 다른 평가항목. 즉 그의 공식적인 활동뿐 아니라 수업 방
    법과 특별임무는 당연히 전체보고서에서 강조될 것이다. 학교장의 보고
    서는 장학사가 하는 전체평가의 일부분일 뿐이다. 전체평가에서는 노력
    한 새로운 활동과 관련한 교사의 능력과 지식을 검토할 것이다.

여러분은 다른 대안이 있는가?

참고문헌

Brockmeyer, R. (1997). Schule, Schulsystem und Schulentwicklung. In

　　Müller, A. U. A. (Hrsg.), *Leitung und Verwaltung einer Schule*. 8.

　　voll-ständig überarbeitete Auflage. Neuwied, S. 1-19.

Klippert, H. (2002). *Pädagogische Schulentwicklung*. Planungs-und

　　Arbeitshilfe zur Förderung einer neuen Lernkultur. Weinheim u.

　　Basel.

Knapp, R. (2002). Der Beitrag der Schule für die Zukunftsfähigkeit der

　　Gesellschaft. In Boskamp, P. & Theisen, H. (Hrsg.), *Kriesen und*

　　Chancen unserer Gesellschaft. Ein interdisziplinärer Überblick. Berlin.

　　167-188.

Schulz von Thun, F. (2010). *Miteinander reden: Störungen und Klärungen*.

　　Psychologie der zwischenmenschlichen Kommunikation. Reinbek

　　bei Hamburg: Rowohlt Taschenbuch.

7장

개인 및 집단 갈등관리

CONFLICT MANAGEMENT IN SCHOOLS

CONFLICT
MANAGEMENT
IN SCHOOLS

- 개인 간 갈등과 집단과 갈등이 미치는 영향은 무엇인가?
- 집단정체성과 우리의식은 어떻게 형성되는가?
- 일반적으로 갈등당사자로서 집단은 어떻게 다루어야 하는가?
- 힘든 상황을 극복하기 위해 개인 또는 집단과 갈등을 어떻게 분석할 수 있는가?

사람들은 일반적으로 자신과 대화상대방만 있을 때와 갈등상대방이 끼어들 때 완전히 다르게 행동한다. 예를 들어, 나와 친구가 긴밀한 대화를 하는 데 어제 싸운 사람이 끼어들면 나는 전혀 다르게 행동한다. 이 간단한 예는 만족스러운 대화를 위해서는 관계의 질이 얼마나 중요한지를 보여 준다. 개인이 아니라 집단이 간여하면 문제는 훨씬 더 복잡해진다.

1. 개인 간 갈등

두 사람의 관계가 갈등으로 악화되면 대화는 더 어려워진다. 두 사람은 심지어 의도적으로 만남을 기피하기도 한다. 두 사람은 자신의 입장을 고수하기 위해 자신을 편들어 줄 사람을 찾아 상대방을 비방한다. 이렇게 갈등이 진행되면 갈등당사자들은 불편한 대화 자체를 주제로 한 메타커뮤니케이션을 통해 해결책을 찾을 수

있는 제삼자가 필요하다. 이런 대화 상황은 다음과 같은 측면에서
특히 어렵다.

- 갈등이 격해지면 갈등당사자의 자아개념과 자존감이 위협을
  받는다. 자신의 견해가 옳다고 확신하기 때문에 자신의 입장을
  위해 싸운다. 포기는 곧 패배다. 즉, '체면을 잃는 것이다.' 비협
  조적이고 단호한 태도로 인해 문제를 함께 해결하기 어렵다.
- 어떤 조언이든 자신의 의사결정과 자유에 대한 공격이므로
  방어의 대상이다. 이런 현상을 심리적 저항(Brehm & Brehm,
  1981)이라고 한다. 목표는 자신의 자유를 지키는 것이다. 심리
  적 저항은 여러 행태로 나타날 수 있다. 예를 들어, 학부모가
  다른 상황에서 관찰한 내용을 기준 삼아 자녀에 대한 교사의
  평가를 의심한다. 더 공격적인 심리적 저항으로서, 예를 들어
  학교나 교사가 학생에게 최대로 지원하지 않았다고 비난하기
  도 한다.
- 다른 대안들을 들먹인다.
- 교사의 권유를 반박하지 않고 듣고 있지만 '어쨌든 내가 원하
  는 대로 할 것이다!'라고 생각한다.
- 학부모는 교사에게 스스로 결정할 것이며 권유는 따르지 않을
  것이라고 한다.
- 암묵적 저항으로서, 예를 들어 다른 학부모에게 교사의 능력
  을 의심하거나 학교 전체에 대해 부정적으로 말한다.

자신의 의사결정 및 행동의 자유가 더 위협받거나 제한되면 더
폭력적으로 저항한다. 특히 대화상대방은 자아상과 자존감이 낮아

졌다고 느끼면 저항할 것임을 염두에 두어야 한다. 예를 들어, 교사가 자신의 진단과 권유가 정확하다고 믿고 자신의 방안을 학부모에게 설득력 있게 강요하면, 학부모는 저항할 가능성이 매우 높다. 이에 대해 학부모가 더 비타협적으로 반응하면, 교사는 추가 정보나 자신의 교육 관련 경험과 지식을 근거로 학부모에게 자신의 권유가 옳다고 더 '설득'하려고 한다.

따라서 갈등관리를 통해 갈등당사자들은 이런 방어자세에서 벗어나 갈등 원인을 함께 처리할 수 있는 절차를 찾아야 한다. 이런 절차는 협력적 의사결정모델에서 자세히 설명할 것이다(8장 참조).

2. 집단과 갈등

집단이란 둘 이상의 사람이 소속감이나 공동체 의식을 가지고 비교적 지속적인 상호작용을 하는 집합체이다. 많은 실험에 따르면, 참여자들이 많으면 협력의 정도는 낮아진다(Fox & Guyer, 1977; Liebrand, 1984; Marwell & Schmitt, 1975). 이는 집단규모가 클수록 갈등비용이 증가한다는 것을 의미한다(Fischer & Wiswede, 1997). 교직원의 규모가 클수록 경험, 태도, 가치 및 신념이 서로 다른 사람들과 함께 일할 가능성이 커진다. 하지만 많은 실험에 따르면, 개인의 수가 증가하면 협력의지는 감소한다. 즉, 책임감 감소, '나 말고 이 일을 할 수 있는 사람이 많다.'는 현상이 일어난다. 관리가 수월한 소규모 집단에서는 누가 어떤 업무를 맡았는지 쉽게 확인할 수 있으므로 구성원들이 개인의 비협력적인 일탈행동을 사회적 통제의 의미에서 쉽게 제재할 수 있다. 집단은 장점이 많지만, 특히 개인 간 갈등이 있는 경우에는 개인 또는 집단 간 협력을 매우 어렵게 할 수 있다.

3. 집단정체성과 우리의식

집단은 다양한 조건에 따라 자연발생적으로 형성된다. 먼저, 인원수가 중요하다. 소규모 학교는 인원수가 적고 대면접촉의 강도가 커서 비교적 빠르게 집단이 형성된다. 그러나 문제가 발생하면 서로 반목하며 다투는 소규모 집단들(소위 파벌)이 형성될 수 있다. 대규모 학교는 일반적으로 여러 집단(예: 정교사집단, 보조교사집단)이 있으므로 학교장은 항상 적극적이고 포용적으로 이탈을 방지해야 한다.

사회적 정체성이론(Tajfel, 1978)은 집단 형성의 원인과 집단이 집단구성원에게 미치는 영향을 설명한다. 개인이 긍정적 자존감을 유지하거나 높이려면 자신의 사회적 정체성이 형성되는 집단 또는 더 큰 사회적 집단에 속하는 것이 매우 중요하다. 이 과정에 대한 연구 결과는 다음과 같이 요약할 수 있다.

1) 사회적 범주화

사람들은 자신의 환경을 다양한 특성에 따라 여러 범주로 구분한다. 특히 사람들은 또한 자신이 속한 범주(내집단)와 속하지 않은 범주(외집단)를 구분한다. 특성은 주로 즉시 관찰할 수 있거나 쉽게 접할 수 있는 속성(예: 피부색, 성별, 출신국가)을 의미한다. 집단은 범주에 대해 단순히 명칭을 정하는 것만으로 형성(최소 집단 패러다임)된다. 이에 대한 대표적인 예는 경상도 보리문디, 전라도 깽깽이, 충청도 핫바지, 강원도 감자바우, 서울 뺀질이 등이 있다.

2) 사회적 정체성

개인의 사회적 정체성(집단정체성, 국가정체성 등)은 특정 집단에 대한 소속감과 그 집단 및 다른 집단 간 관계의 특성에 따라 결정된다. 개인은 자신이 속한 집단과 다른 집단에 대한 사회적 비교과정을 통해 사회적 정체성의 특성에 대한 정보를 획득한다. 집단에 속한 사람들, 즉 집단구성원들은 일반적으로 공유된 소속감(우리의식)을 느낀다.

3) 긍정적인 사회적 차별성

'우리'와 '타인'의 구분은 곧 경계를 의미한다. 집단은 외부로부터 위협받는다고 인식하면 응집력이 강해지고 경계를 더 강화한다. 더욱이 집단구성원들은 자신들의 유사성은 과대평가하는 반면, 외부인과 특히 다른 집단과의 유사성은 과소평가한다. 따라서 자신의 집단에 속하지 않은 사람들을 전혀 다르게 인식하고 경험한다(차별).

흥미롭게도 자신이 속한 집단에 대한 자아상은 긍정적으로 보는 반면, 다른 집단에 대한 타자상은 평가절하한다. 이러한 편견은 특히 집단 내 상호확인(사회적 고정관념)을 통해 강화된다. 이런 현상은 많은 연구를 통해 증명되었다. 후속 연구들에 따르면, 이런 사회적 동일시는 내집단과 외집단을 쉽게 구분할수록(Vanbeselaere, 1987), 내집단의 성과가 더 높게 평가될수록(Lalonde, Moghaddam, & Taylor, 1987), 집단에 대해 소속감이 높고 신뢰할수록 더 증가한다(Hogg & Turner, 1985). 다른 사람이나 집단과 협력하고자 하는 시도들이 처음부터 거부되는 것도 집단정체성의 영향 때문이다. 사람들은 이런 시도들을 의심하고 통제받는다고 느끼며 적극적으로 협력할 의욕을 잃는다.

4. 갈등당사자로서 집단

모든 교사는 한 학생과 대화 중에 다른 학생이 있으면 그 학생이 완전히 다르게 행동하는 경우를 경험한다. 이런 상황은 학생뿐만 아니라 학부모 또는 교사에게서도 볼 수 있다. 다르게 행동하는 것은 사회적 통제효과 때문이다. 집단구성원으로서 특정 역할을 맡고 있는 개인은 소속집단에서 추방되지 않으려면 집단규범을 준수해야 한다. 집단규범은 말하자면 게임규칙 또는 불문법과 같은 것으로서 개인이 어떻게 행동해야 하는지를 규정하지만 집단 차원에서 '합리적' 의견 또는 '올바른' 태도와 가치를 규정하기도 한다. 집단은 구성원의 규범 준수 여부를 감시하고 일탈행동에 대해서는 제재를 가한다. 어린이와 청소년의 경우, 제재는 조롱, 동정심 철회, 체벌 등 다양하게 가해진다.

집단규범은 능력을 향상시킬 수 있지만(예: "우리 모두 함께 합시다!") 비생산적이기도 하다(예: "과로하지 말고 필요한 것만 하시오!"). 집단이 목표에 동의하고 그에 따라 행동하면 집단 전체의 능력이 강화된다. 즉, 집단구성원들은 의욕적으로 목표를 달성하고자 한다. 집단구성원들은 개인적으로 하는 것보다 더 많은 일을 한다. 단지 관건은 이런 목표가 학교 전체에 유용한 것인지 아니면 다른 집단이나, 예를 들어 학교장 개인을 반대하기 위한 것인지이다.

집단이 연대하여 특정 목표를 지지하면 구성원들에 대한 사회적 압력은, 예를 들어 학교장의 권력보다 더 강하게 작용한다. 집단괴롭힘(mobbing)이 단적인 예이다(Leymann, 2000). 집단괴롭힘의 경우, 집단은 원치 않은 개인에게 대항하여 체계적으로 압력을 가한다. 이 과정이 몇 달 이상 지속되면 괴롭힘을 당한 사람에게 상당한 심리적 또는 신체적 피해를 입힐 수 있다.

갈등이 고조되면 집단은 위협을 느껴 저항의 방법으로 더 단결한다. 구성원들은 서로 돕고 개인적 어려움에 대해 정서적으로 지원하지만 중요한 정보는 '아는 것이 힘이다.'라는 모토에 따라 독점한다. 학교장이 서투르게 개입하여 적으로 인식되면 상황은 더욱 더 어려워진다.

이러한 현상들은 다른 구성원들이 대화에서 세심한 관찰자로서 그리고 어느 정도 '감시자'로서 참여하는 경우(예: 회의)나, 한 집단구성원이 의식적으로 집단대표(예: 비공식 집단대표)로서 등장하는 경우에도 확인할 수 있다. 사회적 통제의 효과로 인해 집단구성원으로서 역할을 맡은 개인을 양보하거나 타협하도록 유도하기가 훨씬 더 어렵다.

5. 집단갈등관리

앞에서 설명한 집단의 역동적 과정이 중단될 수는 없지만, 우리
는 갈등 발생 시 합의를 위한 기본조건들에 영향을 미칠 수 있다.

1) 상호신뢰 구축

함께 일할 수 있다는 경험은 상호신뢰 형성을 위한 중요한 기반
이다. 신뢰는 가치가 유사하면 쉽게 쌓인다. 가치의 일치 또는 불
일치에 대한 인상은 첫인상을 기반으로 매우 짧은 시간에 이루어
진다. 우리는 학교장, 교사 또는 다른 사람들과 첫 만남에서 상대
방을 신뢰할 수 있을지에 대한 인상을 받는다. 이어서 그 인상에 따
라 상대방에게 신뢰하는 행동을 보이면 상대방도 이를 보고 화답
한다. 그러나 이 시점에서는 아직 서로가 상대방에 대한 신뢰를 증
명할 필요가 없기 때문에 '의사신뢰(pseudo-trust)'(Gabarro, 1978)가
문제가 된다. 따라서 갈등상황에서 서로 어떻게 대하는지가 관건
이다.

2) 갈등문화

학교장은 행동으로 갈등문화에 중요한 기여를 할 수 있다. 학교
장은 공격을 받더라도 개인 간 갈등을 어떻게 다루는지를 보여 주
는 역할모델이다. 이것은 결코 리더십 윤리의 문제가 아니다. 학
교장이 기존 규정에 따라 갈등당사자들의 우려를 고려하여 항상

가능한 한 공정하게 갈등을 해결하려고 노력하고 실제로 성공하면, 향후에도 갈등이 만족스럽게 처리될 수 있다는 기대가 생긴다(Neubauer, 2003).

3) 학교조직의 정체성

사회적 정체성은 집단에만 국한하지 않고 총체적 통일체인 학교에도 학교조직의 정체성으로 논의될 수 있다. 학교 전체와 동일시하면 집단이기주의를 쉽게 상대화할 수 있다. 그러나 갈등하는 집단구성원들이 학교가 내부 결속을 통해 경쟁에서 이기기 위해서는 합의에 도달하는 것이 중요하다는 것을 인식하여야 한다. 따라서 갈등관리에서 성공적 대화진행전략을 위해 다음과 같은 결론을 도출할 수 있다.

- 갈등당사자들의 상호 비난과 공격은 일반적으로 방어자세를 강화하고 갈등을 고조시킨다. 따라서 대화를 진행하는 기본전략은 먼저 상호 공격을 방지하고 엇갈린 입장들을 가능한 명확히 규명하는 것이다. 이를 위해 처음부터 '서로 상대가 방해받지 않고 말할 수 있도록 허용한다.'와 같은 규칙을 정하는 것이 중요하다.
- 공동으로 문제를 해결하는 과정을 촉진하려면 갈등당사자들이 합의의 이점을 인식하는 것이 중요하다. 교환론적 연구 결과에 따르면(Eisenberger et al., 1986), 조직 구성원들은 상사 및 조직과 관계에 대해 자신들이 무엇을 제공하고, 그 대가로 무엇을 받는가를 고려하여 평가한다고 한다. 해결방안은 가능한

모든 갈등당사자들의 관심사를 고려할수록 수용될 가능성이
더 높아진다.
• 학교구성원들은 자신들의 성과와 사회적 명성에 만족스럽기
때문에 학교와의 동일시가 강해질수록 더 쉽고 빠르게 합의에
도달한다.

6. 갈등관리 절차

'먼저 이해하고 말하라!'는 충고가 있다. 이 충고는 특히 학교장
이 갈등에 연루된 경우에 중요하다. 많은 갈등에서는 조치를 취해
야 한다는 압박감이 너무 크기 때문에 자신에게 익숙한 방법들을
성급히 그리고 직관적으로 취할 수밖에 없다. 즉, 장기나 바둑과 같
은 게임에서 이미 저장된 반응 및 해결패턴을 보이는 것과 같다. 조
치를 늦출 수 있다면 갈등해결에 앞서 반드시 충분한 시간을 가지
고 갈등진단을 하여야 한다. 체계적 진단을 통해 잘못되고 성급한
행동을 줄일 수 있다.
갈등을 분석하는 사람은 갈등상황에서 방향을 더 잘 잡을 수 있
고 개입을 위한 올바른 출발점을 찾을 수 있다. 갈등진단은 갈등관
리의 방향을 정하는 단계이다(Glasl, 2020).

1) 개인 간 갈등분석

학교장은 복잡한 상황에서 벗어나고 싶어 한다. 학교장의 갈등
관리 목적은 자신과 상대방에게 적절한 해결책을 찾는 것이다. 장

표 7-1 갈등 체크리스트

	입장을 위한 주장	갈등으로 인한 감정?	누가 어떤 문제가 있는가?	이해관계와 욕구	갈등해결의 목표 최대? 최소?	절차방법	누가 지원하는가?	패배 또는 승리 시 반응?
학교장의 관점								
갈등당사자의 관점								
중립적인 관점자의 관점								
비교 결과								

기적 해결책이면 더 좋다. 그러나 대화를 통해 모든 불일치를 해결할 수 있다는 것은 비현실적 생각이다. 구체적 갈등이 해결되었더라도 학교조직에는 의도, 관심 및 인식의 차이는 늘 있게 마련이다.

학교장에게 장애물은 상대방의 의견과 주장을 대충 알고 있다는 것이다. 학교장은 상대방이 쓰는 전술을 알 수 없다. 문제는 자신의 의견과 이유만 옳다는 생각이다. 이로 인해 논쟁을 하지만 상황은 더 힘들어질 뿐 아니라 학교장도 더 경직되고 편파적으로 된다.

학교장은 가능한 갈등당사자와 만나 갈등해결대화(140쪽 참조)를 할 준비를 한다. 최소한 갈등상황을 상대방의 관점에서 보려고 한다. 갈등과 갈등해결을 중립적으로 바라보는 가상의 관찰자 역할을 할 수도 있다. 관점을 바꿈으로써 감정적·인지적으로 선택적인 자신의 지각을 넓힐 수 있다. 학교장은 자신과 갈등상대방의 전이(tranferecne)와 방어기제(defense mechanism)를 인식하고 쓰지 않는다. 학교장은 갈등진단 스키마(〈표 5-1〉 참조)를 바탕으로 〈표 7-1〉의 체크리스트를 통해 개인 및 집단 갈등에 개입할 수 있다.

2) 집단과 갈등분석

예를 들어, 학교장이 한 학급의 학부모들과 갈등하는 경우, 이 학부모집단은 통일된 의견이나 일관된 전략이 없을 수 있다. 따라서 갈등관리 준비를 위해서는 갈등하는 학부모들이 맡은 역할들을 반드시 살펴보아야 한다. 또한 가능한 한 '상대' 집단의 구조를 명확히 이해하여야 한다. 교육문제 또는 어려운 개별 사건 등과 관련하여 학부모와 관계가 전체적으로 상호신뢰 및 지원을 기반으로 이루어졌다면 중요한 실마리가 될 수 있다. 전체적으로 분위기가 긍정적이면 갈등이 고조되었더라도 타협할 수 있다. 갈등관리를 위한 준비는 갈등진단과 함께 다음 질문에 답하는 것으로 시작한다 (Kellner, 2000: 81).

① 집단의 오피니언 리더는 누구인가?
② 집단의 약점은 무엇인가?

이 두 질문에 대해 다음과 같이 설명할 수 있다.

①번 질문은 오피니언 리더(비공식 리더)는 종종 집단구성원들에 대해 타고난 권위를 가지고 있다. 따라서 많은 사람들이 그에게 충성심이 높다. 학교장은 학부모들이 오피니언 리더에게 미친 영향을 명확히 살펴야 한다. 예를 들어, 어떤 학부모는 자녀에 대한 법적 권한 등을 알리거나 조언함으로써 영향을 미칠 수 있다. 대다수의 다른 학부모들은 오피니언 리더에게 갈등하는 학부모와 자녀에게 유리하게 해결되길 바란다고 말할 것이다.

②번 질문은 아울러 집단 내부의 호의와 혐오, 질투와 경쟁 그리고 특별한 개인적 이해관계도 고려한다. 예를 들어, 일부 학부모는 자녀가 현재 교사에게 불이익을 받지 않기 때문에, 다시 말해 이 교사와 잘 지내고 있고 성적도 만족스럽기 때문에 갈등을 심각하게 받아들이지 않는다. 이런 학부모들이 과연 갈등에 휩싸여 모든 것을 위험에 빠트리겠는가?

때로는 집단구성원의 감정상태가 이성보다 더 중요하다. 따라서 학교장은 관리사로서 상대방 개인들의 감정을 공감하고 그들의 관점에서 갈등역동을 평가한다. 이와 함께 심각한 영향을 받을 집단구성원들과 단지 우연히 영향을 받는 집단구성원들을 구분하여 대처하는 것이 합리적이다. 예를 들어, 다음과 같은 고려 사항들과 관련된 갈등위험요소들(conflict risks) 역시 학교장에게는 취약점이 될 수 있다.

- 갈등과정에서 나는 학부모, 교직원 및 학생으로부터 명성을 얻거나 잃을 가능성이 있는가?
- 이 갈등이 현재 많은 학부모가 생각하는 만큼 정말로 중요한가?
- 내가 모든 학부모를 대신하여 말한다면 나는 과연 모든 학부모를 믿을 수 있는가? 또는 구체적으로 갈등을 관리하는 데 대부분의 학부모가 나를 실망시킬 것인가?
- 나는 어떤 재량권이 있으며 가장 좋은 방법은 무엇인가?
- 나는 바쁜 와중에도 간단치 않은 갈등을 해결할 수 있는 시간이 있는가?

7. 갈등진단 및 해결방법

134쪽에서 살펴보았듯이, 병을 치료하기 위해 병명을 특정하고 근본 원인을 찾듯 갈등을 철저히 진단하려면 갈등의 원인을 밝히고 주요 특성과 관련하여 정확하게 기술하며 유형에 따라 분류해야 한다. 학교 현장에서 갈등진단은 다음의 핵심 질문들을 기반으로 이루어진다.

- 쟁점이 무엇인가?
- 핵심 쟁점은 무엇인가?

- 어떤 사람들과 집단들이 갈등하고 있는가?
- 집단갈등인 경우, 핵심 인물이 있는가? 있다면 누구인가?
- 갈등은 어떤 사회적 맥락에서 발생하는가?
- 갈등은 어느 단계로 고조되었는가?
- 갈등은 공개적으로 또는 은밀하게 진행되고 있는가?
- 갈등당사자들은 목표를 어떻게 달성하고자 하는가?
- 갈등의 근본적인 원인은 무엇인가?
- 갈등은 지금까지 어떻게 진행되었는가?
- 중요한 전환점은 무엇이었는가?
- 지금까지 어떤 해결방안들이 시도되었는가?
- 갈등당사자들의 타협 의지는 어떻게 평가되는가?
- 갈등의 예외가 있는가?
- 효과적인 개입을 위한 출발점은 어디인가?

이 핵심 질문들은 갈등진단의 토대로서 특정 갈등에 맞게 보완될 수 있다. 핵심 질문들에 대한 답은 갈등당사자와의 대화, 제삼자의 정보, 경우에 따라 문서(예: 불평 사항, 회의록 등) 등을 통해 확보할 수 있다. 갈등진단을 위한 대화과정에서 다양한 출처로부터 중요한 자료들을 수집할 수 있다. 갈등에 대한 인식은 대부분 주관적으로 형성되므로 다중적 관점이 필요하다.

갈등고조 9단계(86쪽 참조)에 따라 갈등고조단계에 특별한 주의를 기울여야 한다. 갈등개입의 성공 여부는 갈등고조에 크게 좌우되기 때문에 갈등고조진단이 필요하다. 하지만 갈등고조단계마다 100% 적합한 해결전략이 있다고 이해되어서는 안 된다. 학교갈등과 관련해서는 다음과 같은 해결전략들이 있다(138쪽 참조).

- 갈등고조 1~6단계에서는 갈등해결대화, 하버드 협상법, 갈등 모더레이션, 화해 및 갈등조정이 적절하다
- 갈등고조 7~9단계에서는 권력개입이 필요하다.

표 7-2 갈등진단 연습

1. 갈등주제: 무엇에 관해 갈등하는가? 무엇에 대해 싸우는가?
2. 갈등당사자: 누가 갈등에 참여하고 있는가?
3. 갈등 규모: 소규모, 중규모, 대규모
4. 갈등고조단계
5. 갈등기후: 열렬갈등, 냉랭갈등, 열렬-냉랭
6. 갈등 태도: 타협 가능 vs 타협 불가능
7. 갈등 원인: 사람, 상호작용, 맥락
8. 갈등행동: 갈등당사자들은 어떤 행동으로 목표를 달성하기를 원하는가? 어떤 파괴적인 행동을 하는가?
9. 시간별 갈등 진행, 지금까지 해결 시도들
10. 갈등 예외 상황: 갈등 없는 상호작용이 있었던 경우가 있는가?
11. 해결전략

표 7-3 갈등진단 사례

1. 갈등 원인: 무엇에 관해 갈등하는가? 무엇에 대해 싸우는가?
   - 한 교사가 한동안 학생과 학부모로부터 비판을 받아 왔다.
   - 주요 비난: 시험이 너무 어렵다, 수업이 불만스럽다(수업이 너무 빠르다, 학생이 질문할 시간이 부족하다) 및 공격적인 의사소통(학생들의 성적에 대해 비관적으로 지적한다).
2. 갈등 규모: 갈등에 누가 관련되어 있는가?
   - 갈등은 중규모 정도이다.
   - 갈등 관련자는 4학급(학생과 학부모), 학부모대표들, 교사 그리고 교장이다.

3. 갈등고조단계

갈등고조단계	고조 평가
1. 입장 강화/긴장	
2. 입씨름	
3. 행동	
4. 편짜기	
5. 체면 깎기	
6. 위협	×
7. 피해	
8. 제거	
9. 공멸	

4. 갈등기후: 열렬갈등, 냉랭갈등, 때로는 열렬갈등, 때로는 냉랭갈등
 • 열렬갈등이다.
5. 갈등 태도: 타협 가능 vs 타협 불가능
 • 현재 교사는 자신의 수업 방법과 대화방식을 바꿀 용의가 없다.
 • 수업 내용이 너무 어렵다.
 • 학부모들은 법적 대응으로 위협한다.
6. 갈등행동: 갈등당사자들은 어떤 행동으로 자신들의 목표를 달성하려 하는가? 어떤 파괴적인 행동을 하는가?
 • 교사는 지속적으로 논쟁의 여지가 있는 교수 및 대화행동을 계속한다.
 • 수업의 난이도는 떨어지지 않고 있다.
 • 학부모들은 법적 조치로 위협한다.
7. 갈등 원인: 사람, 상호작용, 조직적 · 사회적 맥락
 • 갈등의 원인은 한편으로는 교사의 수업 방법과 대화 부족에 있지만, 다른 한편으로는 학부모의 대립에 있다.
8. 지금까지 갈등 전개 및 현재까지 해결 시도
 • 몇 년 전에도 이 교사에 대한 불만이 있었지만 지금처럼 빈번하거나 심하지 않았다. 이번 학년도에 학생들과 학부모대표들이 여러 차례 담임 교사에게 항의를 했다.

- 교사와 동료교사들의 대화도 소용이 없다.
- 교사는 학부모와 의견이 다르고 갈등 원인이 학생들(열악한 학습 및 작업 행동, 재능 부족)에게 있다고 본다.
- 학부모들이 교장에게 직접 항의한다.
- 교장은 교사와 대화를 나누고 행동을 바꾸도록 요청한다.
- 학부모와 학생의 입장에서 보면 교사의 행동은 여전히 변화가 없다.
- 학부모들은 다시 교장에게 도움을 청한다. 그리고 학생들에게 설문지를 통해 교사를 평가하도록 하고 그 결과를 불만 사항과 함께 교육청에 보고하겠다고 위협한다.

9. 갈등 예외 상황: 갈등 없는 상호작용이 있었던 경우가 있는가?
- 기말고사를 앞두고 교사는 학생들에게 설명하는 데 더 많은 시간을 할애하고, 연습문제를 풀도록 하고, 시험 준비를 위한 팁을 제공한다.

10. 해결전략
- 전략 1: 교사와 학부모대표 사이에 중립적인 제삼자의 개입하에 갈등 규명 및 해결을 목표로 하는 갈등모더레이션을 한다. 모더레이터는 교장이나 학교상담사가 맡는다.
- 전략 2: 교장이 교사와 갈등해결대화를 통해 교사의 행동변화에 대해 합의한다. 합의안 실행을 추후 확인한다.
- 전략 3: 교장은 교육청에 관련 전문가의 수업평가를 요청한다. 또한 교장은 필기시험의 난이도를 분석한다. 수업관찰 및 분석 결과를 바탕으로 교사를 코칭한다.

참고문헌

Brehm, S. S., & Brehm, J. W. (1981). *Psychological Reactance: A Theory of Freedom and Control*. New York: Academic Press.

Eisenberger, R., Huntington, R., Hutchinson, S., & Sowa, D. (1986). Perceived organizational support. *Journal of Applied Psychology, 71*,

500-507.

Fischer, L., & Wiswede, G. (1997). *Grundlagen der Sozialpsychologie.* Oldenbourg: Wissenschaftsverlag.

Fox, J., & Guyer, M. (1977). Group size and others' strategy in an n-person game. *Journal of Conflict Resolution, 12,* 224-234.

Gabarro, J. J. (1978). The development of trust, influence, and expectations. In A. G. Athos & J. J. Gabarro (Eds.), *Interpersonal Behavior: Communication and Understanding in Relationships* (pp. 290-303). Englewood Cliffs, NJ: Prentice-Hall.

Glasl, F. (2020). *Konfliktmanagement: Ein Handbuch für Führung, Beratung und Mediation.* 12. Aufl. Bern und Stuttgart: Haupt.

Hogg, M. A., & Turner, J. C. (1985). Interpersonal attraction, social identification and psychological group formation. *European Journal of Social Psychology, 15,* 51-66.

Kellner, H. (2000). *Konflikte verstehen, verhindern, lösen.* Konfliktmangement für Führungskräfte. München: Hanser.

Lalone, R. N., Moghaddam, F. M., & Taylor, D. M. (1987). The process of group differentiation a dynamic intergroup setting. *Journal of Social Psychology, 127,* 273-287.

Leymann, H. (2000). *Die Mobbing-Spirale.* Reinbek bei Hamburg: Rowohlt TB.

Liebrand, W. (1984). The effect of social motives, communication and group size in an n-person multi-stage mixed-motive game. *European Journal of Social Psychology, 14,* 239-264.

Marwell, G., & Schmitt, D. R. (1975). *Cooperation: An Experimental Analysis.* New York: Academic press.

Neubauer, W. (2003). *Organisationskultur.* Stuttgart: Kohlhammer

Tajfel, H. (1978). *Differentiation Between Social Groups.* London, UK:

Academic Press.

Vanbeselaere, N. (1987). The effects of dichotomous and crossed social categorizations upon intergroup discrimination. *European Journal of Social Psychology, 17,* 143–156.

8장

중간자로서 학교장

CONFLICT MANAGEMENT IN SCHOOLS

CONFLICT MANAGEMENT IN SCHOOLS

학교장은 갈등관리를 위해 다음과 같은 사항을 고려하여야 한다.

- 학교장은 관계들을 어떻게 개선할 수 있는가?
- 교사에게 업무 관련 협력에 대해 감사 표시를 하면 어떤 결과가 나올 것인가?
- 경청과 개별대화의 중요성은 무엇인가?
- 학교장은 리더십을 위해 피드백을 어떻게 활용할 수 있는가?
- 집단에서 메타커뮤니케이션과 대화진행을 위해 중요한 것은 무엇인가?
- 업무 위임 시, 유의점은 무엇인가?

학교장은 본인이 갈등당사자가 아니라면 언제든 개인 간 갈등을 해소하거나 더 나아가 완전히 제거하기 위한 모더레이터나 조정자 등 중간자로 활동할 수 있다. 이미 언급하였듯이, 모든 갈등당사자들이 학교장을 중간자로 받아들이면 갈등은 해결된다. 갈등당사자들의 견해는 교육기관인 학교에서 유일한 기준이 될 수도 없고, 되어서도 안 된다.

1. 의사결정 기준

갈등해결 과정에서는 세 기준을 고려해야 한다(Knapp et al., 2009).

1) 수용

갈등은 갈등당사자들이 해결된 것으로 판단하는 경우에만 해결된 것으로 간주되므로, 그들의 결정 수용은 필연적 기준이다. 결정을 수용하지 않으면, 문제는 불가피하다. 사소한 사안으로 갈등은 다시 불타오를 수 있다. 하지만 결정으로 갈등당사자들이 무조건 감격하는 것은 아니다. 수용는 완전 동의에서부터 허용과 무조건 거부에 이르기까지 그 정도가 다양하다.

2) 질

두 번째 기준은 질이다. 질은 내용적으로 가능한 모든 중요한 기준과 규정을 충족한다는 것을 의미한다. 중요한 기준을 간과하면 결정의 질은 떨어진다. 높은 수용도가 질을 담보하는 것은 아니다. 따라서 이런 점은 갈등당사자들이 종종 최소한의 저항을 하고 싶어 하기 때문에 염두에 두어야 한다. 그러나 저항으로 인해 학교 업무수행의 질이 저하되기도 한다.

3) 시간

세 번째 기준은 의사결정에 걸리는 시간과 관련이 있다. 갑자기 발생한 갈등은 가능한 한 신속히 해결해야 하므로 이 기준은 실제 결정에 있어 중요한 역할을 하지만, 수용과 질에 비해 부차적인 기준이다.

2. 의사결정을 위한 기본전략

앞에서 세 기준을 설명하면서 '결정(decision)'과 정보를 취합하고 대안들을 평가하여 최종 결정을 하는 '의사결정(decision making)'을 의식적으로 구분하였다. 이 구분은 학교장이 공식적 리더로서 그 권한에 따른 모든 결정에 책임지기 때문에 필요하다. 이 권한과 책임은 누구도 빼앗을 수도 없고 빼앗아서도 안 된다. 그러나 학교장에게는 의사결정을 하는, 즉 자신의 결정에 이르는 다양한 방법이 있다. 따라서 다음에서는 의사결정의 전략에 대해 살펴보고자 한다(Knapp et al., 2009).

먼저 부차적 기준인 '시간'을 제외하면, 논리적으로 의사결정을 위한 세 가지 전략이 있다.

① 수용과 질 모두를 위해 노력한다.
② 먼저 질을 위해 노력한 다음, 수용을 위해 노력한다.
③ 먼저 수용을 위해 노력한 다음, 질을 위해 노력한다.

전략 ①은 적절치 않다. 질을 위한 노력과 수용을 위한 노력 사이에서 길을 잃으면 나머지 두 전략만 실행 가능한 것으로 입증되기 때문이다. 따라서 이상적으로 단순화하면 의사결정을 위한 기본전략은 두 가지이다.

1) 전략 1: 고전적 의사결정

고전적 의사결정은 개인으로서 의사결정에 참여하는 전통적 방식이다. 문제에 직면한 학교장은 모든 중요한 기준(질)을 고려하여 자신을 위한 해결방안을 개발하고(의사결정) 자신의 결정을 알린다. 남은 관건은 어떻게 실제로 실현할 수 있는가(수용)이다. 실제 실현은 원칙적으로 직위권한에 의한 명령, 이성에 호소 또는 관계자들의 우려가 있는 경우 설득, 비공식적 리더 설득 등으로 이루어진다.

(1) 장점
- 의사결정에 소요되는 시간 절약
- 신속한 일상업무 처리

(2) 문제
- 관련자들은 함께 생각할 필요가 없으며, 생각 없이 결정 사항을 실행한다.
- '우리에게 묻지 않았다. 우리는 다르게 행동했을 것이다.'라는 모토로 실행의 어려움을 학교장에게 전가한다.
- 적정 수준의 수용을 달성하기 위해서는 상당한 시간이 필요하

다. 하지만 그 시간으로 인해 초기에 신속한 의사결정의 장점
에 의문을 제기한다.

2) 전략 2: 협력적 의사결정

협력적 전략에서는 학교장이 관련자들(최소한 대표자들)을 의사
결정 과정에 참여하도록 한다. 학교장은 이들을 문제분석, 해결방
안 수집 및 합의문 작성에 참여하도록 한다. 그렇다고 학교장이 이
들에게 문제를 위임하는 것은 아니다. 학교장은 이들과 마찬가지
로 의사결정 과정에 자연스럽게 적극 참여한다. 이 전략에서도 장
점과 가능한 위험요소들을 고려하여야 한다.

(1) 장점

- 관련자들은 당면한 문제와 중요한 관련 정보에 전념하고 우려
  사항과 해결방안들을 논의하며 다양한 해결방안을 비판적으
  로 비교할 수 있다. 이들은 이런 방식으로 결정이 내려진 이유
  를 알고 있으므로 상대적으로 수용도가 높다. 이 결정에 모든
  관련자들이 만족하지 않을 수 있지만, 이 결정의 필요성은 이
  해할 수 있다.
- 관련자들은 상사인 학교장의 업무가 어느 정도까지는 자신의
  일이라고 여긴다. 어려움이 있을 경우, 그들은 상사를 '곤란한
  처지'에 두지 않고 함께 적절한 구제책을 찾으려고 노력한다.
- 결정 사항의 실현이 더 신속하고 원활하게 이루어진다.

(2) 문제

• 협력적 의사결정은 반드시 일정 시간이 필요하다. 다른 사람
들이 의사결정 과정에 참여하게 되면 자신의 영향력이 약해
질 것을 두려워하는 상사들이 이런 주장을 주로 사용한다. 그
러나 이들은 고전적 의사결정에서의 실현까지 전체 과정이 더
오래 걸린다는 것을 고려하지 않는다.

• 집단들은 종종 해결책을 성급히 찾는 경향이 있다. 집단은 집
단구성원이 어느 정도 합리적인 방안을 제시하더라도 성급히
찬성할 수 있다. 따라서 특히 중요한 결정의 경우, 학교장은
관련자들과 함께 더 많은 해결방안을 개발하여야 한다.

• 집단에서는 책임 전가의 위험이 있다. 즉, 모든 구성원들이 집
단의 누군가가 주도권을 잡을 것이라고 예상한다면 결국 아무
도 참여한다는 느낌을 받지 못한다. 실제로 결정 사항을 효율
적으로 실현하기 위해서는 모든 개별 과제에 대해 항상 개인
적 책임을 규정하여야 한다.

학교장은 두 가지 의사결정 전략을 모두 구사해야 하지만, 각각
의 장점과 가능한 위험요소들도 염두에 두어야 한다. 단순한 의견
차이와 같은 일상적 문제들은 일반적으로 고전적 의사결정 전략으
로 신속히 해결할 수 있지만, 심각한 갈등에 대해서는 협력적 의사
결정이 필요하다. 이런 갈등해결전략은 최근에 갈등조정으로 널리
알려지고 있다.

3. 조정자 또는 모더레이터로서 학교장?

학교에서 갈등조정과 갈등모더레이션은 갈등상황에서 공동생활을 위한 실행 가능한 규칙을 개발하는 절차이다. 이들 방법은 미래지향적이며 갈등 이후에도 협력이 가능하도록 돕기 위한 것이다. 예를 들어, 학생들이 갈등조정 개념 및 기법을 학습하여 사회적 역량을 강화하고 자아분화를 높임으로써 폭력을 예방할 수 있다.

2장에서 살펴보았듯이, 학교에서 갈등조정은 갈등모더레이션과 함께 중립적인 제삼자의 개입을 통한 갈등해결방법이다. 우리 사회에서 갈등모더레이션은 알려지지 않았지만, 갈등조정은 경제, 정치, 환경, 법원 등 사회 각 분야에서 갈등해결을 위한 절차로 알려져 있으며 수년 동안 그 효과가 입증되었다. 갈등조정은 가사소송(예: 이혼분쟁) 및 민사소송(예: 이웃분쟁)뿐 아니라 공공갈등에서도 점점 더 중요해지고 있다.

갈등모더레이션에서 모더레이터와 갈등조정에서 조정자는 갈등처리 절차만을 관리할 뿐, 해결책을 제시하지 않는다는 점에서 화해나 중재(abituration)와 다르다. 예를 들어, 단체교섭갈등의 경우, 중재자는 조정자와 달리 해결책을 제시하지만, 그 해결책은 갈등조정에서의 해결책과 같이 갈등당사자들이 합의한 경우에만 실행된다. 중재안과 조정안은 갈등당사자들이 모두 수용한다는 점에서 재판과 구분된다. 갈등당사자들은 스스로 절차에 대해 책임을 지며 갈등해결을 법원에 위임하지 않는다.

학교는 학생들이 갈등조정을 좋은 갈등해결방법으로 인식하고 실행하도록 함으로써, 첫째로 일상적 갈등과 이해관계의 차이를

적극적이고 건설적으로 처리하고, 둘째로 학교의 교육의무를 진지
하게 실행하며, 셋째로 청소년 폭력에 대처할 수 있다. 갈등조정 절
차의 특징은 다음과 같다(147쪽 참조)

- 중립적인 조정자가 개입한다.
- 모든 갈등당사자가 참여한다.
- 비공식적이며 법적 판결에 의하지 않는다.
- 갈등당사자들이 갈등조정에 자발적으로 참여하며, 결정 권한
  을 제삼자에게 위임하지 않으며 갈등을 자율적으로 해결한다.
- 갈등조정에서 협상 결과는 모든 갈등당사자가 동의한 경우에
  만 구속력을 갖는다. 즉, 합의에 도달해야 한다.

1) 갈등구도와 갈등조정

학교에서는 어떤 갈등이든 갈등조정으로 해결될 수 있는가? 앞
에서 개괄한 갈등조정의 취지에 따라 학교장은 어떤 경우에 조정
자가 될 수 있는지를 명확히 하여야 한다. 학교는 직접 대화가 가능
한 사회적 결속력이 있기 때문에 일반적으로 갈등당사자들이 갈등
해결에 쉽게 참여할 수 있다. 모든 갈등 관련자들의 참여도 문제가
되지 않는다. 물론, 예를 들어 교직원단체와 같은 대규모 집단이 참
여해야 하는 갈등도 있을 수 있다. 이런 경우에 실질적 해결은 종종
갈등당사자들의 대표 선임에 따라 좌우된다. 대표들이 서로 협상
을 통해 도출한 해결책을 자신의 소속집단이 수용하도록 하기 때
문이다. 학생의 성적평가 및 학력과 관련한 학부모의 고소를 제외
하면 갈등해결을 위한 법적 분쟁은 예외적인 경우이다. 그러나 비

공식적 갈등해결방법도 교내에서 제한된 범위에서만 가능하다. 왜냐하면 학교는 전체적으로 법적 의무를 이행해야 하고 교사 또는 학교장은 갈등당사자로서 계획 및 계약에 대해 완전한 자유가 없기 때문이다. 따라서 갈등조정 활용에 제한이 있을 수 있다.

학교에서 갈등당사자가 자발적으로 조정자 개입 및 지원을 요청하기는 쉽지 않으므로 조정자는 이 점을 반드시 고려하여야 한다. 갈등관리가 완전히 자율적으로나 비자율적으로 이루어지는 경우는 거의 없을 것이다. 따라서 갈등조정 시작 시 자율성 여부를 명확히 해야 한다.

갈등해결을 위해서는 자기결정(self-determination)이 중요하다. 자기결정에 대한 대안은 결정을, 예를 들어 법원이나 학교장 또는 교육청에 위임하는 것이다.

자기결정은 토론의 민주적 요소로서 결정의 질에 대한 책임을 결정기관에게 전가하거나 동일한 갈등구도에서 새로운 쟁점의 원인이 되는 것을 방지할 수 있다. 학생이 갈등조정 역량을 갖추게 되면 학교는 학생시민교육에도 기여할 수 있다.

2) 학교장의 임무

학교장은 학교에서 갈등조정과 관련하여 어떤 임무를 수행할 수 있는가? 학교장은 조정자 역할을 할 수 있는가? 아니면 학교에서 갈등조정을 후원하는 역할만 할 수 있는가?

갈등당사자들이 수락한 사람만 조정자, 모더레이터 또는 화해자로 활동할 수 있다. 학교에서 양 갈등당사자가 조정자로 수락한 자만이 조정자로 활동할 수 있다. 아직은 현실적으로 드문 경우이지만, 학교에서 갈등당사자들이 학교장에게 조정자 역할을 요청하면, 학교장은 갈등당사자들을 갈등조정에 초대할 수 있다.

조정자에게 중요한 조건은 갈등에 관여하지 않는 것이다. 예를 들어, 두 교사가 학교인지도와 관련된 사안으로 갈등하면 학교장은 학교를 위한 해결책에 관심을 갖게 된다. 따라서 학교장은 중립적일 수 없으므로 조정자 역할을 거부해야 한다.

갈등당사자들의 입장에서는 학교장이, 예를 들어 자신들의 승진과 관련한 평가보고서를 작성해야 한다는 것을 고려하게 된다. 이런 상황에서 과연 학교장이 갈등조정 과정에서 알게 된 정보를 고려하지 않을 수 있는지 의심스러울 수밖에 없다. 교사평가가 학교장이 조정자로 진행하는 갈등조정에 직접적인 영향을 미치지 않는다 하더라도, 갈등당사자들은 향후 영향을 염려하여 터놓고 말하지 않을 것이다.

갈등이 학교와 관련이 없거나 가능한 해결책이 학칙에 영향을 미치지 않는 경우, 학교장은 갈등당사자들이 수락한 제삼자로서 갈등조정을 진행할 수 있다. 그러나 교사 간 갈등에 대해서는 교직원 중에 신망이 높은 인물(예: 부장교사)이 조정자로서 더 적합한지도 고려하여야 한다.

갈등당사자 일방은 갈등을 인지하고 해결을 요구하지만 상대방은 해결할 필요성이 적거나 전혀 없는 경우도 있다. 학교수업에 불만이 많은 학부모는 흔히 학교장에게 불평한다. 이런 경우에도 갈등조정을 통해 수업에 대해 다양하게 인식하고 있음을 규명하고 학부모와 교사가 서로 충분히 이해하며, 필요한 경우 수업을 개선할 수 있는, 즉 학생 중심 교육을 실천하도록 해서 흥미와 관심을 유발할 수 있는 합의안을 도출할 수 있다.

학교장은 자신과 직간접적으로 관련된 갈등에 대해서는 갈등조
정을 진행할 수 없다. 예를 들어, 학교장에게 불만이 있는 사람과는
직접 대화를 통해 해결책을 찾을 수 있지만, 본인이 조정자가 될 수
는 없다. 학교교육과 교사 업무성과에 책임이 있는 학교장은 학부
모나 학생의 불만을 개선의 기회로 삼아야 하지만, 직무상 해결책
에 대해 명확한 이해관계가 있기 때문에 무관심할 수 없다. 학부모
나 학생으로부터 타당한 비난을 받는 수업은 학교교육의 질을 떨
어트릴 수밖에 없으며, 이로 인해 학교 이미지도 실추된다. 하지만
학교장은 교사들의 명성을 지키고 부당한 비판에 대해서는 단호히
대처하며, 예를 들어 자녀의 말만 듣고 수업 내용 및 방법을 의심하
는 학부모에 대해서는 이해시킬 의무가 있다.

학교장은 조정자보다는 대개 갈등관리자로 활동하는 경우가 더
많다. 갈등관리자로서 학교 전체에 대한 임무는 학교에서 갈등조
정이 가능하고 학생, 학부모 및 교직원이 갈등조정을 수용하도록
전력을 다하는 것이다. 이런 경우 학교장은 갈등조정을 위한 기본
환경을 조성하고 개선하지만 조정자로 활동하지는 않는다.

3) 또래조정

유럽 국가, 미국, 우리나라 등 많은 국가가 학생 간 갈등에 대해
또래학생이 갈등조정을 하는 이른바 또래조정(peer mediation)을
도입하고 있다. 또래조정을 통해 또래조정자는 인간관계 기술을
익히고, 교사는 학생들 사이에 수많은 일상적 갈등을 해결해야 하
는 부담을 줄일 수 있다. 갈등조정은 특히 성인이 관련된 갈등, 예
들 들어 교사–교사 갈등, 교사–학생 갈등 또는 교사–학부모 갈등

을 관리하기 위한 대표적인 절차로 자리매김할 수 있다.

많은 경우, 학생들은 또래학생들이 관련된 갈등에 대해 그 누구보다 그 원인을 더 잘 이해할 수 있으며, 갈등조정에서도 갈등당사자들에게 적합하고 이해 가능한 언어를 구사할 수 있다. 학생들이 교육을 받고 또래학생을 교육하는 또래교육은 갈등에 대해서도 활용할 수 있는 장점이 크다. 동급생이나 상급생을 조정자로 수용한다고 해서 문제가 되지 않으며, 이로 인한 학교장의 역할갈등도 없을 것이다. 갈등조정 절차도 비교적 배우기 쉽기 때문에 학생들도 갈등조정을 책임감을 가지고 진행할 수 있다.

성인들이 관련된 갈등을 조정으로 해결해야 하는 경우, 갈등당사자들은 누구를 조정자로 수락할 것인가? 학생은 갈등당사자인 학생을 편들고, 교사는 동료교사를 대변하고, 학부모는 학부모의 입장을 견지할 것이라는 의혹 때문에 모든 갈등당사자들이 수용하는 조정자를 찾기 어렵다. 교사 간 갈등을 가령 학부모와 같은 외부인에게 조정하도록 하면 학교 내부 문제가 외부로 유출될 수 있다는 우려가 제기된다. 다시 말해, 조정자가 비밀유지의 의무를 다하더라도 사전 의구심 때문에 외부인에게 갈등조정을 요청하지 않는다.

4. 협력적 갈등해결대화모델

갈등조정에서 갈등당사자들은 특히 문제를 함께 해결하기 위해 협력적 갈등해결대화모델을 활용할 수 있다. 대화 상황을 관리하기 위해 대화장소는 가능한 방해받지 않는 곳이어야 한다. 핵심 갈등에 대해서는 대화 일정을 정하여 대화 중단을 미연에 방지한다.

협력적 갈등해결대화는 대화 개시, 문제해결 과정, 대화 종료의
세 단계로 이루진다([그림 8-1] 참조).

대화 환경 조성

↓

대화 개시

인사
학교장의 역할과 공식적 역할 설명
공동 관심사 강조
공동 문제 분석
공동 목표 분석
대화규칙 소개

↓

문제해결 과정

갈등당사자들의 입장 표명
공동 해결방안 개발

↓

대화 종료

공동 해결방안 평가
공동 해결책 결정
향후 실행에 대한 합의

[그림 8-1] 협력적 갈등해결대화모델

1) 대화 개시

대화 시작 시, 가능한 한 신속히 안정적이고 상호신뢰에 근거한 관계를 형성하고 당면한 문제를 명확히 하는 것이 중요하다. 주요 사항은 다음과 같다.

(1) 인사 및 대화 이유 설명

대화진행자는 인사와 자신 소개와 함께 해결방안 제안 없이 대화 이유를 설명한다. 이는 합의의 문제가 갈등당사자에게 있음을 상기시키는 데 중요하다.

(2) 역할 설명

학교장은 자신의 역할과 대화의 법적 근거와 가능한 해결방안의 범위에 대해 설명한다.

(3) 공동 관심사 강조

학교장은 모든 당사자뿐만 아니라 학교 전체에 정당한 최선의 해결책을 강구하는 것이 모두의 관심사임을 분명히 한다.

(4) 공동 문제 분석

이어서 당면한 문제들을 면밀히 규명한다. 효율적인 대화는 정확한 문제 분석으로부터 시작한다. 문제 분석은 당사자들이 공동으로 하여야 하고 문제 영역은 개별 문제로 나누는 것이 필요하다. 문제를 공동으로 정의할 수 없으면 원만한 해결책을 찾을 수 없다. 따라서 사전에 정해진 역할에 따라 공동 문제를 명료하게 정의하는 것이 중요하다.

(5) 공동 목표 분석

문제 분석과 함께 대화 목표, 즉 실제로 달성할 수 있는 것을 정확히 분석한다.

(6) 대화규칙 소개

학교장이 직권으로 대화를 진행하면 갈등당사자들은 수동적 역할을 하며 종종 저항하기도 한다. 따라서 직권에 의한 대화진행은 삼가는 것이 좋다. 먼저 대화 순서 및 진행에 대해 합의한다. 이 합의는 긴 논의가 필요 없지만, 협력적 의사결정이 성공하는 데 매우 중요하다. 예를 들어, 학교장은 다음과 같이 말한다. "이에 동의하십니까?" 그리고 구체적인 절차를 제시한다. 또는 "지금 우리는 어떻게 최선을 다할 수 있을까요?"라고 묻고 갈등당사자들의 방안을 기대하거나 직접 방안을 제시한다. 이에 대해 이의가 없으면 정한 규칙은 효과적으로 적용된다. 갈등해결대화에서 학교장은 아무도 갈등당사자의 발언을 중단할 수 없다는 규칙을 적용하여야 한다.

이상과 같은 대화 개시를 위한 6개 주요 사항들을 고려하여 대화 시 긴 독백을 하거나 주요 사항들에 대해 장황하게 논의하도록 유도해서는 안 된다. 목표는 대화 당사자들이 대화 시작부터 적극적으로 참여하는 것이다. 이상과 같은 사항들은 적절한 연습을 통해 신속히 숙지될 수 있다.

2) 문제해결 과정

문제해결은 다음과 같은 단계로 진행한다.

(1) 갈등당사자의 입장 표명

이 지점에서 추후 결정에 기반이 되는 모든 주요 정보가 제공되고 교환된다. 갈등당사자들이 자신들의 상반된 관점, 견해 및 평가를 정확히 제시해야 객관적 사실의 도출을 위한 정확한 분석을 할 수 있다.

학교장은 가능한 너-전달법(예: "여러분은 다른 동료들도 생각해야 합니다!")을 피하고 나-전달법(예: "나는 우리가 제자리를 맴돈다는 인상이 듭니다.")을 사용하며 적극적 경청(예: "제가 이해한 바로는 당신이……")을 한다.

(2) 공동 해결방안 개발

의사결정을 위한 충분한 정보를 확보한 후, 다양한 방안을 개발하고 토론할 수 있다. 방안들은 가능한 한 함께 수집하는 것이 좋다. 이 지점에서는 어떠한 평가도 하지 말아야 한다. 평가하면 모두가 자신의 방안을 방어하게 된다(방어적 분위기). 그러면 결국 적절한 해결보다는 '자기주장'만 하게 된다.

3) 대화 종료

당사자들의 협의를 통해 원만한 결정이 내려져야 하고 그에 따른 책임을 명확히 해야 한다.

(1) 공동 해결방안 평가

이 단계에서는 해결방안들과 제시자들을 분리하는 것(비개인화)이 합리적이다. 이를 통해 불필요한 대립("첫 번째 방안이 당신의 방안보다 더 낫습니다.")을 방지하고 적절한 해결책이 관건임을 강조한다.

(2) 공동 해결책 결정

대화가 합의로 이어지면 결과적으로 선호하는 해결책이 결정된다.

(3) 향후 실행에 대한 합의

공동으로 해결책을 강구하는 것만으로는 향후 실제 해결책 실행을 담보할 수 없다. 예를 들어, 한 갈등당사자가 상대방이 주도한 대화를 통해 해결책을 결정하는 경우, 아무도 실행하지 않을 수 있다(책임 전가). 따라서 누가 어떤 임무를 수행할 것인지를 명확히 결정하는 것이 중요하다.

부단한 노력에도 해결책을 찾을 수 없는 경우에는 반드시 후속 일정을 정해야 한다. 후속 대화에서도 갈등당사자들이 합의점에 이르지 못하면 학교장이 합의안을 제시한다. 이런 경우, 학교장은 대화 종결 무렵 갈등당사자들의 제안으로 최종 해결책을 강구하였더라면 더 나은 결과가 도출되었을 것임을 명확히 밝혀야 한다.

5. 갈등해결대화 지침

표 8-1 갈등해결대화 지침

단계	지침
1. 대화 준비	• 좌석 위치: 중요한 문제는 서서 규명할 수 없다. 다시 말해, 모두가 앉아서 충분한 시간을 가지고 자신의 주장을 할 수 있어야 한다. 학교장은 군림하듯 책상 중앙에 '앉고' 갈등당사자들이 마주 앉는 것은 바람직하지 않다. 회의탁자 모퉁이에 ㄱ자 형태로 앉는 것이 좋으며 더 좋은 것은 원형탁자에 둘러앉는 것이다. • 방해 요소: 문제해결 과정을 가로막는 방해 요소들은 차단되어야 한다. 예로, 모두 전화기를 끊는다. • 대화 시간: 적당한 시간(예: 1시간)을 계획하지만, 대화 시작부터 최대 가능한 대화 시간을 명확히 하는 것이 좋다. 일부 갈등당사자는 학교장이나 상대방이 양보하기를 바라거나 이미 그런 경험이 있기 때문에 문제해결 과정을 의도적으로 지연시킬 수 있다. 심리상담 연구에 따르면, 내담자들은 상담 종료 직전에 자신의 문제를 밝힌다고 한다. 대화가 성공적으로 종료될 수 없으면, 새로운 일정을 잡는다.
2. 대화 개시	• 대화 동기에 대한 간략한 정보 • 부족한 정보: 대화진행자는 당사자들이 가능한 한 대화에 적극적으로 임하도록 긴 혼잣말을 삼가야 한다. 갈등당사자들은 문제를 대화진행자의 간섭 없이 직접 설명해야 한다. 대화진행자는 대화규칙(예: 모든 사람은 다른 사람들이 충분히 말하도록 한다.)을 지키지 않는 경우에만 개입한다.

3. 자신의 관심사와 역할 설명	• 학교장은 현재 갈등을 최대한 협력을 통해 원만히 해결하려는 자신의 관심사를 설명한다. 그리고 갈등당사자들에게 각자 자신의 관점에서 문제를 제기할 기회를 제공하고, 그 문제를 해결하도록 돕는다. 갈등은 당사자들이 해결되었다고 생각할 때만 해결된 것이기 때문에 앞으로 서로 잘 지낼 수 있는 방법에 대한 방안들도 개발하여야 한다. 학교장은 자신이 문제해결 과제를 '위임'받은 사람이 아니라는 점을 명심해야 한다. 갈등당사자들이 해결책을 찾기 위해 진지하게 노력하지 않으면, 학교장이 어떤 해결책을 제시하더라도 갈등당사자들이 거부하면 아무런 소용이 없다.
4. 문제 정의와 과제 명료화	• 당면한 문제에 대한 정확한 설명 없이는 정확한 대화 목표를 정할 수 없다. 적극적 경청("나는 당신을 정확하게 이해했다.")과 나–전달법("나에게 ……이 중요하다.")을 통해 문제와 구체적 목표(과제)를 명확히 해야 한다. 문제해결 과정에서 문제를 하위 문제들로 세분할 필요가 있을 수 있다. • 대화규칙 소개: 규칙은 대화에서 따르고 지켜야 할 규범이다. 학교장은 규칙을 소개하고 갈등당사자들이 수용하면 대화참여자들은 하나의 집단으로서 스스로 규칙 준수 여부를 감시한다. 집단압력은 학교장의 직권보다 더 강력하고 유연하며 직접적이고 효과적이다. 감정적으로 고조된 갈등인 경우, 대화를 위해서는 규칙 준수가 전제되어야 한다. 갈등당사자들은 이 기회의 활용 여부를 결정할 수 있다. 갈등당사자들이 대화를 거부하면, 학교장은 그 대안으로 직권에 따라 적절한 명령을 내린다. 명령을 이행하지 않으면 법적 결과를 따르게 된다. 이런 방법은 심리적으로 불리한 결과를 초래할 수밖에 없다. 따라서 '필요하다면 날카로운 칼을 테이블 위에 올려놓지만, 가능하면 절대 사용하지 않도록 한다.'

5. 문제해결 과정	• 갈등당사자는 방해받지 않고 자신의 입장을 밝힐 수 있는 기회를 가져야 한다. 이 원칙은 갈등해결을 위한 제안에도 적용된다. 초기 해결방안은 십중팔구 갈등상대방에 대한 요구들로 이루어진다. • 대화진행자는 특히 초기에 갈등당사자들이 제안할 책임이 있음을 강조하기 위해 자신은 제안을 자제한다.
6. 대화 종료	• 여러 제안을 하면 어떤 제안들이 합의될 수 있는지 검토해야 한다. 여기서 학교장은 대화 개시 단계에서 제시한 평가기준을 적용하여야 한다. 관건은 갈등당사자들이 가장 좋아하는 제안(수용)이 아니라 학교의 목표(수용과 질)에도 부합하는 제안을 개발하는 것이다. • 공동 의사결정 후 학교장은 최종 제안에 대해 일정 기간 (예: 한 달) 후 실제 실행 결과를 비판적으로 검토한다는 전제하에 동의한다. 이 검토는 향후 일정을 정하여 공동 대화에서 실시한다. • 추가 문제가 발생하면 재조정하여야 한다.

6. 관계 개선

학교장은 전략적으로 생각하고 행동해야 한다. 관계 개선 과정에서는 항상 갈등 이후 관계를 염두에 두어야 한다. 학교장은 교사나 행정직원과 원만한 관계를 맺고 싶어 한다. 따라서 학교장은 그들과의 관계를 명확히 하고 개선하는 것이 중요하다. 관계 개선을 위한 몇 가지 주의 사항은 다음과 같다.

• 불안한 상황을 가능한 한 구체적으로 상상한다.
• 예상되는 상황에서 두려움 없이 행동할 수 있는 방법들을 기

록한다.
• 불안하게 하거나 두려움을 증가시키는 요인을 적는다.
• 난이도가 높고 낮은 연습상황들을 구상하여 혼자서 천천히 연습한다. 자신의 감정, 두려움 그리고 어떻게 변할 수 있는지를 관찰한다. 각 연습단계를 마친 후 심호흡을 하면서 휴식을 취한다. 근육이 완전히 이완되도록 한다.
• 복잡한 업무들을 세분하여 단계별로 처리한다.

7. 상대방 존중

학교장은 상대방을 존중하거나 무시하는 정도만큼 그의 태도와 행동에 영향을 미치기 때문에 협력의 질뿐 아니라 갈등을 처리하는 데도 영향을 미친다. 대화상대방은 인정받고 신뢰받는다고 느끼면 초기 긴장감이나 두려움이 사라질 뿐만 아니라 상대방이나 다른 사람들에게도 감사하고 수용적 태도로 더 잘 대할 수 있다. 서로 존중하는 분위기는 또한 교직원의 집단활동 참여를 고무한다. 상대방에 대한 경청, 이해 및 존중의 태도는 비언어적 차원에서, 예를 들어 친근한 표정, 고개 끄덕임 등으로 전달된다.
공동작업 중에 한 교사가 다음과 같이 말하면 관계 분위기에 어떤 영향을 미칠지 직접 평가한다.

• "당신이 A에 대한 B의 끊임없는 공격에 대해 말하고 있지만 말도 안 되는 소리입니다!"
• "이보세요, 당신 C가 노닥거리고만 있으면 우리는 한 치도 더

나아갈 수 없어요!"

이런 질책성 발언은 당연히 나쁜 영향을 미친다. 존중하지 않으면 감정, 인지, 행동에 영향을 미칠 수 있다.

- 감정: B와 C는 다른 모든 사람들에게 질책을 받을 것이다. 그들은 무시당했다고 느끼고 대화를 하지 않을 것이다.
- 인지: 두 사람을 비판하는 사람들은 관대하지 않고 오만하며 이해심이 거의 없다.
- 행동: B와 C는 직접적으로 또는 큰 소리로 반격하지 않을 수 있다. 주저하고 좌절하고 더 이상 참여하고 싶지 않다. 혹은 적절한 기회에 보복할 것이다.

학교장은 갈등으로 상대방에게 짜증이 나거나 심지어 전염병이 들기를 기원하더라도, 결코 그의 감정을 상하게 해서는 안 된다.

- 사례: 새 술은 새 부대에!?
신임 학교장이 수년간 함께 일해 온 교사들과 함께 학교를 관리하게 되었다. 은퇴한 전 학교장 지도 아래 많은 전통이 이루어졌다. 회의 절차, 방학 및 축제, 학부모와 협력 등과 같은 많은 일들이 잘 이루어지고 있었다. 교직원들은 이것들이 유지되길 바랐다.
그러나 학교장은 교직원들의 이런 요청을 받아들이지 않고 자신이 전 학교에서 교사로 한 것처럼 좀 더 개선된 협업 방식을 도입하고자 하였다. 학교장은 먼저 교직원과 논의 없이 교사협의회의 계획을 변경하였다. 그리고 회의에서 학부모와 협력, 축제, 학부모 봉사활동 등에 관한 '개혁'방안을 발표하였다.

- 질문
  - 교사들은 어떤 반응을 보일 것인가?
  - 학교장은 어떤 실수를 했는가?
  - 학교장은 자신으로 인한 갈등에 어떻게 대처할 수 있는가?
- 코멘트: 학교장은 일단 당분간 전통을 유지하고 현실을 철저히 살피고 변화 기회를 잡기 위해 듣고 지켜보았어야 했다. 학교장의 '거창한 개혁방안'에는 기존 전통에 대한 고려가 없었다. 급진적인 변화는 교직원들에게 두려움과 불안감을 불러일으켰다. 그들은 독선적이고 비민주적인 혁신에 대해 자신들을 방어하였다. 일부는 공개적으로 반항하고 일부는 마지못해 적응하였다. 그들은 논쟁을 원치 않았다. 학교장의 주된 실수는 변화 계획을 교직원과 논의하지 않은 데 있다. 학교장은 교직원을 공격하는 대신에 새로운 업무 방식을 위해 자기편으로 끌어들여야 했다. 학교장은 향후 무엇을 할 수 있는가?
- 대안 1: 학교장은 체면을 잃지 않고 새로운 리더십을 발휘하여 혁신 계획을 최소한 부분적이라도 실행하려면 교직원의 저항을 해결하여야 한다.
- 대안 2: 학교장은 직권에 의한 교육 사업에 대한 자신의 일반적 책임을 강조하면서 교직원 대다수가 자신을 험담하고 개혁을 방해하는 것을 감수한다. 학교장의 완고한 행동은 자신의 뜻대로 새로운 협력 방법을 사용하여 더 나은 결과를 도출함으로써 올바른 것으로 확인된다.

8. 경청과 개별대화의 중요성

학교에서 많은 교직원은 종종 학교장과 대화하고 싶어 한다. 다시 말해, 분노, 힘들거나 즐거운 일들로부터 '벗어나고자 한다.' 학교장은 당장 시간이 된다면, 집중하여 끈기 있게 경청하고 표현하는 것이 중요한다.

"나는 만사 제쳐 놓고 당신을 위해 시간을 냈습니다. 당신의 문제와 당신을 인간으로서 정말 진지하게 받아들이려 합니다." 이런 경우, 상대방은 학교장으로부터 조언이나 의견보다는 공감을 바란다.

집중하여 경청하고 자신의 문제에 대해 이야기하지 못하는 것은 자기수양과 관련이 있다. 학교장은 교직원들에게 관심을 가져야 하고 그들에게 귀를 기울여야 한다. 이는 원만한 대화와 관계에 도움이 된다. 다른 사람들과 함께 일할 때 경청은 일반적으로 중요한 기능을 한다. 학교장이 침묵하는 청자의 역할에서 벗어나 호의적으로 질문을 하거나 들은 내용을 제대로 이해했는지 확인하는 것이 적극적 경청이다. 화자의 경우 듣는 청자가 자신을 이해하고 자신의 입장이 될 수 있다는 것을 알게 되면 대화는 더 원활하게 이루어진다. 갈등이 발생하는 경우 '의견 반대자'의 다른 관점을 이해하기 위해서는 적극적 경청이 특히 중요하다.

따라서 때로는 관계 문제에 대한 의견을 교환할 때, 화자가 한 말의 요지를 자신의 말로 반복하는 것이 좋다. 예를 들어, "당신은 ……에 대해 ……한 느낌이 드는군요." "내가 잘 이해하고 있나요?"라고 할 수 있다. 학교장은 "나는 이해한 내용을 나의 말로 말하기 위해 당신의 말을 잠시 끊고자 합니다."라는 말로 상대방의 말을 중단할 수 있다.

청자로서 학교장은 상대방의 말을 평가하지 않아도 그에 대한 이해와 수용은 그의 말을 반복함으로써 명확해진다. 이에 대해 화자 또한 자신이 다르게 생각하거나 상대방이 다르게 이해해 주길 바란다는 것을 표현한다. 특히 적극적 경청의 초기 단계에서는 상대방에게 집중하고 있다는 관계 차원의 신호를 보낸다. 감정을 언어로 표현하는 동시에 내용에 대한 이해를 높이기 위해, 예를 들어 "…… 그리고 그게 당신을 화나게 하는군요. 맞습니까?"라고 한다. 이로써 대화는 마무리된다. 학교장은 자료 또는 사실 외에도 교사의 관점에서 주관적 평가를 알게 된다.

질문할 때는 심문받는다는 인상을 주지 않도록 한다. 대화가 계속되지 않으면, 즉 침묵하면 학교장은 상대방의 생각을 방해하지 않도록 잠시 기다려야 한다. 그리고 상대방의 개인적 한계도 염두에 두어야 한다. 다시 말해, 상대방의 한계를 존중하고 필요한 경우 더 이상 추궁하지 않는다. 상대방으로부터 언어적 공격을 받을 경우, 그의 말을 반영하지 않으면 자신의 견해를 숨기려는 것처럼 보일 수도 있다. 따라서 이런 경우에는 객관적으로 그리고 상대방에게 마음을 해치지 않는 선에서 자신의 생각을 전달한다. 예를 들어, 간단한 발표나 공식 성명과 같은 대화과정에서 청자에게 정보를 제공하기 위해서는 다음과 같은 사항을 고려하여야 한다.

- 가능한 한 자신의 발표 내용과 이전 발표자의 내용의 관계를 설명한다.
- 청자가 시종일관 이해할 수 있도록 자신의 생각을 정리하고 가능한 한 짧고 간결하게 발표한다.

- 몇 가지 아이디어만(또는 단 하나만!) 발표하되 간결하게 표현한다.
- 관심을 불러일으키기 위해 그림을 활용하여 비교한다.
- 예상되는 반론이나 발표 내용의 결과를 요약한다.
- 필요한 경우, 끝으로 특히 중요한 내용을 다시 한번 강조하거나 짧게 요약한다.

9. 리더십 요소로서 피드백

학교장은 교직원, 학부모 또는 학생으로부터 자신의 행동에 대한 피드백을 받으면 일반적으로 처음에는 방어를 자제하는 것이 좋다. 학교장은 힘들지라도 이 순간을 긍정적으로 생각하여야 한다. 대화상대방이 학교장을 개인적으로 비판하며 감정을 표출하고 주장을 편다. 그는 학교장과 관련된 문제에 대해 이야기한다. 이 문제에 대해 학교장과 대화하고자 한다. 학교장은 그의 말을 조용히 듣고 그에게 말하게 하면 그의 말을 더 잘 일관되게 이해할 수 있다.

학교장은 반응할 때는 상대방의 행동을 즉시 평가하거나 해석해서는 안 되지만, 먼저 자신에게 감정적으로 피드백을 유발한 것이 무엇인지를 알려야 한다. 그런 다음, 사안에 대해 언급한다. 피드백은 반드시 할 필요는 없지만, 상대방이 기대하거나 자신이 직접 해야 한다고 느낄 때는 해야 한다. '사람' 또는 '우리' 대신 '나'를 주어로 하여 타인의 지원 없이 본인이 지금 개인적으로 말하고 있다는 것을 분명히 한다.

자신의 불쾌한 감정을 억눌러서는 안 된다. 제삼자에게 누군가에 대해 불평하는 것은 결코 도움이 되지 않는다. 피드백이 갈등예방을 위해 사용될 수 있다는 것은 이미 분명하다. 현재 갈등에서 미래 목표에 대해 계속 생각할 수 있다면 좋은 일이다. 전략적으로도 현명하다.

우리는 일상생활에서 자신의 행동에 대한 '피드백'을 받는다. 피드백으로 자신과 환경을 더 현실적으로 인식할 수 있다. 피드백은 관계에 장애가 있을 경우 그 원인을 찾는 데 필요하다. 피드백은 관계 발전과 자신에게 도움이 될 수 있는 정보를 제공한다. 피드백은 학교장에게 중요한 리더십 수단이다. 그러나 '인정은 무비판으로 충분하다!'라고 생각하면 피드백의 장점을 살릴 수 없다. 학교장은 오히려 학교구성원들이 긍정적 강화와 특별히 의욕적인 사람들을 필요로 한다고 가정해야 한다. 피드백을 주고받는 방법은 다음과 같다.

- 피드백은 상대방을 분석하거나 그의 행동을 바꾸려는 의도 없이 정보만 전달되어야 한다. 그렇지만 너무 많은 정보를 제공하지 말아야 한다!
- 피드백은 무엇보다도 긍정적 감정과 인식을 표현하고 가정은 가정으로 취급되어야 한다. 부정적 피드백에 대해서는 긍정적 의견으로 균형을 맞춰야 한다.
- 피드백은 상대방이 원하면 매우 유익하게 받아들여진다.
- 피드백은 가능한 한 즉시 이루어져야 한다.
- 피드백은 상대방이 들을 수 있을 때 제공해야 한다.
- 피드백은 가능한 구체적이어야 하며 상대방이 받아들일 수 있

는지도 고려해야 한다.

- 학교장은 상대방의 입장이 될 수 있을 때만 피드백을 받아들
  여야 한다.
- 피드백을 받아들일 때는 먼저 조용히 듣고 나중에 반응해야
  한다.

- 매우 중요!

상대방을 변화시키려 하지 말자! 상대방을 있는 그대로 받아들이고 그에게 맞
춘다. 그러면 여러분은 더 나아질 것이다.

때로는 대답보다는 들은 것을 먼저 이해하는 것이 중요하다. 상
황에 따라 향후 피드백이 있을 것임을 알리면 집단의 업무 진행에
도움이 된다. 불쾌하고 부적절하다고 여겨지는 피드백에 대해서는
즉각적으로 반응한다. 그렇지 않으면 피드백을 한 사람은 적절치
않은 의견을 제시할 수 있다.

10. 집단에서 메타커뮤니케이션

집단에서 대화를 마친 후, 대화, 토론 그리고 결과 등 대화 전 과
정을 잠시 되돌아보고 검토하는 것(메타커뮤니케이션)이 좋다. 메타
커뮤니케이션은 특히 대화참여자들이 불안해하거나 더 이상 함께
할 수 없다고 생각하는 경우에 필요하다. 참여자 모두가 다음과 같
은 사항에 대해 이야기하는 것이 중요하다.

- 각자의 관점에서 볼 때, 지금까지 어떤 결과 또는 부분적 결과가 있었는가?
- 지금까지 의미 있거나 좋았던 것은 무엇인가?
- 집단은 개인적 관심사들을 얼마나 받아들이거나 거부했으며 그로 인해 어떤 영향을 받았는가?

메타커뮤니케이션은 구두, 도식 또는 서면으로 할 수 있다. 예를 들어, 교직원들은 현재 갈등상황을 어떻게 인식하고 있는지를 도식과 상징으로 표현할 수 있다. 이런 표현들은 토론 매체이자 문제를 해결하고 대화를 개선하기 위한 방식이다. 협력하기 매우 어려운 경우에는 구두로 하는 즉흥적 성찰보다는 도식 또는 서면 절차를 활용하는 것이 더 낫다. 간단한 서면 절차로는, 예를 들어 교직원들에게 모두 다음과 같은 문장을 작성하도록 한다. "……하면, 이 사안에 대해 여러분과 함께 일하는 것이 더 쉬울 것 같습니다." 작성한 모든 내용을 게시판에 게시하고 함께 평가한다.

11. 집단대화 진행을 위한 추가 지침

자신의 의견을 표현할 때는 독백을 자제한다. 간략히 말하고 청자의 행동(자세, 외모, 몸짓과 같은 비언어적 신호)에 주의를 기울인다. 먼저 상대방의 말에 가능한 한 집중한 다음, 자신의 의견을 제시한다.

학교장은 대화상대방을 있는 그대로 받아들이고 '나는 당신과 협력을 중요히 여긴다.'는 것을 명확히 하도록 노력한다. 그러나 상대방이 순간적으로 불만스럽거나 연락을 취하기 힘들어 하면 매우 어렵다. 유쾌하고 행복한 사람과는 연락하고 다가서기가 더 쉽다.

타인과 적극적으로 관계를 맺고 관계를 명확히 한다는 것은 학교장으로서 대화상대방에게 다가서서 적극적으로 활동한다는 것을 의미한다. 그러나 이 모든 것은 다음과 같이 신중하게 이루어져야 한다.

- 학교장은 공통 관심사를 찾는다.
- 학교장은 상대방이 나와 협력하여 어떤 이점을 얻을 수 있는지를 명확히 한다.

다른 사람들과 협력에 있어 학교장의 의견 역시 기여한다. 통상적으로 자신의 의견 표현은 신문하는 듯한 질문보다 더 중요하다. 신문하는 듯한 질문은 학교장이 그 질문 뒤에 숨고 싶어 하는 것처럼 보인다. 다른 사람들과 협력하면서 일부 발언에 화가 났거나 개인적으로 상처를 받았다고 느끼면 바로 공개적으로 피드백을 해야 한다. 학교장은 물론 상대방도 대화를 가로막는 요소들로 인해 협력할 수 없을 뿐 아니라 사안이나 문제에도 집중할 수 없다. 이런 대화 방해 요소들은 향후 협력을 위해 건설적으로 활용할 수 있도록 함께 대처해야 한다.

또한 학교장은 말할 때는 말하는 속도와 목소리를 조절하여야 한다. 너무 큰 소리로, 너무 조용히, 너무 빨리, 모호하게 말하면 대화는 방해를 받는다.

학교장은 자신이 주로 쓰는 어휘(예: "참 근사하다!" "글쎄" "좋아." "설마!")로 대화상대방을 불쾌하게 하는지 살펴야 한다. 그리고 항상 간단하고 명료한 언어를 사용하고 무의미한 미사여구는 피한다.

12. 업무 위임

학교장은 학교 행정을 책임진다고 해서 모든 행정 업무를 자신이 처리할 필요는 없다. 과도한 업무 때문에 시간적으로 할 수도 없다. 행정직원들이 많은 업무를 처리한다. 기타 행정 및 관리 업무는 교사들에게 위임할 수 있다.

학교장의 대내외 활동은 행정실 직원들이 관리하기 때문에 교내에서뿐만 아니라 외부 협력자와 원만한 관계를 위한 모든 행동은 그들의 손에 달려 있다. 이로 인해 학교장에게 제기될 문제와 갈등이 종종 감정적 파괴력을 상실하기도 한다. 그러나 행정실 직원들은 자신의 역량 한계를 직시하고 내부 정보의 외부 누출을 방지하여야 한다. 학교장과 신뢰에 근거한 협력관계는 주로 상호존중에 바탕한다. 예를 들어, 행정실 직원과 경비원 간 갈등은 종종 그들의 전문적 능력 부족보다 그들의 공로에 대한 학교장의 무관심과 고압적 태도로 발생할 수 있다.

행정실 직원, 건물관리자, 급식조무사, 간호조무사 등에 대해서는 교육당국인 교육청이 노동 및 단체교섭법과 관련된 문제에 대해 책임진다. 따라서 노동법에 따르면 학교장은 그들의 상관이 아니다. 학교에서 그들의 임무는 교육당국과의 계약서에 명시되어 있다. 그럼에도 불구하고 학교장은 이들 직원에게 자신의 업무를 지시하고 활동영역과 업무 범위를 설명해야 한다. 보호의무의 일환으로 학교장은 또한 교육당국과 연락하여, 예를 들어 이들 직원의 업무환경을 조성하고 개선한다.

이들의 공석을 채울 때는 향후 갈등을 예방하기 위해 직원 선발에 참여하는 것이 학교장의 주요 임무이다. 누구든 자격만 갖추면 학교에서 일할 수 있은 것은 아니다. 갈등관리의 측면에서 보면, 학교장은 근로조건, 근로시간(잔업) 및 휴가에 관한 노동 및 단체교섭 규정과 관련하여 교육당국의 동의를 얻는 것이 좋다. 관리 업무를 교감 또는 교직원에게 위임할 수 있는 경우는 다음과 같다.

- 학교장의 업무를 덜어 주어, 특히 중요한 관리 업무에 더 많은 시간을 확보하도록 한다.
- 교사들의 전문성과 경험을 활용하고 동시에 그들의 기술을 더욱 향상시킨다.
- 교사들이 수업 이외에 교육과업 실현에 참여할 수 있다.
- 개인적 수용과 인정을 특징으로 하는 다양한 협력과정을 통해 원만한 집단분위기를 형성한다.
- 성취동기와 직업만족도를 높여 학생들의 복지를 위해 더 많은 일을 한다.

학교장은 자신의 업무 일부를 교감에게 위임한다. 그러나 전체적인 책임은 학교장에게 있다. 교감은 「초·중등교육법」 제20조에 따라 학교장을 보좌하여 교무를 관리하고 학생을 교육하며, 학교장이 부득이한 사유로 직무를 수행할 수 없을 때에는 학교장의 직무를 대행한다.

교감은 업무 위임이 완만히 이루어져야 업무수행에 있어 갈등을 최소화할 수 있다. 개인적 성향도 고려되어야 한다. 관련 법에 따르면, 세부 사항은 직무 규정에 따라 규제될 수 있다. 예를 들어, 직무 규정은 다음과 같은 사항에 관한 것이다.

- 업무에 대한 책임소재
- 일반 및 업무별 목표
  - 업무 범위 및 구조적 요소
  - 선호하는 업무프로세스 방식
  - 일정과 기간
  - 정보 및 경험 교환 방법
  - 학교장의 통제기능 형태

교감의 노동집약적 장기간 업무에 대해서는 대개 교직원들이 지원한다. 따라서 업무 결과에 대한 교직원의 수용도가 높다. 그러나 모두 수용되는 것은 아니다.

교직원에게 이의를 제기하면 항상 갈등이 발생한다. 자신의 관심사가 충분히 고려되지 않았기 때문에 불이익을 느끼는 교직원도 있고 뒤늦게 정해진 목표에 대해 문제가 있거나 비현실적이라고 비판하는 교직원도 있다. 변경 및 최적화가 필요한 경우, 학교장은 다시 개입하여 이의를 거부하거나 목표를 수정하고 모든 사람과 함께 대안을 찾아야 한다. 최종적 조직 목표의 실현은 다시 기획팀의 몫이다.

교육, 기술, 조직 및 행정 영역에서 조율 작업은 교사에게 위임할 수 있다. 이것은 물론 '적절한 범위 내에서'라는 원칙에 따라 이루어져야 한다. 학교장을 자문하고 지원할 의무가 있다. 이것은 교육임무수행에 있어 원만한 협력을 위해 중요한 기반이 된다. 학교장은 개별 교사의 지원과 조언을 주저해서는 안 된다. 학교 유형에 따라 특별 부서를 활용할 수 있다.

13. 업무 위임 시 학교장의 주의 사항

특수 임무를 맡은 교사는 그에 맞는 요건을 갖추어야 한다. 요건은 전문적인 능력과 팀작업을 위한 사회적 능력에 관한 것이다. 집단과 협업하기 위해서는 지도력이 필요하다. 정리하면 다음과 같다.

- 교사는 가능한 한 모든 사람이 발언권을 갖도록 한다.
- 교사는 모든 사람이 자신의 능력을 발휘하도록 돕는다.
- 교사는 목표 및 방법 지향적이며 업무 절차를 투명하게 하며 팀이 가능한 한 합의하여 업무 성과를 내도록 한다.
- 교사는 어려운 대화상황에서 갈등조정의 기본 규칙을 활용하는 방법을 알아야 한다.

업무를 위임받은 교사는 학교장이 정한 역량을 갖추고 자신의 경험과 성과를 학교장에게 공개할 각오가 되어 있어야 한다. 교사는 자신의 업무에 대한 비판을 자신에 대한 공격으로 간주해서는 안 된다. 교직원 중에 이런 요구 사항을 충족하는 사람이 있는가라는 질문을 할 수 있다. 물론 교직원 중에 이런 교사들이 있다. 이들은 이미 자신의 업무를 수행하고 있다. 따라서 추가적으로 너무 많은 스트레스를 받아서는 안 된다. 새로운 교사를 확보해서 특별 업무를 수행하도록 하는 것은 학교장의 몫이다. 긴밀한 만남과 일련의 개별 면담을 통해서만 위임받은 업무를 수행할 능력과 의지가 있는 교사진을 확보할 수 있다. 물론 교사진의 제안에만 의존하는 것은 거의 도움이 되지 않다.

참고문헌

Bieger, E., & Mügge, J. (1995). *Hinter Konflikten stecken Energien.* Kompetenz für Leitung und Konfliktmoderation. Hamburg: EB-Verlag.

Buhren, C. G., & Rolff, H. G. (2002). *Personalentwicklung in Schulen.* Konzepte, Praxisbausteine, Methoden. Weinheim: Beltz.

Gampe, H., & Rieger, G. (2008). Schulrecht im Rahmen von Konfliktbewältigung. In Knapp, R., Neubauer, W., & Gampe, H. (Hrsg.), *Schulische Konflikte bewältigen.* Grundlagen und Praxisorientierungen plus CD-ROM mit Praxishilfen. Köln: LinkLuchterhand, 51ff.

Knapp, R., Neubauer, W., & Wichterich, H. (2009). *Dicke Luft im Lehrerzimmer: Konfliktmanagement für Schulleitungen.* 2. Aufl. Köln: Linkluchterland.

9장

학교갈등해결

CONFLICT MANAGEMENT IN SCHOOLS

CONFLICT
MANAGEMENT
IN SCHOOLS

갈등은 많은 시간, 비용 그리고 정신력을 필요로 한다. 갈등심리학에서 밝혀진 진리에 따르면, 갈등은 조기에 대처하면 해결 가능성이 커진다.

쌍방 대화(dialogue)식 갈등해결대화는 갈등을 해결하는 데 가장 효과적인 방법이다. 대화로만 원인을 분석하고 감정을 확인하고 해결책을 찾으며 목표에 합의할 수 있다. 쌍방 대화는 두 가지 방법으로 할 수 있다(138쪽 참조). 첫째, 갈등당사자들이 갈등을 스스로 직접 처리한다. 예를 들어, 문제 학생의 부모와 담임교사가 직접 만나 갈등을 해결한다. 둘째, 갈등당사자들이 중립적인 제삼자에게 갈등해결대화를 진행하도록 요청한다. 예를 들어, 교사 간 갈등에 외부 조정가가 개입하여 당사자들이 갈등해결대화를 통해 스스로 해결하도록 지원한다.

학교갈등에 대해서는 갈등당사자(예: 교사-학생)에 따라 쌍방 대화식의 해결방법을 적용할 수 있다. 이 장에서는 학교 맥락에서 가능한 해결방법들을 실용적인 관점에서 소개할 것이다. 학교장은 결정된 해결방법에 따라 갈등상황에 맞는 구체적인 대화 계획을 세워야 한다. 쌍방 대화의 길을 걷기 위해서는 갈등당사자들이 갈등을 객관적으로 규명할 각오가 되어 있고 또 능력이 있어야 한다.

쌍방 대화를 통한 갈등해견은 규범을 심각하게 위반하여 권력 개입이 필요한 정도로 고조된 갈등에 대해서는 불가능하다. 예를 들어, 한 학생이 다른 학생을 피가 나도록 때리는 경우이다. 갈등당사자들이 합의한 목표를 지키지 않으면 쌍방 대화는 불가능하다.

1. 교사-학생 갈등해결대화

교사와 학생 간 갈등의 가장 흔한 원인은 규칙위반이다. 규칙위반은 대개 수업 중에 발생한다. 교사들은 원활한 수업을 위해 방해하는 학생에게 경고하거나 제재를 가한다. 하지만 이런 직접 대응으로는 갈등을 해결하지 못한다. 지속 가능한 방식으로 갈등을 해결하려면 수업 후 계속 방해하는 학생과 갈등해결대화(〈표 9-2〉 참조)를 해야 한다. 대화 방법은 수업 종료 후 즉시 하는 약식 대화와 조금 더 나중에 진행하는 집중 대화가 있다.

약식 대화는 수업 직후에 진행한다. 장점은 수업 방해 후 즉시 한다는 것이다. 단점은 대화 시간이 충분치 않고 수업으로 인한 스트레스를 풀 시간이 없다는 것이다. 수업 시간에 방해하는 학생에게 교사는 다음과 같이 약식 대화를 요청한다. "수업이 끝나면 나에게 오세요. 학생과 얘기 좀 하고 싶어요." 대개 이 신호로 학생은 자기 잘못을 깨닫고 반성하기 시작한다.

약식 대화는 급우들이 없는 곳에서 해야 한다. 아무도 대화 내용을 엿들을 수 없도록 목소리를 낮추어야 한다. 약식 대화는 설교도 잔소리도 아니다. 자제력과 냉정함이 필요하다. 먼저 학생에게 "수업 시간에 떠들면 선생님은 화가 나요."라고 말하고 학생이 합의한 행동 규칙을 위반했음을 알린다. 이어서 방해 동기를 살펴볼 필요가 있다. 이를 위해 "학생은 이 규칙을 준수하는 것이 왜 그렇게 어려운가요?"라고 질문한다. 학생은 말하고 싶었던 문제가 있을 수 있다. 학생은 짝꿍과 마찰을 빚고 있거나 수업을 이해하지 못할 수 있다. 학생의 대답은 원인을 규명하는 데 도움이 될 수 있다.

이 단계가 끝나면 학생에게 변화의 메시지를 보내야 한다. 학생에게 방해 행동을 용납하지 않겠다고 말하고 원하는 행동을 긍정적 방식으로 명시한다. "선생님은 학생이 떠드는 것을 좋아하지 않아요. 앞으로는 이 점을 주의하길 바라요." 변화의 메시지는 규칙을 계속해서 어기는 학생들에게 그 대가로 '또 그렇게 방해하면 벌을 주겠다.'는 위협이 있어야 성공할 수 있다. 끝으로 학생에게 "수업 내용을 이해하지 못하면 수업이 끝난 후 선생님에게 알리거나 오세요."와 같은 행동조절에 대한 팁을 주는 것이 도움이 된다.

심각한 방해가 있거나 학생이 반복적으로 방해한다고 감지되는 경우에는 집중 대화가 필요하다. 집중 대화는 수업 직후가 아니라 이후에 한다. 대화장소는 서로 방해받지 않고 대화할 수 있는 곳이 좋다.

집중 갈등해결대화는 교사의 존중하는 태도가 필요하다. 이런 태도는 학생이 자신의 어려움에 관계없이 한 인격체로 존중받는다는 것을 의미한다. 인사 후 교사는 나-전달법 방식으로 방해 행동을 언급하고 그로 인해 촉발된 감정을 표현함으로써 대화 이유를 밝힌다. 동시에 학생의 방해 행동을 용납할 수 없다는 점을 강조해야 한다. 끝으로 규칙을 위반한 방해 행동이 무엇인지 명시한다. 또는 위반한 규칙이 무엇인지 학생에게 물어볼 수 있다. 이 단계에서 학생은 자신의 잘못에 기분이 상해서 강하게 저항할 수도 있다. 이에 대해서는 학생을 존중하고 그의 장점을 강조함으로써 대처할 수 있다.

이어서 학생이 자신의 입장을 밝힌다. 학생은 자신의 관점에서 갈등을 설명한다. 교사는 실제로 본인이 잘 못 인지하는 실수를 한 것으로 확인되면 이를 즉시 인정해야 한다. 학생이 규칙 위반을 부인하거나 규칙에 의문을 제기하는 경우, 모두에게 적용되는 협상이 불가능한 한계가 있음을 경고하는 것이 중요하다.

의견을 교환한 후, 방해 행동의 원인에 대해 질문한다. 이 질문은 비난하는 어조로 해서는 안 되며, 학생이 응답하도록 격려하는 방식으로 해야 한다. 예를 들어, "학생은 어떻게 그런 잘못을 했어요?"라고 묻는다. 이런 질문으로 학생이 스스로 해명하도록 할 수 있다. 학생은 지금까지 자신을 무의식적으로 지배했던 동기를 깨닫게 된다. 예를 들어, 반에서 가장 웃기는 학생은 과거에 반에서 받지 못한 인정을 받기 위해 자신이 비행을 하고 있음을 알게 될 수 있다. 그리고 학생은 이러한 장점은 일시적이고 비행은 장기적으로 자신에게 피해를 준다는 것을 알 수 있다.

학생이 어려운 가족 상황에 뿌리를 둔 좌절감으로 자신의 잘못을 정당화한다면 시사하는 바가 많다. 이런 정보로 학생의 규칙위반 문제를 새로운 관점에서 볼 수 있다. 결과적으로 이 문제를 해결하려면 학부모와 상의하거나 전문적 외부지원을 고려해야 한다.

이 시점에서 지금까지 대화하고 경험하고 이해한 것을 요약한다. 그리고 행동변화의 목표를 달성할 수 있는 방법을 함께 고려한다. 해결책 모색은 변화에 대한 열망을 자극하는 '학생은 변화할 수 있다고 믿나요?'라는 질문으로 장려할 수 있다.

이제 비행에 맞는 해결책을 찾아야 한다. 예를 들어, 반에서 웃기는 학생은 다른 방법으로 자신이 도움이 될 수 있음을 보여 줌으로써 인정받는 것을 목표로 한다. 수다쟁이 학생은 쉬는 시간에 반 친구들과 의논을 하지 않기로 결심한다. 상상력이 풍부한 학생은 적극적 협력을 통해 자신의 부주의를 통제하려 한다.

학생이 취하는 행동변화는 합의 형식으로 하며 가급적이면 서면으로 명시한다. 이런 행동계약은 단지 의도적으로 실행하는 것보다 더 많은 효력을 발휘한다. 이어서 학생에게 목표에 안전하게 도달하기 위해 어떤 지원이 필요한지 묻는다. 학생이 실현 가능한 요청을 하면 이행 사항을 서면 계약으로 보장한다. 합의 사항 이행 검토에 대해서도 합의한다. 학생에게 친절하고 용기를 북돋는 작별인사를 하기 전에 학생이 향후 규칙을 위반할 경우 그에 상응한 결과가 따른다는 것을 알려야 한다.

| 표 9-1 | 행동계약 |

성명: _____

반: _____

학생 ○○○와 교사 ○○○는 다음과 같이 행동변화에 합의한다.

학생 ○○○는 다음과 같은 지원을 받는다.

○일 ○시 우리는 학생이 어떤 발전이 있었는지 함께 검토한다.

학생의 행동이 개선되지 않은 경우 다음과 같이 한다.

학생 서명 _____   교사 서명 _____

표 9-2 학생과 갈등해결대화 절차

1. 갈등해결대화에 초대
   - "선생님은 학생의 행동에 대해 이야기하고 싶어요. ○시에 방으로 오세요."
2. 대화 시작
   - "선생님은 학생이 또 ……해서 매우 화가 났어요."
   - "선생님은 이 행동을 받아들일 수 없어요."
   - "학생도 알고 있듯이, 그 행동은 규칙을 위반한 거예요."
3. 갈등 규명
   - "학생은 본인의 관점에서 이 문제를 어떻게 보나요?"
   - "이 규칙을 준수하는 것이 왜 그렇게 어렵나요?"
4. 해결책 모색
   - "선생님은 앞으로 학생이 ……을 하길 원해요."
   - "학생은 어떻게 하면 이 목표를 이룰 수 있나요?"
5. 합의
   - "선생님은 학생이 어떤 변화를 할 것인지 서면으로 규정하고 싶어요."
   - "학생의 비행이 변하지 않는다면 불행히도 ……을 할 거예요."
6. 작별
   - "서로 이야기를 나누어서 좋네요."
   - "합의한 목표를 이루길 바라요."

2. 교사-학급 갈등해결대화

모든 학급은 갈등에 빠질 수 있다. 학생들이 교사의 수업을 집단으로 방해하거나 교사와 관계가 악화되거나 한동안 학급관리가 소홀하여 갈등이 발생할 수 있다. 이런 갈등상황에서는 교사와 학생들 간 관계를 가장 먼저 살펴서 자신으로 인한 갈등요인을 파악하고 갈등을 줄이는 방법을 찾아야 한다. 이어서 추가 갈등개입으로 학급과 갈등해결대화(140쪽과 208쪽 참조)를 하여야 한다. 특별한 어려움이 예상되면, 대화는 교사 2명이 진행할 수 있다.

학급과 갈등해결대화를 위해 몇 가지 조건이 필요하다. 첫째, 충분한 시간이 필요하다. 약 두 시간 정도 필요하다. 둘째, 좌석은 대화를 북돋는 형태로 배치한다. 학생들이 서로 바라볼 수 있도록 배치하는 것이 이상적이다. 셋째, 교사는 대화 절차와 핵심 질문이 기록된 대화 일정이 필요하다. 교사 2명이 진행하는 경우, 누가 언제 어느 부분을 맡는지, 누가 언제 무엇을 할 것인지를 정해야 한다. 넷째, 시각화 도구(플립 차트, 기록 카드)를 사용할 수 있는지 확인해야 한다. 다섯째, 중요한 대화규칙을 칠판이나 플래카드에 적어 모두가 지키도록 한다.

갈등해결대화는 1명 또는 2명의 교사가 대화의 이유를 밝히고 대화 절차를 설명하고 대화규칙에 합의하는 것으로 시작된다. 교사의 관점에서 현재 반 학생들의 행동 중에 문제로 인식되는 것을 정확하게 설명한다. 이어서 학생들이 문제섬을 설명한다. 이를 위해서는 다음과 같은 핵심 질문이 필요하다.

• 문제를 어떻게 보는가?

• 행동 규칙을 지키는 것이 왜 어렵다고 생각하는가?

이런 대화 방식을 선택한 교사는 학생의 정당한 비판을 받아들

표 9-3 학급갈등해결대화 지침

1. 대화를 위한 환경 조성
   • 1~2시간
   • 원형 의자 배치
   • 회의 기록 도구
2. 대화규칙 합의
   • 우리는 서로를 공정하게 대한다.
   • 우리는 서로의 말을 경청한다.
   • 우리는 자신의 의견을 간단히 피력한다.
   • 우리는 방해 요소가 있으면 대화를 중단한다.
   • 우리는 언제 무엇을 말할 것인지를 스스로 결정한다.
3. 갈등분석
   • 교사 관점에서 갈등 설명
   • 학생 관점에서 갈등 설명
   • 갈등 규명모델
4. 갈등해결
   • 해결방안 수집
   • 해결책 합의
   • 합의안 이행 검토 합의
5. 종료
   • 요약
   • 감사
   • 고무적인 맺음말

일 준비가 되어 있어야 한다. 갈등은 지루한 교재 설명, 너무 빠른 수업 속도, 언어적 폭력 등으로 발생할 수 있다. 의견 표명과 그에 대한 피드백이 충분히 이루어지면 '이 갈등은 …… 때문에 발생했다.'라는 설명 형식으로 요약한다. 이에 이의가 없으면 해결방안 모색으로 넘어간다.

개별 또는 집단작업에서 학생들은 현재 갈등상황을 극복할 방법에 대해 생각하고 해결방안들을 종이에 적거나 회의 카드에 적는다. 진행 교사는 해결방안들을 학생들에게 발표하고 요약한다. 이 단계에서는 교육자로서 리더십 역할에 충실하여야 한다. 학칙에 위배되는 방안에 대해서는 단호히 "그것은 불가능합니다!"라고 한다.

해결단계는 해결책에 합의하는 것으로 마무리된다. 다시 말해, 학생들의 행동이 구체적으로 어떻게 변할 것인지를 상세히 정한다. 합의 사항은 서면으로 작성하고, 합의 사항 이행 여부를 검토하는 후속 일정에 합의한다. 마지막으로 갈등해결대화의 과정과 결과를 간략히 요약한다. 건설적이고 긍정적인 것들을 인정한다. 그리고 격려의 메시지를 전한다.

대화과정에서 학급 문제 외에 교사와 개별 학생 사이에 또 다른 갈등이 있음이 밝혀지면 별도의 교사-학생 대화에 대한 합의가 필요하다. 합의는 가능한 한 속히 이루어져야 한다.

3. 학생-학생 갈등 또래조정

학생들 사이의 갈등은 일상적이다. 학생 갈등은 의견 불일치부터 신체적 상해를 동반한 폭력에 이르기까지 다양하다. 후자의 경우는 어른들이 한계를 정하고 제재해야 한다. 그렇지 않으면 단기간에 학교운동장은 정글의 법칙이 판칠 것이다. 많은 다툼의 경우 학교당국의 권력개입이 절대적으로 필요한 것은 아니다. 학생들 사이의 갈등은 또래조정(207쪽 참조)을 통해 해결될 수 있다. 또래조정은 학생들이 스스로 갈등을 분석하고 해결할 수 있다는 가정에 기반한다. 또래조정은 다음과 같은 경우에 가능하다.

- 의견 대립
- 욕설
- 모욕
- 신체 공격
- 물품 탈취
- 사물 손상

학생들의 자주적 갈등해결에 관심 있는 학생들은 교내외 또래조정 교육프로그램을 통해 또래조정자로 활동할 수 있다. 또래조정자 교육에서 학생들은 갈등이 어떻게 발생하고 그 원인이 무엇인지를 배운다. 학생들은 적극적 경청, 반영, 피드백 등의 대화 기법도 배운다. 그리고 또래조정 진행을 위한 훈련을 받는다.

갈등을 겪는 학생들은 자발적으로 또래조정자를 찾는다. 또래조정을 위한 공간이 필요하다. 또래조정자는 모든 정보를 기밀로 취급할 것을 약속한다. 갈등해결의 목적은 갈등당사자들이 모두 수용할 수 있는 해결책을 찾는 것이다. 갈등해결을 위해 중요한 핵심질문은 다음과 같다.

- 무슨 일이 일어났는가?
- 어떻게 이렇게 되었는가?
- 갈등으로 인해 어떤 감정을 느꼈는가?
- 누가 갈등해결에 기여했는가?
- 우리는 무엇에 동의할 수 있는가?
- 우리는 언제 합의안 실행을 확인할 것인가?

일반적으로 또래조정자는 갈등조정 양식에 따라 합의문을 작성한다(〈표 9-4〉 참조). 이어서 또래조정자는 합의문을 다시 읽는다. 이 단계에서 갈등당사자들은 변경 또는 추가할 수 있다. 이 절차가

| 표 9-4 | 또래조정 양식 |

갈등당사자 A: 성명 ＿＿＿＿＿＿＿＿   학급 ＿＿＿＿＿＿＿＿

갈등당사자 B: 성명 ＿＿＿＿＿＿＿＿   학급 ＿＿＿＿＿＿＿＿

또래조정 일: ＿＿＿＿＿＿＿＿＿＿＿

또래조정 장소: ＿＿＿＿＿＿＿＿＿＿

갈등 이유(무엇 때문에 싸웠는가?): ＿＿＿＿＿＿＿＿＿＿＿＿＿＿＿

해결책: ＿＿＿＿＿＿＿＿＿＿＿＿＿＿＿＿＿＿＿＿＿＿＿＿＿＿＿＿

우리는 해결책을 수용한다. ＿＿＿＿＿＿＿＿＿＿＿＿＿＿＿＿＿＿＿

　　갈등당사자 A ＿＿＿＿＿　　갈등당사자 B ＿＿＿＿＿　　조정자 ＿＿＿＿＿

끝나면 양 당사자는 합의문에 서명하고 합의문 사본을 받는다. 얼마 후 갈등당사자들과 또래조정자는 다시 만나 합의안이 실제로 이행되었는지 여부를 정직하게 평가해야 한다. 평가 결과, 문제에 대한 또 다른 해결방법이 필요할 수도 있다.

교내 또래조정 프로그램이 성공하려면 또래조정에 대한 활발한 대화가 이루어져야 한다. 이것은 또래조정자들이 모든 학생들에게 개인적으로 자신을 소개한다는 것을 의미한다. 둘째, 또래조정자는 담당교사로부터 수퍼비전을 받아야 한다. 셋째, 모든 교사는 또래조정에 적합한 갈등 사례들을 또래조정에 회부하도록 노력해야 한다.

4. 학부모-교사 갈등해결대화

교육 및 징계조치에도 불구하고 학생 문제가 해결되지 않는다면 학부모에 알려서 갈등해결대화(140쪽 참조)를 요청할 상황이다. 갈등해결대화를 미루면 문제는 더 만성화되고 해결하기 더 어려워진다. 학부모와 갈등해결대화를 위해서는 기본조건이 필요하다. 원활한 대화가 되기 위해서는 서로 방해받지 않고 대화할 수 있는 장소를 정해야 한다.

갈등은 민감하게 다루어야 한다. 갈등은 나-전달법 방식으로 표현하는 것이 가장 좋다. "부모님의 자녀는 행동장애가 있습니다."보다는 "부모님의 자녀가 걱정됩니다."가 감정적으로 듣기 편할 수 있다. 쟁점을 설명할 때 사실과 가정을 명확히 구분해야 한다. 가정은 매우 신중하게 표현하여야 한다.

갈등을 해결하기 위해서는 학부모에게 자신의 의견과 갈등에 대한 생각을 말할 수 있는 시간을 충분히 주어야 한다. 학부모의 말을 주의 깊이 듣고, 말을 끊지 않으며, 학부모의 관점에서 학부모와 가족 상황을 이해하려고 노력한다. 그리고 흥분되더라도 공손하고 공정하게 대한다. 이로써 학부모는 자기통제를 할 수 있다. 또한 흥분한 상태에서는 갈등 원인을 객관화하면 대화에 도움이 된다. 학부모에게 들은 내용을 정확히 이해했는지 확인하기 위해 항상 자신의 말로 요약한다. 이렇게 하면 오해가 즉시 풀릴 수 있다.

갈등을 더 깊이 이해하기 위해서는 구체적인 예들을 설명하고 추가 질문을 해야 한다. 아울러 '어떻게?' '무엇이?' '무엇에 대해?' '왜?' 등과 같은 개방형 질문이 특히 중요하다. 이런 질문 기술로 자

원과 해결방안을 여러모로 모색할 수 있다. 이런 대화는 성급한 평
가나 일반화로 인해 방해받지 않아야 한다.

　적절한 비판이라도 희망과 기대로 바꾸어 표현한다. "부모님은
자녀의 숙제 검사를 게을리하고 있습니다." 대신에 "정기적으로 자
녀가 숙제를 하는지 확인하여 주시길 바랍니다."라고 표현할 수 있
다. 듣는 사람은 후자를 더 긍정적으로 수용한다.

　또한 쟁점을 유머러스하게 표현하거나 긍정적으로 재해석하면
변화와 타협의 의지가 더 커진다. 학부모와 반항적인 자녀에 대한
대화에서 담임교사는 "비록 자녀로 인해 우리가 어려움이 있지만
자녀가 강한 의지를 보이고 있습니다."라고 말할 수 있다.

　쟁점들이 철저히 논의되고 담임교사와 학부모가 문제에 대해 공
통된 견해를 갖게 되면 해결하기 위한 작업을 시작할 수 있다. 먼저
갈등해결의 목표가 무엇인지를 생각한다. 목표는 구체적이고 합의
가능하고 실현 가능해야 한다.

　표 9-5 　학부모와 갈등해결대화 지침

---

　1. 대화 이유 설명
　2. 교사의 문제 설명
　3. 학부모의 입장 표명
　4. 문제에 대한 공통적인 견해
　5. 목표 정의
　6. 해결 아이디어 개발
　7. 해결책의 적합성 평가
　8. 목표 합의
　9. 합의안 이행 평가를 위한 후속 일정 확정
　10. 종료

목표가 정해지면 해결을 위한 아이디어들을 모아야 한다. '아이디어를 수집하는 동안에는 비판 금지' 규칙을 준수해야 한다. 그리고 아이디어들을 시각화하면 큰 도움이 된다. 브레인스토밍이 완료되면 해결 가능성을 기준으로 아이디어들을 평가한다. 평가 과정이 끝나면, 합의 형태로 명확하고 구체적으로 기술된 실행 가능한 해결책을 결정한다(〈표 9-6〉 참조).

표 9-6 목표 합의

나는 ○학년 ○반 ○○○학생 학부모와 ○일 대화를 하였다.
문제는 다음과 같다.

_____

문제해결의 목표는 다음과 같다.

_____

이 목표를 달성하려면 다음과 같은 조치가 필요하다.

_____

○년 ○월 ○일에 합의안 이행을 검토한다.

아버지 서명 _____ 어머니 서명 _____ 교사의 서명 _____

이렇게 갈등 처리가 끝나면, 학부모와 해결책 실행 여부를 확인하기 위한 후속 대화 일정을 정한다. 끝으로 학부모의 대화 참여에 감사하고 합의 사항을 이행하도록 격려한다.

5. 갈등해결을 위한 학급교사회의

교실에서는 항상 교사들이 체계적으로 관리해야 하는 갈등들이 반복해서 발생한다. 이 갈등들에 대해서는 담임교사가 진행하는 학급교사회의에서 갈등의 근본원인을 파악하고 해결모델을 기획할 수 있다. 갈등별 구체적인 원인 분석과 해결책 구상은 교사팀에서 협력적으로 이루어져야 한다.

체계적인 갈등관리를 위해서는 Becker(2006)가 개발하고 검증한 모델이 적합하다. 이 모델은 갈등분석과 가능한 해결방안 개발을 위한 단계별 지침서이다. 각 단계는 다음과 같다.

갈등은 항상 잘못 인식될 위험이 있으므로 체계적인 해결을 위해서는 먼저 문제 행동을 정확히 설명한다. 이어서 지각의 오류나 지나치게 민감한 해석을 확인하여 배제한 다음, 그 원인을 함께 조사한다. 예를 들어, '왜 A 학생은 가끔 결석하는가?'라는 질문을 할 수 있다. 이 질문에 대해 가설 형식으로 답할 수 있다.

- A 학생은 성적이 너무 낮다.
- A 학생의 부모는 양육을 제대로 하지 않는다.
- A 학생은 수업 시간을 불편해한다.
- 선생님들이 A 학생의 무단결석에 대해 일관되게 대처하지 않았다.

이 가설들을 명확히 검증하기 위해 수집된 정보, 지식 및 경험을 먼저 활용해야 한다. 자료가 갈등을 규명하기에 충분하지 않으면 추가 정보를 수집하여야 한다. 예를 들어, 가족 상황에 대해 알려진 바가 거의 없다면, 교사-학부모 대화를 통해 중요한 정보를 취할 수 있다. 학급에서 학생의 위치를 명확히 알 수 없으면 학생의 인간관계를 파악할 수 있는 소시오그램(sociogram)을 활용할 수 있다(Hrabal, 2009). 학생을 먼저 면담하는 것이 중요하지만 불행히도 간과되는 경우가 많다.

일방적인 원인 분석을 예방하기 위해서는 문제 행동을 학생의 관점에서 살펴보아야 한다. 이를 위해서는 가설 검증을 위해 수집한 정보도 유용하다. 관점을 바꾸면 문제 학생의 동기와 행동을 더 잘 이해할 수 있다. 또한 급우들과 학부모의 반응도 더 쉽게 이해할 수 있다.

충분한 정보가 수집되고 원인이 밝혀지며 견해들을 서로 비교하여 경중을 가림으로써 목적이 명확해진다. 심각한 학교문제에 대해 목표가 비현실적이고 완벽주의적이면 오히려 위험할 수 있다. 예를 들어, 지나치게 활동적인 학생에게 당장 조용하길 바라거나 따돌림을 당하는 학생을 위해 성급히 통합을 기대하는 것과 같다. 학교문제는 단기적으로는 다소 개선될 수 있지만 중기적으로는 명확히 감소될 수 있고 장기적으로는 정상화될 수 있다.

목표가 명확해야 실제로 유용하고 실행 가능한 해결방안들을 강구할 수 있다. 좋은 변화프로그램은 갈등해결책을 서로 협력하여 계획하고 충분히 검토하고 평가해야만 가능하다.

변화를 위한 해결책의 성공 여부는 갈등과 연관된 모든 교사의 협력에 달려 있다. 학생의 변화를 위해서는, 첫째로 변화프로그램이 몇 주 동안 진행되어야 하고, 둘째로 변화과정을 기록하고, 셋째로 학생을 긍정적인 눈으로 바라보는 것이 중요하다.

표 9-7 갈등해결을 위한 학급교사회의 지침

1. 문제 기술: 교사들은 문제를 어떻게 보는가?
2. 가설 설정: 원인이 무엇인가?
3. 목표 설정: 단기, 중기, 장기적으로 각각 무엇이 변해야 하는가?
4. 해결책: 문제를 극복하기 위해 취할 수 있는 조치는 무엇인가?
5. 실행: 누가 무엇을 언제 해야 하는가?
6. 실행 결과 검토: 변화 조치의 성공 여부는 언제 평가할 것인가?
7. 도움 요청: 갈등해결에 실패한 경우, 누가 도움을 줄 수 있는가?

첫 번째 변화 단계 이후에 교사들은 행해진 조치들의 효력을 개관하고 평가한다. 이를 바탕으로 향후 어떤 방식으로 추가 개입이 이루어져야 하는지 생각한다.

6. 교사–교사 갈등해결을 위한 교사회의

두 교사 간 갈등은 제삼자가 진행하는 대화를 통해 해결되어야 한다. 해결이 필요한 교육 관련 쟁점은 교사회의 안건이 될 수 있다. 예를 들어, '운동장에서 갈등'을 의제로 정하고 공동의 갈등해결 대상으로 삼아 카드 질문 방식으로 체계적인 절차로 해결할 수 있다.

회의 의제를 다루기 전에 누가 회의를 진행할 것인지를 명확히 하고 다음과 같이 회의 규칙에 합의한다.

- 우리는 가능한 한 열린 마음을 갖도록 노력한다.
- 우리는 명예훼손이 되지 않은 선에서 비판한다.
- 누군가가 말하면, 우리는 그의 말을 주의 깊이 경청한다.
- 우리는 회의 순서를 준수한다.
- 회의 분위기와 관련된 문제가 있는 경우에만 해당 의제에 대한 작업을 중단한다.

회의 참가자들은 운동장에서 자주 관찰한 갈등을 한 카드에 하나씩 최대 3개까지 기록한다. 이 카드들을 모아서 회의진행자 또는 카드 작성자가 읽고 몇 그룹으로 분류하여 보드에 붙인다. 각 그룹에 적절한 제목(예: 장난)을 붙인다.

이어서 각 그룹에 순위를 정한다. 회의 참가자들은 전체 그룹의 반에 해당하는 스티커를 가지고 긴급성을 기준으로 각 그룹에 붙인다. 긴급성에 따라 그룹들이 분류되면 교사들은 각 그룹의 카드들에 기록된 가장 긴급한 문제에 대한 해결방안을 생각한다. 이 카드들을 모아서 설명하고 분류한다. 이를 바탕으로 다시 한번 우선순위를 평가할 수 있으며, 이 평가가 끝나면 참가자들은 가장 적합한 해결책을 선정할 수 있다. 여기서 누가 무엇을 언제까지 실행할 것인가를 명확히 해야 한다. 이 실행 계획은 모든 사람이 실제 실천할 수 있어야 한다.

　문제 수집 및 대책 계획이 반드시 카드 질문 형태로 이루어질 필요는 없다. 이에 대한 대안으로 참가자들이 먼저 자기 생각을 기록하는 브레인스토밍을 할 수 있다. 이어서 참가자들의 기록들을 내용별로 분류하여 제목을 정하고 그에 대해 토론한 후 그 결과를 보드에 요약한다. 이 방법을 사용하는 경우, 다음의 시각화 규칙을 준수해야 한다.

- 읽기 쉽게 적는다.
- 가능한 한 정자로 쓴다.
- 명료해야 한다.
- 꼭 필요한 것만으로 제한한다.
- 생생하게 묘사한다.

　전체 회의가 진행되는 동안 진행자는 회의 단계 및 규칙 준수, 참가자들의 회의 집중 및 균등한 기여 여부 등을 확인한다. 회의 참가자가 20명 이상이면, 소집단(참가자 5~8명)으로 문제를 해결한다. 이를 위해 집단들은 다음과 같은 회의진행 순서가 필요하다.

　① 누가 회의를 진행하고 누가 기록할 것인지를 정한다.

② 개별 작업을 한다(주요 단어를 적는다).
③ 개별 작업 결과들을 원탁회의에서 서로 교환한다.
④ 결과들을 포스터에 요약한다.
⑤ 발표자를 지정한다.

회의가 어떤 절차로 진행되든, 진행자는 반드시 재차 검토하고 핵심 결과를 요약하고 해결책의 결과를 검토하기 위한 후속 회의 일정에 합의하며 회의 참가자의 노력과 성원에 감사해야 한다. 피드백은 최종 단계에서도 중요하다. 참여 교사들은 회의 분위기와 결과에 대해 자신이 얼마나 만족하는지 한두 문장으로 요약하여 발표한다. 대규모 회의에서는 모든 회의 참가자로부터 피드백을 받을 시간이 충분하지 않다. 따라서 약식 피드백이 대안이 될 수 있다. 약식 피드백은 다음과 같이 진행될 수 있다. 진행자가 참가자에게 색이 칠해진 공을 던진다. 공을 받은 참가자는 피드백을 하고 다른 참가자들에게 공을 던진다. 약식 피드백은 약 7~8개 피드백 후에 종료한다.

① 개회: 주제, 절차, 규칙
② 문제 수집
③ 우선순위/점수 평가
④ 문제처리/해결방안 수집
⑤ 가능한 경우, 쌍방 대화로 해결책에 합의(최종 점수 평가 가능)
⑥ 누가 무엇을 언제 하는지에 합의
⑦ 요약 및 폐회

7. 교사진 갈등해결대화

교사진에서 갈등은 교사-교사 및 학교장-교사 사이에서 발생
한다. 이 갈등들은 조기에 해결되지 않으면 조만간 학교 분위기뿐
아니라 개인 건강에도 부정적 영향을 미쳐 협력을 가로막는다.

갈등을 규명하고 해결하는 것은 하고 싶은 사람이 먼저 시도해
야 한다. 이것을 자율적 갈등관리라고 한다. 즉, 당분간 제삼자의
도움을 받지 않는 것이다. 어려워 보여도 이 방법이 가장 쉽다. 이
에 심리적 저항을 느낀다면 다음 질문이 도움이 될 수 있다. '피할
것인가? 아니면 맞설 것인가? 무엇이 더 중요한가?'

대화에 앞서 자기감정을 체크하는 것이 좋다. 가장 중요한 질문
은 '과연 나는 갈등에 대해 객관적으로 말할 수 있는가?'이다. 긍정
적으로 대답할 수 있다면, 긍정적 기분으로 상대 교사나 학교장에
게 다가가 대화를 요청한다. "지금 또는 나중에 저를 위해 시간을
내주실 수 있습니까? 제가 문제가 있어서요." 이런 요청은 제삼자
없이 본인이 직접 한다. 대화장소는 대화에 방해되지 않는 곳이어
야 한다.

대화 초기에 "저는 선생님과 함께 이 학급을 관리하면서 서로 협
력에 만족스럽지 않습니다. 이렇게는 계속 함께 일할 수 없으므로
앞으로 어떻게 하면 더 잘 협력할 수 있을지 함께 고민하고 싶습니
다."라고 하면서 자신의 우려 사항을 표현함으로써 갈등 원인을 설
명한다. 이어서 상대 교사에게 이 문제를 어떻게 보고 있는지 묻는
다. 상대 교사가 말하는 동안 방해하지 않고 관심을 가지고 경청한
다. 상대 교사가 자신의 견해를 밝힘으로써 의견 차이가 밝혀지고

합의점을 찾게 된다. 여기서 갈등에 대한 자신의 책임이나 실수를 인정할 수 있는 용기가 있어야 한다.

갈등 규명을 바탕으로 함께 해결책을 모색한다. 해결 과정은 "선생님이 보시기에 갈등을 해결하는 데 무엇이 도움이 될까요?"라는 질문으로 시작한다. 상대방과 자신의 아이디어들로부터 최고의 아이디어를 채택할 수 있다. 갈등당사자 간 합의에 따른 해결책이 실제로 실행되기 위해서는 적절한 모니터링이 필요하다.

갈등당사자들이 이런 자율적 갈등해결을 신뢰하지 않거나 대화 시도가 실패한 경우에는 중립적인 모더레이터나 조정가에 의한 갈등모더레이션(145쪽 참조)을 고려하여야 한다. 우선, 교내에 갈등모더레이션 역량을 갖춘 사람이 있는지 확인한다. 예를 들어, 학교장, 상담교사 또는 대화심리학적 역량이 있는 교사가 갈등모더레이션을 진행할 수 있다. 교내에 이런 사람이 없으면 외부 모더레이터에게 의뢰한다. 갈등모더레이션은 다음과 같은 철학에 기반한다.

- 모든 갈등은 해결할 기회가 있으며 갈등당사자는 해결할 수 있는 능력이 있다.
- 갈등모더레이터는 갈등당사자들이 갈등을 규명하고 해결하도록 돕니다.
- 갈등모더레이터는 중립적이다.
- 갈등모더레이터는 대화를 구조화한다.
- 갈등모더레이터는 갈등당사자를 존중하고 공감하는 태도로 내관다.
- 갈등모더레이션의 출발점은 갈등당사자의 주관적 실재 구성이다.

- 갈등모더레이터는 대화과정에 책임이 있지만 대화 결과에 대
  해서는 책임이 없다.

갈등모더레이션을 위해서는 기본역량이 필요하다(Redlich, 1997).

- 구조화: 모더레이터는 목표 설정을 지원하고 목표를 향한 절
  차를 안내하고 종결함으로써 대화를 체계적으로 진행한다.
- 적극적 경청: 모더레이터는 주의 깊이 듣고 개방형 질문을 하
  고 소망, 감정 그리고 욕구를 표현하도록 격려한다.
- 해결방안 개발: 모더레이터는 갈등당사자들과 함께 해결방안
  들을 강구한다.
- 탈극단화: 모더레이터는 언어적 공격을 확인하고 그 정도에
  따라 적절히 대응한다.

갈등모더레이션은 모더레이터가 책임지는 명확하게 구조화된
절차가 필요하다. 우선, 모더레이터는 갈등당사자들이 갈등을 더
자세히 기술할 수 있도록 한다. 갈등당사자들에게 개인적 인식과
경험을 공유할 수 있는 기회를 제공한다. 갈등당사자들의 말을 적
극적으로 경청하고 현재 감정적으로 중요한 것을 표현하도록 돕는
다. 대화 내용을 명료화한다. 문제를 개별 문제들로 세분한다. 문
제의 예외 사항에 대해 질문한다. 이로써 갈등이 규명되면 문제에
합의할 수 있다. 즉, 모든 사람이 문제가 무엇인지에 동의한다는 것
을 의미한다.

문제에 대한 합의를 바탕으로 갈등해결의 목표(목표 합의)가 무
엇이어야 하는지를 고려한다. 모더레이터는 갈등당사자들과 함께

갈등해결의 목표를 정한다. 목표는 현실적이고 구체적이며 건설적이어야 한다. 이를 바탕으로 갈등당사자들은 어떤 경로로 목표에 이를 수 있는지 고려한다. 모더레이터는 해결책 강구에 관여하지 않는다. 아이디어 발상만 지원한다. 함께 궁리하는 것은 현실적 해결책을 찾기 위함이다. 최종적으로 해결책이 정해지면 서면으로 작성한다. 해결책에는 누가 무엇을 언제 해야 하는지가 명시된다. 마지막으로 해결책 실행 검토를 위한 후속 일정을 정한다. 즉, 갈등당사자들은 갈등이 실제로 해결되었는지 여부를 공동으로 검토하기로 합의한다.

갈등이 항상 앞에서 기술한 대로 해결되는 것은 아니다. 필요한 경우 개인이나 집단이 문제 행동을 통찰할 수 있도록 공정하게 대질하여야 한다. 이런 대질은 상황을 극단화하는 기법으로 할 수 있다. 예를 들어, "이대로 갈등이 계속되면 어떻게 될까요?"라는 질문을 할 수 있다.

때로는 매우 경제적 개입기법을 사용하여 갈등을 해결할 수도 있다. 예를 들어, 긍정적 함축으로 놀라운 효과를 낼 수 있다. 긍정적 의미가 갈등이나 문제 행동으로 간주되기도 한다. 따라서 예를 들어, 학교발전 상황에서 흔히 볼 수 있는 일부 교사들에게 성가신 반대자들의 저항이 궁극적으로 스트레스를 예방하는 역할을 하는 것으로 암시될 수 있다. 프로젝트가 너무 빠른 속도와 노력으로 수행되면 에너지가 빨리 소모된다. 개입의 최종 목적은 변화의 힘과 저항의 힘 사이에 균형을 맞추어야 하는 것이다.

모든 갈등개입에서 개인과 집단에 예상될 수 있는 해석, 대립, 극단화 및 과제에 대한 깊은 검토가 이루어져야 한다. 공격적이고 대립적인 해결스타일은 적절하지 않다. 공감력과 섬세한 감각이 필요하다!

　모든 갈등모더레이션이 갈등당사자들이 다시 서로 잘 협력할 수 있는 방식으로 끝나는 것은 아니다. 성격 차이, 갈등에 대한 인식 차이 또는 갈등으로 인한 피해로 인해 종종 갈등고조를 낮추는 것만 가능한 경우가 많다. 이런 경우는 갈등을 견딜 수 있는 수준으로 줄이는 것, 즉 일종의 '전투정지'가 체결되었음을 의미한다.

표 9-8 갈등모더레이션

---

1. 모더레이터 및 참가자 소개
2. 갈등모더레이션 이유 및 시간 설명
3. 주요 원칙
   - 갈등이란 문제에 대해 반대 의견과 견해가 있음을 의미한다.
   - 갈등모더레이션은 갈등을 함께 해결하려는 시도이다.
   - 갈등모더레이션 성공은 모두의 선의에 달려 있다.
   - 일차적 목표는 유죄 여부를 규명하는 것이 아니라 해결책을 찾는 것이다.
   - 해결이란 갈등을 견딜 수 있는 수준으로 줄이거나 갈등을 제거하는 것을 의미한다.
   - 해결중심의 작업을 위해 다음과 같은 사항들이 필요하다.
     - 우리는 서로 공정하게 대하고 언어적 공격을 하지 않는다.
     - 발언자가 말하면, 우리는 그의 말을 경청한다.
     - 우리는 무언가가 우리를 방해하는 경우에만 중단할 수 있다.
     - 우리는 발언 시간을 제한하고 짧고 명확하게 자신을 표현한다.
     - 우리는 우리가 무엇을 말할지를 스스로 결정한다.
4. 갈등 설명
   - 모두가 자신의 관점에서 갈등을 설명한다.
   - 모더레이터는 설명들을 요약한다.
   - 모더레이터는 갈등당사자들과 함께 인식 일치를 확인한다.

5. 갈등 규명
   - 갈등당사자들은 자신의 욕구와 소망을 밝힌다.
   - 모더레이터는 설명이 필요한 부분을 묻는다.
   - 갈등당사자들이 이해된다고 느끼는지 확인한다.

6. 목표 정의
   - 모두가 갈등해결의 목표가 무엇인지를 공유한다.
   - 모더레이터는 갈등당사자들의 아이디어를 요약한다.
   - 모더레이터는 갈등당사자들에게 공동목표를 제시한다.

7. 해결책 강구
   - 갈등당사자들은 해결방안을 개발한다.
   - 가장 유용한 방안들을 함께 선택한다.
   - 선택된 방안들을 해결책으로 정한다.

8. 목표 합의 및 실행 검토
   - 당사자들은 함께 강구한 해결책을 통해 합의한 목표를 달성할 것임을 서면으로 합의한다.
   - 누가 무엇을 언제 하는지를 정한다.
   - 동시에 해결책 실행 여부를 함께 검토할 것을 합의한다.

8. 집단괴롭힘 대처

학교에서 신체적 · 심리적 폭력에 의한 집단괴롭힘(mobbing)은 항상 큰 문제이다. 대개 약해 보이고 저항할 수 없는 학생이 피해자가 된다. 피해자는 협박당하고 금품을 갈취당하며 신체적 공격과 함께 조직적으로 중상모략과 굴욕을 당한다. 피해자는 항상 더 크고 강한 가해자집단에 노출된다. 하지만 학교는 집단괴롭힘에 대해 제대로 대처하지 못하고 있다. 이런 갈등상황에서 교장이나 교사는 학부모 또는 학생의 요청이 있어야 개입한다.

그러나 흔히 집단괴롭힘으로 불리는 갈등들이 과연 집단괴롭힘인지 의문이다. 학생들 사이에 집단괴롭힘을 정확히 분석하기 위해서는 집단괴롭힘의 특성을 설명한 기본모델이 필요하다. 이 모델을 통해 집단괴롭힘에 대한 대응조치의 적절성(indication)과 효과를 확인할 수 있다.

여기서는 먼저 집단괴롭힘을 정의하고 갈등고조단계(86쪽 참조)를 참조하여 집단괴롭힘의 고조단계를 제시할 것이다. 이를 기반으로 집단괴롭힘을 예방하기 위한 개입 및 대책을 세울 수 있다. 끝으로 교사를 위한 교육프로그램을 제시할 것이다. 이 프로그램은 교사에게 고조단계모델을 제시하고 집단수퍼비전을 통한 갈등관리 전략을 소개한다.

집단괴롭힘으로 피해자는 열등 의식을 갖게 되고 다수의 학생으로부터 체계적으로 비난을 받으며 갈등이 장기간 지속된다. 집단괴롭힘의 목표는 학교 상황과 관련하여 피해자에게 직간접적인 공격과 함께 차별받는 느낌을 주는 것이다. 따라서 다음과 같이 정의

할 수 있다

학교 안팎에서 학생들 사이에 집단괴롭힘은 갈등적 의사소통으로서, ① 힘이 약해 공격당하는 학생이 ② 다수의 학생으로부터 체계적으로 빈번히 ③ 장기간에 걸쳐 ④ 소속 집단에서 고립 또는 소외되거나 퇴학을 목표로 하여 ⑤ 직간접적으로 공격당하며 ⑥ 차별받는다고 인식된다. 이하에서는 편의상 공격받는 학생을 피해자, 공격자를 가해자로 지칭한다. 피해자, 가해자는 관련 학생들의 상황별 역할과 일반적인 행동을 명확히 하기 위한 것일 뿐이며 판단하거나 장기간 지속되는 성격적 특성을 표현하기 위한 것은 아니다.

피해자와 가해자의 구분은 특히 피해자가 주로 공격당하고 힘이 약하다는 ① 요소와 관련하여 필요하다. 많은 경우 자신이야말로 피해자라며 가해자로 행동하면서 반 친구를 표적 삼아 공격한다. 이런 상황은 집단괴롭힘이 아니라 힘이 동등한 갈등당사자들이 가해자이자 피해자, 강자이자 약자가 되는 상호 갈등(mutual conflict)이다. 상호 갈등은 집단괴롭힘의 ②와 ③ 요소에 비해 덜 체계적이고 덜 지속적으로 이루어진다. 따라서 갈등에 개입하는 교장 또는 교사는 공격, 열세, 체계성 그리고 기간을 특히 염두에 두어야 한다.

Glasl(2020)에 따르면, 집단괴롭힘은 일종의 갈등이다. 집단괴롭힘 갈등은 열렬하거나 감정으로 격해지는 것이 아니라 냉랭하고 은밀하게 고조된다. 따라서 외부인은 3단계로 고조되어서야 집단괴롭힘이 있음을 알아차린다. 집단괴롭힘에서 공격당한 사람은 자신이 전적으로 피해자이고 상대방을 가해자로 본다는 것이 특징이다. 피해자가 규정하는 일방적 가해자-피해자 관계는 극히 드문 경우에만 발생한다. 대개는 갈등 초기에 피해자도 반격을 한다. 갈등이 진행됨에 따라 점점 더 자신만을 희생자로 묘사하는 것은 갈등고조에 따른 전형적인 인식의 왜곡이다.

갈등고조단계를 집단괴롭힘에 적용하는 것은 여러모로 의미가 있다. 갈등고조단계에 따르면, 집단괴롭힘은 역동적 과정이다. 갈등은 단순한 놀림으로 시작하여 결국에는 피해자를 가해하는 것을 목표로 하는 가장 심각한 단계로 고조될 수 있다. 갈등고조단계모델은 교장 또는 교사가 집단괴롭힘을 분석하고 갈등의 고조단계를 확인할 수 있는 모델을 제공한다. 끝으로 갈등고조단계모델을 사용하여 갈등고조단계에 적합한 효과적인 개입 전략을 세울 수 있다. 이러한 실용적 목적을 위해 학생들 사이에 집단괴롭힘의 고조단계는 다음과 같다.

1) 집단괴롭힘 고조단계

집단괴롭힘은 갈등당사자는 물론 반 친구, 교사 및 학부모까지 모두 포함하여 분석해야 한다. 이를 위해서는 두 질문이 중요하다. ① 현재 갈등이 과연 집단괴롭힘인가? ② 집단괴롭힘이 이미 얼마나 고조되었는가? 질문 ①에 답하기 위해서는 갈등당사자들이 서로 공격하고 공격을 당했는지 아니면 피해자와 가해자의 역할이 명확히 구분되는지를 밝혀야 한다. 첫 번째 경우라면 상호 갈등이고 두 번째 경우만이 집단괴롭힘이다. 질문 ②와 관련하여 집단괴롭힘이 이미 얼마나 고조되었는지를 밝히기 위해서는 집단괴롭힘 고조 3단계에 대한 설명이 필요하다. 각 고조단계는 갈등 규모, 집단괴롭힘 행위 그리고 그 빈도를 기준으로 그 특징을 알 수 있다 ([그림 9-1] 참조).

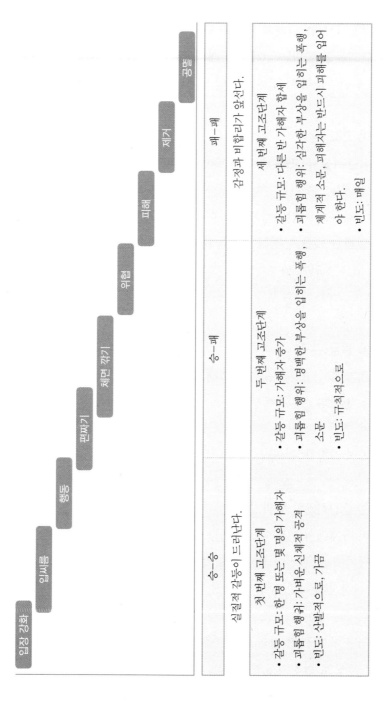

입장 강화 → 입씨름 → 행동 → 편짜기 → 체면 깎기 → 위협 → 피해 → 제거

승-승 | **승-패** | **패-패**

실질적 갈등이 드러난다. | | 감정과 비합리가 앞선다.

첫 번째 고조단계 | **두 번째 고조단계** | **세 번째 고조단계**

- 갈등 규모: 한 명 또는 몇 명의 가해자
- 괴롭힘 행위: 가벼운 신체적 공격
- 빈도: 산별적으로, 가끔

- 갈등 규모: 가해자 증가
- 괴롭힘 행위: 명백한 부상을 입히는 폭행, 소문
- 빈도: 규칙적으로

- 갈등 규모: 다른 반 가해자 합세
- 괴롭힘 행위: 심각한 부상을 입히는 폭행, 체계적 소문, 피해자는 반드시 피해를 입어야 한다.
- 빈도: 매일

[그림 9-1] 집단괴롭힘 고조단계

갈등 규모는 가해자 집단과 갈등에 관련된 사람들을 의미한다. 집단괴롭힘 행위는 피해자에 대한 언어적 · 신체적 행위를 의미한다. 집단괴롭힘 행위 빈도는 일정 기간에 추정된 행위 횟수이다.

(1) 고조 1단계

집단괴롭힘 고조 1단계는 일반적으로 피해자뿐 아니라 외부인도 인식하지 못한다. 학생들 사이에 다툼은 종종 또래 간에 있을 수 있는 갈등으로 간주하기 때문이다. 학생들은 급우와 심각한 갈등이 있다는 것을 인정하지 않는다. 특히 저학년에서는 필기구 빼앗기, 쉬는 시간에 싸우기 등이 일상적인 학교생활에 속한다. 집단괴롭힘 고조 1단계의 특징은 다음과 같다.

① 갈등 규모

초기에는 집단괴롭힘의 피해자가 대면하는 가해자는 1명뿐인 경우가 많다. 이 가해자는 점차 다른 학생들의 지지를 받는다. 가해자 집단은 한눈에 파악할 수 있을 만큼 작으며 관련된 학생들도 명확히 식별할 수 있다.

② 집단괴롭힘 행위

이 단계에서 신체적 공격은 몸싸움, 밀치기, 넘어뜨리기, 의자 잡아당기기, 꼬집거나 물건 빼앗기 등으로 행해진다. 피해자는 때때로 직접 만남이나 급우 및 교사 앞에서 모욕을 당할 수 있다. 또한 가해자의 경멸적인 표정과 몸짓도 볼 수 있다. 피해자는 조롱을 당하거나 아예 말할 기회조차 없을 수도 있다. 그렇지만 소문은 아직 의도적으로 퍼지지 않는다(Gebauer, 2005; Kasper, 2006).

③ 빈도

이런 집단괴롭힘 행위는 다수 드물지만, 정기적으로 이루어진다.

(2) 고조 2단계

집단괴롭힘 고조 2단계에서는 갈등이 극에 달해 외부인이 쉽게 알아볼 수 있지만, 가해자는 휴식시간이나 등굣길에 보이지 않는 상황에서 피해자를 공격하려는 경우가 많다. 피해자는 더 이상 자신에 대한 공격을 피할 수 없으며 갈등을 인식한다. 피해자의 고통이 커진다. 고조 2단계의 특징은 다음과 같다.

① 갈등 규모

갈등에 관련된 사람들이 증가한다. 사회적 전염이라는 의미에서 가해자가 늘어난다. 개시자 또는 주동자와 추종자를 구분할 수 있다. 주동자는 종종 학급에서 지위가 높고 동급생들로부터 높은 존경을 받으며 그들의 행동모델이 된다. 추종자들은 주동자와 합류하여 희생자에 대해 명백히 적대적인 태도를 보인다.

② 집단괴롭힘 행위

고조 1단계와 비교하여 신체적 공격은 더 강해지며 멍, 타박상 등의 심각한 부상으로 이어질 수 있다. 이 단계에서 피해자는 종종 여러 학생으로부터 동시에 공격을 받는다. 심리적 폭력이 확산되고 조직적으로 자행된다. 피해자에 대한 추문이 퍼지고, 피해자는 다른 급우나 선생님 앞에서 창피를 당한다. 피해자는 종종 자신이 불청객이라는 익명의 메모지를 받는다. 피해자는 교실에서 아무도 자신과 이야기하거나 함께 공부하기를 원하지 않는다고 한다.

③ 빈도

사건이 증가하고 며칠 간격으로 정기적으로 발생한다.

(3) 고조 3단계

집단괴롭힘 고조 3단계에서 피해자는 갈등을 견딜 수 없게 된다. 피해 학생은 집단괴롭힘이 가능한 상황을 피한다. 등굣길을 우회하거나 쉬는 시간에는 은신처를 찾는다. 상황은 피해자에게 거의 절망적으로 보인다. 유일한 탈출구는 반이나 학교를 바꾸는 것이다. 학교에서의 고통은 다른 생활영역에까지 영향을 미친다. 피해학생은 종종 쉬는 시간에 스스로 고립되고 반복적으로 자살생각을 한다. 고조 3단계의 특성은 다음과 같다.

① 갈등 규모

집단괴롭힘은 일반적으로 교실을 넘어 다른 교실 학생들도 추종자가 되어 피해자를 공격한다. 학교 밖에서도 공격이 점점 더 늘어난다.

② 집단괴롭힘 행위

고조 2단계에 비해 심각성이 더 커질 수 있다. 싸움은 종종 심각한 결과를 초래한다. 그러나 신체적 공격이 불가피한 것은 아니다. 집단괴롭힘은 주로 심리적 폭력으로 이루어질 수도 있다. 피해자는 언어적 공격과 폄하, 굴욕, 따돌림, 전화 또는 문자 테러 등을 당한다. 피해자는 가해자와 만날 때마다 소외된다. 피해자에 대한 소문이 고의적으로 퍼지고, 이로 인해 명예가 훼손되고 웃음거리가 된다. 가해자의 목적은 모든 수단을 동원하여 피해자를 체계적으로 해치고 제거하는 것이다.

③ 빈도
집단괴롭힘 행위가 매일 발생한다.

이 세 단계를 거치며 상황은 더 악화된다. 갈등범위가 확대되고 집단괴롭힘 행위의 빈도와 심각성도 높아진다. 피해자는 고통이 커지며 자신이 받는 굴욕이 부끄러워서 누구에게도 털어놓지 않는다. 피해자는 종종 가해자의 공격 행위가 타당하다고 생각하기도 한다. 이로 인해 집단괴롭힘은 고조 3단계로 가서야 알려지므로 개입은 사태가 수습할 수 없는 지경에 이르러서야 이루어진다.

2) 집단괴롭힘에 대한 개입

집단괴롭힘에 대해 다양한 대처 방법이 있지만 어떤 상황에 어떤 대처 방법이 적절한지에 대한 명확한 규정 없이 제시되고 있다. 대처 방법 선정 기준은 다음과 같다. 첫째, 가능하면 최소한의 노력과 비지시적인 방식으로 성공할 수 있는 방법이어야 한다(Neuberger, 1999). 둘째, 대처 방법은 ① 피해자, ② 가해자, ③ 주위, ④ 학교와 학교관리 측면에서 실시되어야 한다. 학생들 사이에 집단따돌림에 대한 고조단계모델([그림 9-1] 참조)에 따르면, 대처 방법의 효과는 고조단계에 따라 확인할 수 있다. ① 피해자에 대한 대처 방법은 고조 1단계에서 가장 효과적이다. ② 주위에 대한 대처 방법도 고조 1단계에서 가장 효과적이다. ③ 가해자에 대한 대처 방법은 고조 2단계에서 가장 성공적이며, ④ 학교 또는 교장의

대처 방법은 고조 3단계에서 도움이 된다. 각 측면에서 대처 방법
은 다음과 같다.

또래조정은 갈등당사자들이 공격자이자 피해자인 상호 갈등에
대해서만 가능한 대처 방법이다. 집단괴롭힘에서 공격자는 대개
가해자이므로 갈등조정을 통한 공격 포기에 대한 상호 합의는 아
무런 소용이 없다. 피해자는 적대적 행위를 하지 않는다.

(1) 피해자

피해자에 대한 개입은 고조 1단계에서 가장 효과적이다. 다시 말
해, 고조 2, 3단계에서 피해자만을 위한 개입은 갈등을 해결하는 데
도움이 되지 않는다. 따라서 다른 개입이 필요하다. 피해자는 해결
책을 찾기 위해 도움이 필요한 내담자이다. 개입은 고조 1단계보다
성공할 가능성이 작더라도 2, 3단계에서 반드시 실행되어야 한다.

첫 번째 내담자 중심적 대처 방법은 피해 학생에게 힘을 주고 다
시 자신감을 심어 주는 것이 목적이다. 피해 학생은 가해자와 피해
자 사이의 의사소통이 어떤 것인지 깨달아야 한다. 상황분석을 위
해서는 당사자들을 모형으로 표시하고 학생들의 관계와 구체적인
행동을 모형들 사이의 연결선으로 표시한 관계도가 적합하다. 내
담자에게는 또한 가해자가 무력하다는 인상을 받지 않는 선에서
구체적으로 자신을 방어하는 방법을 알려 주어야 한다. 마지막으
로 피해자는 교실에서 더 많은 지원을 경험하기 위해 중립적인 급
우들과 연락할 수 있어야 한다.

(2) 주위

주위에 대한 개입은 고조 1단계에서 가장 효과적이다. 주위는 당

사자의 친구, 부모 그리고 형제자매를 의미한다. 고조 2, 3단계에서는 급우들과 친구들이 포함된 대처 방법은 가해자의 공격에 거의 대응할 수 없기 때문에 대개 효과가 없다.

주위와 관련해서는 피해자가 가까운 사람들로부터 보호받고 강해지는 것이 중요하다. 예를 들어, 학급에는 약자를 돕는 공공심 있는 학생들이 있을 수 있다. 이런 학생들은 교실에서 따돌림과 놀림을 당하는 학생을 알고 관계를 맺는다. 또한 괴롭힘 피해자를 지원하는 학생들이 상담에 참여할 수 있다. 이 학생들과 교실의 대화 패턴을 분석하고 효과적인 대안을 모색한다. 학부모의 참여는 역효과를 낳을 수 있다. 자신의 자녀가 피해자라고 주장함으로써 상대 학생과의 만남을 차단할 수 있고 가해자의 부모는 자녀의 잘못을 부인하기도 한다. 협조할 의사가 없는 학부모는 관여하지 않고 조치에 대해서만 통보받는다.

(3) 가해자

가해자에 대한 개입은 고조 2단계에서 가장 효과적이다. 고조 1단계에서 가해자는 일반적으로 자신이 원치 않는 갈등을 일으키고 있다는 사실을 충분히 인식하지 못한다. 이에 반해 고조 2단계에서는 갈등이 이미 너무 고조되어 단순히 가해자 처분만으로는 갈등을 해결할 수 없다.

가해자에 대한 개입의 일환으로 먼저 가해자 집단이 정확히 특정되어야 한다. 그리고 초기 배후 조종자와 단순 가담자를 식별해야 한다. 가해자가 자신의 행동에 대해 죄책감을 느끼는지를 확인하여야 한다. 개입은 주도자로부터 시작하여 점차 추종자로 확대하여야 한다. 집단괴롭힘 개시자가 죄의식이 없으면 향후 행동 규칙에 대해 합의하여야 한다. 집단괴롭힘 행위가 재발하면, 가해자는 자신의 행동으로 인한 퇴학 등과 같은 막대한 부정적 결과를 예상해야 한다. 추종자들도 자신들의 행동이 얼마나 심각한지 깨달아야 한다. 이를 통해 추종자들이 파괴적인 행동을 하는 주동자를 지원하는 것을 방지할 수 있다.

(4) 학교와 학교장

학교와 학교장의 개입은 고조 3단계에서 가장 효과적이다. 갈등이 더 고조되면 외부 권력개입만이 효과적이다. 고조 1단계에서 학교나 학교장의 조치는 과도한 개입이 될 수 있다. 고조 2단계에서는 담임교사에 의한 경찰 등의 외부 권력의 개입이 있을 수 있다. 고조 3단계에서는 학교장이 효과적으로 개입할 수 있다.

학교장은 먼저 갈등당사자들을 분리할 수 있다. 가해자에 대한 행동 규칙과 규칙위반에 대한 상응 조치는 서면으로 명시되어야 한다. 가해자의 행동은 학교장과 정기적으로 만나는 중립적이고 사교 능력이 있는 학생들로부터 확인할 수 있다. 특히 심각한 경우에는 학교법에 따른 제재 수단을 충분히 활용해야 한다. 이와 함께 퇴학 조치를 취하거나 가해자를 퇴학시키기 위한 징계위원회를 소집할 수 있다. 학교장은 집단괴롭힘이 어떤 식으로든 용납되지 않을 것이며 이 규칙을 위반할 경우 가해자는 처벌될 것임을 천명해야 한다.

3) 교사 교육

학생 집단괴롭힘에 대한 고조모델은 교사 교육에 기초가 된다.

교육을 통해 고조모델 소개와 함께 괴롭힘에 대한 구체적인 지식이 전달되어야 한다. 이를 통해 참가자들은 집단괴롭힘 사례를 자세히 분석하고 상호 갈등과 구별하며 적절한 대처 방법을 도출하는 방법을 배울 수 있다. 또한 학교에서 실시되고 있는 갈등조정은 집단괴롭힘 개입에 유용하지 않다는 점을 인식하게 된다. 이 교육은 강사 2명이 진행하는 1일 교육으로 다음과 같은 내용으로 구성되어 있다.

① 시작: 7개 부스에서 자료 제공
② 교육 소개: 참가 교사에게 교육 목적 및 진행 과정 설명(25분)
③ 참가자 소개: 강사와 참가자 소개 및 참가자 관심사 청취(20분)
④ 고조모델 소개: 학생 집단괴롭힘 모델 소개(45분)
⑤ 참가자의 대처 방법: 참가자들은 학교에서 집단괴롭힘를 처리하기 위해 어떤 대처 방법을 사용했는지 설명한다(45분).
⑥ 참가자의 집단괴롭힘 사례에 대한 수퍼비전: 참가자가 제시한 집단괴롭힘 사례 2개에 대해 강사들이 수퍼비전을 한다(120분).
⑦ 피드백: 참가자들은 교육에 대한 피드백을 서면으로 제출한다(15분).
⑧ 개시

교육 분위기를 조성하기 위해 참가자들에게 정보 제공을 위한 부스 7개를 설치한다. 이를 통해 참가자의 사전 지식을 활성화하고 사전 경험을 환기시킨다. 참가자는 필요한 부스를 선택할 수 있다. 7개 부스는 다음과 같다.

- 부스 1-학교 밖에서 집단괴롭힘 경험: 카드에 다음과 같은 문구가 적혀 있다. "나는 학교 밖에서 개인적으로 피해자로서 또는 간접적으로 친구 사이에서 괴롭힘을 경험한 적이 있었는가?" 참가자들은 과거 경험을 회상해야 한다.

- 부스 2-학생 간 폭력: 참가자들에게 학생 간 폭력을 어떻게 평가하는지 질문한다. "생각하고 다음 질문에 답하시오. ① 대략 몇 명의 학생이 폭력(신체적·심리적) 피해자라고 생각하는가? ② 남학생과 여학생의 성비는 어떠한가? ③ 남학생들의 폭력은 여학생들의 폭력과 다른가? ④ 폭력 가해자와 폭력 피해자의 전형적인 성격 특성이 있는가? ⑤ 또래들 사이에서 폭력적인 범죄자들이 얼마나 인기가 있는가?" 참가자들은 각 질문에 대한 자신의 평가를 서로 비교할 수 있다.

- 부스 3-집단괴롭힘 관련 사진에 대한 인상: 참가자들에게 학생들 사이의 집단괴롭힘 관련 사진을 보여 주고 질문한다. "그림을 보고 무슨 일이 벌어졌는지 생각해 보시오."

- 부스 4-모형으로 집단괴롭힘 재현: 모형으로 집단 내 관계를 재현한다. 모형 사이의 거리는 실제 인간관계를 의미한다. "준비된 모형들로 집단괴롭힘 상황을 재현하시오."

- 부스 5-만화에 대해 생각하기: 만화에 집단괴롭힘 장면이 있다. "만화를 보고 의견을 제시하시오."

- 부스 6-집단괴롭힘 관련 문헌: 참가자는 집단괴롭힘 관련 전문 서적을 검색하고 읽을 수 있다. "책 표지에 쓰인 문구를 읽고 집단괴롭힘을 다룬 책 3권을 검색하여 읽으시오."

- 부스 7-학생 집단괴롭힘에 관한 설문지: 참가자들은 본인 경험을 바탕으로 학생들 사이에 집단괴롭힘을 다루기 위해 이

설문지가 적절한지 확인한다. "이 설문지를 교실에서 사용하는 것이 의미가 있나요?"

4) 참가자 소개 및 참가자들의 관심사

소개 시간에 교사들은 이 교육과 관련된 관심사들을 공유한다. 교사들은 이 교육의 효과와 공동 대화에 대한 기대를 표명한다. 교육 주제에 적극적인 일부 참가자는 심각한 집단괴롭힘 사례를 발표할 수 있다. 일부 참가자의 자녀가 집단괴롭힘의 희생자일 수도 있다. 갈등에 대한 효과적인 해결책을 찾는 것을 핵심 관심사로 공식화한다. 참가자들은 모두 집단괴롭힘 현상에 관한 신뢰할 수 있는 정보를 받길 바란다.

5) 고조모델 소개

강사는 참가자들에게 고조모델에 대해 45분 강의를 한다. 앞에서 설명한 집단괴롭힘에 대한 고조모델에 따라 강의 내용은 다음과 같다.

- 용어 정의: 집단괴롭힘과 상호 갈등
- 갈등고조모델(Glasl, 2020)을 학생 사이의 집단괴롭힘에 적용
- 학생 사이의 집단괴롭힘 고조단계: 집단따돌림 고조단계 분석
- 개입: 고조단계에 따른 피해자, 주위, 가해자, 학교 및 학교장의 대처 방법들

강의는 프레젠테이션과 참가자를 위한 유인물과 함께 진행한다. 참가자들은 강의 시간에 질문하고, 학교생활에서 경험한 집단괴롭힘 사례에 고조모델을 적용한다. 참가자들은 서로 경험을 교환하기 위해 강의 중에 질문할 수 있다. 이로써 정보를 보다 실용적이고 이해하기 쉽게 전달할 수 있다.

6) 참가자들의 집단괴롭힘 개입 사례

강의에 이어 참가자들은 소집단으로 이미 사용했거나 알고 있는 집단괴롭힘에 대한 개입 방법을 모은다. 개입 방법들을 피해자, 가해자, 피해자의 사회적 환경 그리고 학교 및 학교관리와 관련하여 4개의 범주로 분류한다. 각 개입 방법을 카드에 기록한다. 이어서 소집단에서 한 사람이 개입 방법들을 설명하고 종류별로 카드를 핀 보드에 붙인다.

참가자들은 이런 방식으로 수집한 개입 방법들을 통해 자신이 이미 많은 응용 지식을 가지고 있고 많은 효과적인 방법을 알고 있음을 확인할 수 있다. 또한 교사들이 이미 많은 조치를 스스로 취하고 있음을 알 수 있다. 교사의 개입이 어떤 고조단계에 효과적인지도 확인할 수 있다. 갈등이 심화되면 고조 2단계부터 전문가가 개입하여야 한다. 집단괴롭힘이 이 정도로 고조되면, 교사는 전문가와 상의해야 한다. 일부 참가자는 어떤 개입이 어떤 집단괴롭힘 상황에서 가장 효과적인지에 대한 명확한 지침이 포함된 체크리스트를 바랄 수 있다. 하지만 이 교육의 목적은 만병통치약이 없다는 점을 강조하는데 있다. 집단괴롭힘은 각 사례마다 적절한 분석과 개입이 이루어져야 한다.

7) 집단괴롭힘 사례 수퍼비전

오후에는 강사들이 수퍼바이저로 주관하는 소집단의 일부 집단괴롭힘 사례에 대한 수퍼비전을 진행한다. 먼저 참가자들이 도움이 필요한 사례를 설명하면 그중에 가장 많은 문제가 있는 심각한 사례 2개를 선정한다. 이를 위해 피시볼(fish bowl) 방법을 사용한다. 사례 발표자와 토론에 적극적으로 참여를 원하는 참가자들이 수퍼바이저와 함께 중앙에 원형으로 앉는다. 나머지 참가자들은 중앙에 앉은 참가자들을 중심으로 원형으로 앉아 그들의 대화를 경청한다. 이들은 중앙에 배치된 빈 의자에 앉아 질문이나 발언을 할 수 있다. 강사들은 중앙에 앉아 대화를 진행한다.

먼저 사례를 구체적으로 분석한다. 수퍼바이저와 사례 발표자는 집단괴롭힘 행위와 갈등범위를 파악한다. 또한 학교 내 사회적 환경과 상황을 구체적으로 밝힌다. 이로써 고조단계를 특정할 수 있다. 이어서 사례 발표자는 이미 실시된 개입과 소집단에서 모색한 갈등을 해결하기 위한 보다 효과적인 방법을 설명한다. 중앙에 원형으로 앉은 참가자들은 해결책을 찾는 데 적극적으로 참여한다. 참가자들이 해결책에 대한 아이디어를 제시하면 수퍼바이저와 집단괴롭힘의 당사자들이 그 효율성을 평가한다. 수퍼바이저는 집단괴롭힘 당사자들이 갈등에 대한 다양한 해결책을 모색하도록 격려한다. 최종적으로 참여 교사들은 학교에서 적용할 수 있는 개입전략을 정한다. 집단괴롭힘 두 사례에 대해서는 비밀유지 의무에 따라 더 자세히 설명하지 않는다.

8) 피드백

끝으로 참가자들에게 피드백 양식에 따라 교육에 대한 피드백을 요청한다. 피드백은 학생 사이에 집단괴롭힘에 대한 고조모델, 집단괴롭힘 사례 및 심각성 평가, 개입 시기와 전문가 개입, 집단괴롭힘과 상호 갈등 구분 등에 관해 이루어질 수 있다. 사례 수퍼비전이 참가자들에게 갈등해결방법에 대한 통찰력을 제공했는지에 대한 피드백도 있을 수 있다.

9. 감정관리

갈등은 발생부터 처리 및 해결에 이르기까지 항상 감정을 동반한다. 감정은 사실 규명을 어렵게 하는 방해 요소이다. 감정을 드러내는 사람은 객관성의 원칙에 어긋난다. 객관성의 중요성을 강조하며 감정을 관리하여 갈등해결을 위해 이용하기보다는 아예 무시하는 모더레이터나 조정자가 있다.

갈등조정 초기에 객관성을 강조하지만, 대화는 감정적으로 진행된다. 감정이 사람을 지배하기 때문이다. 이런 이유로 일부 갈등전문가는 객관성을 신화로 간주한다(문용갑, 2011). 갈등심리학에서 감정은 중요한 지표이다. 갈등당사자들은 감정을 통해 자신에게 중요한 것을 표현한다. 갈등을 처리하는 동안 다음과 같은 감정들이 발생한다.

- 수치심: 갈등조정에서 불명예스러운 행동이나 실수는 수치심를 유발할 수 있다. 수치심은 진정한 관심사의 표현을 방해하고, 잘못된 양보나 갈등조정 중단을 초래할 수 있다. 수치심을 느끼는 당사자는 갈등조정의 건설적 진행보다는 실추된 위신을 되살리는 데 힘쓴다.
- 불안감: 갈등당사자는 합의 실패나 불투명한 합의 결과로 불안하고, 그 불안은 원활한 갈등조정을 방해할 수 있다. 예컨대, 가족이 갈등조정 합의안을 비판할 것이라는 데서 비롯된 불안감은 합의안 체결을 방해할 수 있다. 게다가 갈등조정 과정에서 상대방보다 의사표현이 부족했다는 책임감에서 오는

불안감으로 갈등조정이 중단될 수도 있다.

- 공포감: 공포감은 신중하게 하고 위험을 피하도록 하기 때문에 생산적인 협력이 불가능하고 결정을 내릴 수 없거나 갈등조정이 지연될 수 있다. 공포감으로 인해 상대방의 진정성, 동기, 신뢰 또는 상대방이나 조정인에 대한 불신이 커질 수 있다. 불신은 갈등조정 분위기를 흐리고 갈등조정 진행을 가로막는다.

- 질투심: 질투심은 삼각관계에서 느끼는 감정이다. 두 사람 사이의 애정관계를 위협하는 경쟁대상에게 느끼는 시기심이 질투심이다. 질투심을 느끼는 사람은 관계문제를 배제할 수 없다. 따라서 갈등조정에서 당사자 사이에 질투심은 문제해결을 위한 모든 시도를 방해할 수 있다.

- 모욕감: 갈등당사자는 상대방이 의심, 비하발언, 비난, 무시, 포기나 양보 등으로 자신을 깔보거나 욕되게 하면 모욕감을 느낄 수 있다. 모욕감은 반항 또는 비협력적인 행동을 야기해서 갈등조정을 어렵게 한다.

- 분노감: 분노감을 유발하는 자극은 여러 가지이다. 예컨대, 상대방이 주도권을 잡고 실수를 인정하지 않으며 잘난 체하면 분노하여 양보하는 마음이 줄어들고 객관적인 내용 설명이 어려워진다. 갈등당사자는 자신의 실수, 예컨대 주의력을 떨어트리고 건설적인 협력을 방해하는 성급한 양보나 조바심에 분노할 수 있다. 또한 자신의 실수에 대한 분노는 또한 상대방을 혼란스럽게 하여 관련 없는 사안들을 처리함으로써 그 실수를 만회하려 한다.

- 시기심: 남이 잘되는 것을 샘하고 미워하는 마음이 시기심이

다. 대개 친밀한 관계에서 일어나는 시기심은 갈등조정 과정에서도 일어난다. 시기심은 관계문제가 우선이므로 객관적 해결방안 모색을 방해한다.

- 불신감: 상대방의 정직성, 동기, 신뢰성과 조정자의 중립성을 믿지 못하는 불신감은 갈등조정 분위기를 해치고 갈등조정 진행을 방해한다.

- 초조감: 초조감은 갈등조정의 지연, 상대방의 장황한 설명 또는 이해력 부족 등으로 유발된다. 초조감은 자신뿐만 아니라 상대방도 설명하는 데 혼란스럽게 하여 실수하도록 한다.

- 지루감: 시간이 오래 걸리거나 같은 상태가 오래 계속되어 따분하고 싫증이 나는 것이 지루감이다. 지루감은 상대방이 이미 한 말을 반복할 경우 발생한다. "우리는 그것을 백번도 더 들었습니다."는 표현이 그 대표적인 예이다. 지루감은 문제에 적합한 대화와 생산적인 문제처리를 방해한다.

- 죄책감: 자신이 저지른 잘못에 대하여 책임을 느끼는 마음이 죄책감이다. 갈등조정에서는 갈등과 관련된 이해관계자에 대한 갈등당사자의 죄책감도 고려되어야 한다. 이해관계자에 대한 죄책감으로 의사결정을 자유롭게 할 수 없거나 자신의 관심사를 내세울 수 없게 된다.

- 적대감: 상대방을 적으로 여기는 적대감은 상대방의 공격, 모욕, 방해에 대해 효과적으로 대응하지 못할 경우 발생한다. 적대감은 상대방 피해 주기로 이어진다. 자신의 이익보다는 상대방의 피해가 더 중요해지며, 이로 인해 갈등조정이 중단될 수도 있다. 적대감은 또 다른 적대감을 낳음으로써 갈등을 고조시키는 원인이 된다.

- 격분: 격분은 몹시 분하고 노여운 감정이다. 격분은 대개 불공정성, 기만, 잘못된 정보 등으로 발생한다. 격분하면 질문에 사실적으로 설명하지 않고 비난, 징벌, 보복 등의 행동을 한다. 이에 대해 상대방도 동일한 행동으로 대응하면서 갈등은 위험수위까지 고조된다.

감정은 갈등을 밝히는 데 결정적인 기여를 할 수 있으므로 대화 과정에서 중요하게 다루어져야 한다. 감정은 갈등 원인에 대한 정보를 제공한다. 대화가 되지 않을 정도로 감정이 격해지면 갈등 처리가 불가능하다. 이런 상황에서는 감정관리가 필요하다. 구체적으로 말해, 감정조절방법이 필요하다는 의미이다.

- 적극적 경청: 상대방이 어떤 감정을 느끼고 또 표현하려고 하는지를 이해하기 위해 유심히 공감적으로 듣는 것을 의미한다. "당신은 정보를 받지 못해서 화가 났군요."
- 재정리(reformulation): 감정적으로 격한 표현을 참을 수 있는 정도로 반복한다. "그가 나에게 강요했어요."를 "그가 압박했군요."로 다시 정리해서 말한다.
- 나-전달법: '나'를 주어로 상대방의 행동에 대한 나의 감정을 전달한다." 예를 들면, "당신 때문에 학교 분위기가 엉망입니다." 대신에 "나는 당신의 그 행동으로 화가 납니다."라고 말한다.
- 비난-요청 원리: 비난을 요청으로 표현한다. 예를 들어, 교사가 교장에게 독재자라고 비난한다. 대신에 "저는 학교운영에 참여하고 싶습니다."라고 요청한다.
- 유머: 유쾌한 말투로 갈등으로 인한 긴장을 푼다. 예를 들어,

자녀에 대한 처벌에 대해 화가 난 어머니에게 "어머니가 이렇게 흥분하시는 것을 보니 어머니가 아들을 얼마나 좋아하는지 알 것 같습니다."라고 말한다.

- 관점 변화: 갈등상대방을 공감함으로써 혐오감을 줄여야 한다. 예를 들어, 잦은 회의로 인해 화가나 과목교사가 담임교사의 입장이 되어 갈등해결을 위한 협력이 필요함을 이해한다. 이로써 과목교사는 자신의 분노 감정을 더 잘 처리할 수 있다.
- 옐로 카드: 언어적 공격으로 대화규칙을 위반하는 경우 규칙 위반임을 경고한다.
- 휴식시간: 옐로 카드에도 불구하고 감정이 끓어오르면 대화를 중단한다. 일반적으로 대화 중단으로 감정을 가라앉힐 수 있다. 휴식시간에 흥분한 사람과 간단한 대화를 할 수 있다. 갈등 처리를 속행하기 전에 다시 한번 대화규칙과 염려스러운 상황을 강조한다.
- 중단/연기: 지금까지의 개입으로 갈등이 완화되지 않으면 최종적으로 대화를 중단한다. 이 조치는 심각한 정서적 상처를 예방하는 데 필요하다. 갈등 처리는 나중에 계속될 수 있다.

마지막으로 갈등대화를 이끌거나 갈등조정을 진행하는 사람도 감정조절이 중요하다. 갈등상황에서 일어나는 현상들은 그에게도 감정을 불러일으키므로 해결책을 찾기가 더 어려워질 수 있다. 이런 경우 도움이 되는 것은 다음과 같은 것이 있다.

- 나-전달법 방식의 반영("저는 우리가 앞으로 나아가지 못할 것 같아 걱정입니다." "저는 어찌할 바를 모르겠습니다.")

- 긍정적 재해석("그의 분노는 어두운 원인에 빛을 비춘다.")
- 의식적으로 느린 호흡, 의식적으로 느린 말 또는 짧은 복근 긴장을 통한 진정
- 대화 시작 시 또는 갈등조정 시작 시 합의한 휴식

이 밖에도 적당한 평온이 필요하다. 거리를 두고 갈등상황에 감정적으로 몰두하지 않음으로써 평온을 찾을 수 있다. 지속적인 자기성찰은 이런 기본태도를 취하는 데 최고의 학습 보조도구이다.

10. 권력개입

학교구성원이라면 모든 갈등을 대화로 해결할 수 없다는 것을 알고 있다. 한편으로는 학교가 제 기능을 할 수 있도록 교장뿐 아니라 교직원 모두가 지시나 금지의 형태로 명령하는 경우가 있다. 다른 한편으로는 불행히도 법규 위반에 대해 제재가 불가피한 경우도 있다. 이런 경우에 권력개입이라는 조치가 이루어져야 한다. 예를 들어, 다음과 같은 경우이다.

- 학생들이 신체적 · 정신적 폭력을 사용한다.
- 교사가 지속적으로 임무를 수행하지 않는다.
- 학부모가 양육 의무를 다하지 않는다.

효과적 권력개입을 위한 전제조건은 제재 가능성이다. 제제 가능성은 학교법, 근로법, 인사법 및 청소년법에 근거한 조치의 형태로 제공된다.

학생이 반복적으로 학교 규율을 위반하는 경우 학교법상 징계조치를 할 수 있다. 제재조치는 법적으로 정해져 있으며 학생의 법적 지위에 개입한다. 징계조치는 교육적 영향이 충분하지 않은 경우에만 허용된다. 모든 징계조치에 대해 비례원칙을 준수해야 한다. 가능한 징계조치는 다음과 같다.

- 서면 경고
- 다른 학급으로 전출

- 일시적 수업 배제 위협
- 며칠간 수업 제외
- 전학
- 최대 4주간 수업에서 제외
- 퇴학 경고
- 퇴학

학교구성원이 「형법」을 위반한 경우, 학교 외 권력개입도 필수적이다. 그 예는 다음과 같다.

- 위험하거나 심각한 신체 상해
- 공갈 협박
- 감금
- 위협
- 살해 위협
- 성범죄
- 강도
- 마약법 위반
- 총기법 위반
- 도로 교통 방해

이러한 갈등상황에서 학교는 법적 도움이 필요하다. 구체적으로 말하면, 학교는 경찰에 연락하고 필요한 경우 신고해야 한다는 의미이다.

참고문헌

문용갑(2011). 갈등조정의 심리학. 서울: 학지사.

Becker, G. E. (2006). *Lehrer lösen Konflikte*. Handlungshilfen für den Schulalltag. Weinheim und Basel: Beltz.

Faller, K., Kerntke, W., & Wackmann, M. (1996). *Konflikte selber lösen*. Mediation für Schule und Jugendarbeit. Mülheim: Verlag an der Ruhr.

Gebauer, K. (2005). *Mobbing i der Schule*. Düsseldorf: Walter.

Glasl, F. (2020). *Konfliktmanagement: Ein Handbuch für Führung, Beratung und Mediation*. 12. Aufl. Haupt Verlag.

Göppel, R. (2007). *Lehrer, Schüler und Konflikte*. Bad Heilbrunn: Klinkhardt.

Hartmann, M., Rieger, M., & Auert, A. (2007). *Zielgerichtet moderieren*. Ein Handbuch fur Fuhrungskrafte, Berater und Trainer. Weinheim und Basel.

Hennig, C., & Ehinger, W. (2006). *Das Elterngespräch in der Schule*. Von der Konfrontation zur Kooperation. 3. Aufl. Donauwörth: Auer.

Hennig, C., & Knödler, U. (2007). *Schulprobleme lösen*. Ein Handbuch für die systemische Beratung. Weinheim und Basel: Beltz.

Hoegg, G. (2008). *SchulRecht!: Aus der Praxis-für die Praxis*. 3. Aufl. Weinheim und Basel: Beltz.

Hrabal, V. (2009). *Klassen-Kompass*. Göttingen: Hogrefe.

Jones, V. F., & Jones, L. S. (2009). *Comprehensive Classroom Management: Creating Communities of Support and Solving Problems*. Upper Saddle River: Prentice Hall.

Kaeding, P., Richter, J., Siebel, A., & Vogt, S. (2005). *Mediation an Schulen verankern*. Ein Praxisbuch. Weinheim und Basel: Beltz.

Kasper, H. (2006). *Schülermobbing-tun wir was dagegen!* Klasse 4-3. Smob-Fragebogen mit Anleitung und Auswertungshilfe. 4. Aufl. Lichtenau: AOL-Verlag.

Kasper, H. (2010). *Schülermobbing-tun wir was dagegen!: Smob-Fragebogen mit Anleitung und Auswertungshilfe.* 5. Aufl. Lichtenau: AOL-Verlag.

Klein, S. (2007). *Wenn die anderen das Problem sind.* Konfliktmanagement, Konfliktcoaching, Konfliktmediation. 2. Aufl. Offenbach: Gabal.

Knapp, R., Neubauer, W., & Gampe, H. (Hrsg.) (2008). *Schulische Konflikte bewältigen.* Köln: LinkLuchterhand.

Kreyenberg, J. (2005). *Konfliktmanagement.* 2. Aufl. Berlin: Cornelsen.

Leymann, H. (Hrsg.) (1995). *Der neue Mobbing-Bericht.* Erfahrungen und Initiativen, Auswege und Hilfsangebote. Reinbek: Rowohlt.

Neuberger, O. (1999). *Mobbing: übel mitspielen in Organisationen.* 3. Aufl. München: Hampp.

Olweus, D. (2006). *Gewalt in der Schule: Was Lehrer und Eltern wissen sollten-und tun können.* 4. Aufl. Bern: Huber

Philipp, E., & Rademacher, H. (2002). *Konfliktmanagement im Kollegium.* Arbeitsbuch mit Modellen und Methoden. Weinheim und Basel: Beltz..

Redlich, A. (1997). Schulklassenbezogene Beratung. In Grewe, N. & Wichterich, H. (Hrsg.), *Beratung an der Schule.* Loseblattsammlung. Kissing: Weka 1995. Redlich, A.: Konfliktmoderation. Hamburg: Windmühle.

Schöll, R. (2007). *Pocket Power Soft Skills: Emotionen managen.* 2. Aufl. München: Hanser.

Schreyögg, A. (2002). *Konfliktcoaching: Anleitung für den Coach.* Frankfurt am Main: Campus.

Seifert, J. (2007). *Visualisieren, Prasentieren, Moderieren.* Offenbach: Gabal.

Seifert, J. (2018). *Konfliktmoderation: Ein Leitfaden zur Konfliktklärung.* Offenbach: GABAL.

10장

학교갈등예방

CONFLICT MANAGEMENT IN SCHOOLS

CONFLICT
MANAGEMENT
IN SCHOOLS

앞 장에서는 갈등해결에 대해 살펴보았다. 개인 간 갈등을 성공적으로 해결하면 관계의 질이 향상될 뿐만 아니라 그로 인한 부수효과로 인재 및 팀발달에도 기여하지만, 체계적인 장기적 갈등관리가 필요하다. 다음에서는 갈등예방을 중심으로 한 장기적 갈등관리의 일부 사례를 살펴보고자 한다.

갈등관리는 단지 현재 갈등을 효과적으로 진단하고 해결하는 것만을 의미하지 않는다. 갈등관리에는 1, 2차 갈등예방이 포함된다. 1차 갈등예방은 반복되는 갈등 발생 요인과 조건들을 인식하고 변화시키기는 것을 의미한다. 갈등심리학적으로 보면, 1차 갈등예방은 다음과 같은 기본원칙에 따라 이루어져야 한다.

- 학교는 상호신뢰를 바탕으로 관리한다.
- 교사는 본연의 임무를 다하여 교육의 질을 보장하고 더욱 발전시킨다.
- 학교 수업은 학생 중심으로 진행한다.
- 관계 측면에서, 모든 학교구성원은 서로 귀 기울여 대화한다.
- 교사들은 개별 행동이 아니라 서로 긴밀히 협력한다.
- 학교는 개발관리를 철저히 실행한다.

이 원칙들을 실제로 어떻게 실행할 수 있는지는 다음에서 살펴볼 것이다. 이 원칙들이 실행되면 상당한 예방 효과를 기대할 수 있다. 2차 갈등예방은 갈등을 조기에 발견하여 처리하는 것이다. 학교에서 2차 갈등예방은 다음과 같은 의미를 지닌다.

- 지진계처럼 갈등신호를 주의 깊게 살핀다.
- 문제를 방치하지 않고 해결한다.
- 욕구와 소망을 공개적으로 표현한다.
- 건설적으로 규명과 해결을 위해 노력한다.

1. 훌륭한 학교리더십

가능한 한 사람들을 믿는다. 학교장은 학교운영을 최대한 끝까지 담당하는 사람이다. 교육법적으로 보면, 학교장은 교육, 법 및 관리 규정 집행, 회의 결의안 실행 그리고 조직적 학교관리 과정을 책임진다. 학교장은 교사들에게 지시할 권한이 있는 상사이고 교육당국, 교직원, 학부모 그리고 학생에게는 책임 있는 대화상대이다. 아울러 학교장은 대외적으로 학교를 대표한다. 요컨대, 학교장은 학교를 조직적·교육적으로 관리한다. 이 쉽지 않은 복잡한 활동은 행정과 경영의 양극 사이에서 이루어진다.

학교장은 학교를 어떻게 관리하느냐에 따라 갈등을 유발할 수도, 예방할 수도 있다. 규범적으로만 생각하고, 규제를 강화하고, 냉담하고 공격적으로 대화하고, 칭찬이나 인정을 거의 하지 않거나 정보를 독점하거나 권력 유지 및 확대를 목적으로 결탁하면 갈등은 불가피하다. 자유방임적 스타일도 갈등을 일으키기는 마찬가지다. 교육목표를 중요시 않거나 갈등을 회피하거나 결정을 미루거나 모든 사람을 기쁘게 하고 싶거나 체계가 제대로 잡혀 있지 않아도 갈등을 야기할 수 있다.

학교장은 훌륭한 리더십(good leadership)으로 학교생활에서 발생하는 갈등을 효과적으로 예방할 수 있다. 훌륭한 학교리더십의 주요 특징은 다음과 같다.

- 조직적 역량
- 협동 리더십

- 원만한 대화 스타일
- 개인적 동정심
- 적절한 거리 유지
- 상호신뢰
- 존중과 인정
- 참가자 중심의 회의진행
- 의사결정과정의 투명성
- 관심사와 문제 경청
- 명확한 목적 설정
- 동등한 대우
- 창의력 진작
- 책임 위임
- 신중한 혁신

이 갈등예방적 특징 중에 핵심 요소는 상호신뢰이다(Malik, 2007; Sprenger, 2007). 리더와 구성원의 갈등은 대개 서로에 대한 신뢰 부족에서 비롯된다. 신뢰가 없는 곳에는 불신이 퍼진다. 불신이 만연한 곳에서 관리자는 매일 높은 수준의 통제와 제보체계가 필요하다.

관건은 신뢰의 의미이다. 사회심리학적으로 신뢰는 타인에게 의지할 수 있다는 확고한 믿음이다. 모든 것을 알 수 없으면 신뢰가 필요하다. 신뢰는 조직 규모가 클수록 더 필요하다.

학교운영을 맡은 학교장은 교직원에게 기본적인 신뢰 태도를 보여 줘야 한다(Boettcher & Mosing, 2009). 구체적으로 말하면, 교직원들이 자신들의 업무를 독립적으로 원만히 수행한다고 신뢰하는 것을 의미한다. 이 원칙은 공개적으로 알려져야 한다.

신뢰로 이끈다는 것은 맹목적으로 신뢰한다는 뜻이 아니다. 맹목적으로 믿는 사람은 빨리 속는다. 근거 있는 신뢰를 얻기 위해서는 상호 확신의 과정이 필요하다. 즉, 학교장과 교직원들이 목표 달성, 업무 경험 및 일상 문제에 대한 정보를 서로 계속 교환한다는 것을 의미한다.

신뢰하는 리더십 문화를 일구고자 하는 사람은 위임의 리더십 원칙을 적극적으로 활용하여야 한다. 위임하는 리더는 위임받는 사람을 먼저 신뢰하고 운영의 자유를 부여한다. 위임하는 사람은 다음을 확인해야 한다.

- 교사 능력에 따라 위임한다.
- 위임은 일정 기간 이루어진다.
- 업무를 완수한다.
- 위임받는 사람은 충분한 정보와 지시를 받는다.
- 특히 일상적 업무들이 위임된다.
- 위임받은 사람은 업무를 과중하게 맡지 않는다.
- 어려움이 있는 경우 도움을 받는다.
- 달성할 결과 및 완료 일시에 합의한다.

위임에 관해서는 관리책임과 행동책임을 구별해야 한다. 후자는 위임받은 사람이 실제 업무 완수에 책임이 있음을 의미한다. 위임받은 사람은 스스로 업무를 수행하고 관리한다. 관리자의 조기 개입은, 예를 들어 행동하지 않거나 무능함이 명백한 경우에만 권장된다. 위임을 위해서는 위임 목표에 대한 합의에 따라 향후 목표 달성에 대한 공동 검토가 필요하다.

신뢰가 무너지거나 남용되면 신뢰에 대한 기본태도가 악화된다. 이런 경우, 관리자는 우려 사항을 알리고 이러한 일이 발생한 이유를 밝혀야 한다. 동시에 상대방에 대한 신뢰를 부분적으로 또는 완전히 철회한다. 교사를 믿을 수 있다는 확신이 들면 다시 새로운 신뢰가 생길 수 있다. 이런 치유과정에는 시간이 필요하다.

학교장은 스스로 지속할 수 있게 일할 때만 '훌륭한 학교리더십'을 발휘할 수 있다. 이는 무엇보다 먼저 정기적으로 자신을 반성하고 이를 바탕으로 목표를 설정하고 목표 달성을 점검하는 것을 의미한다. 즉, 자신의 리더십 행위를 교직원들이 어떻게 경험하는지에 대해 체계적이고 정기적으로 피드백을 받는다는 것을 의미한다.

- 나의 리더십이 어떻게 받아들여지고 있는가?
- 나의 강점은 무엇이며, 개선해야 할 점은 무엇인가?
- 나는 무엇을 발전시켜야 하는가?

교장-교직원 관계에서는 체계적인 피드백에 앞서 먼저 어떤 형태의 피드백(예: 설문지; 〈표 10-1〉 참조)을 선택할 것이며, 그 결과를 어떻게 처리할지를 명확히 해야 한다. 또한 수퍼비전이나 코칭을 받을 때는 학교장의 전문성에 대한 피드백도 필요하다. 이런 상호신뢰 관계에서 자신의 리더십행위를 반성하고 리더십 문제에 대한 해결책을 찾을 수 있다.

표 10-1 리더십 피드백 검사

다음 문항에 답해 주십시오.

우리 교장 선생님은	맞다	맞는 편이다	어느 정도 맞다	맞지 않는다
1. 목표가 명확하다.				
2. 업무를 공정하게 배분한다.				
3. 교사들과 진지하게 대화한다.				
4. 친근하게 소통한다.				
5. 상호신뢰를 바탕으로 관리한다.				
6. 팀으로 관리한다.				
7. 일상적 학교생활에서 볼 수 있다.				
8. 책임을 위임한다.				
9. 교사를 존중하며 동기를 부여한다.				
10. 함께 성취한 것을 인정한다.				
11. 공정하게 비판한다.				
12. 참가자 중심으로 회의를 진행한다.				
13. 우리의 고민을 들어 준다.				
14. 평등하게 대우한다.				
15. 재량권을 준다.				
16. 교직원들의 협력을 후원한다.				
17. 학교발전을 위해 노력한다.				
18. 교직원 교육을 지원한다.				
19. 훌륭한 수업을 중요시한다.				
20. 혁신을 신중하게 이끌어 간다.				
21. 대외 홍보를 잘하고 있다.				
22. 학교생활을 후원한다.				

2. 효과적 수업

수업의 질이 떨어지면 학생, 학부모 그리고 학교 사이에 갈등의
빌미가 된다. 학생들의 실력이 규정된 학습목표에 미치지 않고 교
육과정에 따라 갖추어야 할 지식을 습득하지 못한다는 비난이 커
진다. 이런 비난은 일반적으로 수업이 부실하면 어린이와 청소년
의 발달과 삶의 기회가 보장될 수 없다는 식으로 정당화된다.

특히 수업의 질에 대한 불만으로 인한 갈등을 예방하기 위해서
는 교사와 학교가 효과적인 수업을 보장하기 위해 노력해야 한다.
한편으로는 교사와 학교가 여타 공공 서비스 제공자와 마찬가지로
서비스 품질을 최우선시한다. 다른 한편으로는 학생과 학부모가
수업의 질에 만족할 정도로 효과적으로 가르치는 것이 교사의 전
문성임을 명심한다.

효과적 수업을 바라보는 두 가지 방법이 있다. 첫 번째는 경험적
근거 없이 전문가들이 규정한 기대에 기반한 규범적 접근방법이
다. 예를 들어, 교사는 단계 모델을 따라야 한다는 규정이 있을 수
있다. 또는 수업 방법을 계속해서 바꿔야 한다는 원칙이 있을 수 있
다. 또한 최대한 학생 중심이어야 한다는 것도 또 다른 예이다.

두 번째 접근방법은 수업에 관한 경험적 연구에 기반한다. 이 방
법에서는 어떤 수업 특징이 학생들이 성공적으로 학습하는 데 도
움이 되는지에 대한 질문에 답하기 위해 체계적인 지식 습득을 통
해 수업을 파악한다. 실증적 연구 결과와 실제 수업 경험을 바탕으
로 많은 국가에서 수업의 질적 분석을 위한 질적 지표가 확립되어
있다.

수업에 관한 경험적 연구를 통해 최적의 환경에서 수업 성공을 위한 요소들이 밝혀졌다(Brophy, 2000; Helmke, 2009). 이 요소들이 실제로 교실에서 학생의 학습 성공에 기여하는지는 궁극적으로 교사의 능력에 달려 있다.

1) 긍정적 수업 분위기

수업 분위기는 학습동기와 학습 성공에 큰 영향을 미친다. 첫째, 좋은 분위기는 존중과 이해를 강조한 학생 중심적 기본태도를 통해 조성된다. 둘째, 수업 시작 시 적절한 준비 운동과 의식(ritual)은 학습에 도움이 된다. 셋째, 학생들은 어려운 학습 단계에서 격려받고 학습 성취에 칭찬받으면 수업을 즐거워한다.

2) 목표 지향

수업 시작 시, 학생들은 학습목표와 무엇을 기대해야 하는지를 알고 싶어 한다. 따라서 교사는 투명해야 한다. 교사가 학생들에게 실상을 알려 주지 않으면 매력을 잃는다. 투명성은 사전에 수업에 대한 충분한 정보를 제공함으로써 확보할 수 있다. 칠판이나 빔 프로젝터로 무엇을 어떻게, 왜 배워야 하는지를 간략하고 간결하게 설명한다.

3) 의미 지향

학생들은 수업 내용을 개인적으로 의미 있는 것으로 경험할 때

더 집중해서 배운다. 이런 의미 생성이 성공하지 못하면 교수-학습과정이 어려워진다. 수업 내용은 학생들의 관심사 및 일상생활과 관련되고 문제적 질문을 함으로써 의미를 갖는다. 의미 지향의 주요 매개체는 토론이다.

4) 명료한 수업 구조

학생은 구조를 갈망한다. 교사가 이런 기본욕구를 충족시키지 못하면 학생은 수업을 따라가기 어렵다. 잘 구조화된 수업은 무엇보다도 시작부터 마무리까지 진행 단계가 명료하다. 아울러 완비된 교재와 구속력 있는 규칙과 의식 또한 수업 구조의 중요한 기준이다.

5) 교재 활용 방법 설명

결국 학습 성공은 학생들이 교재를 이해해야만 가능하다. 수업 시간에 단계별 과제 지시나 교사의 교재 설명에서 가장 중요한 것은 학생들이 이해할 수 있는가이다.

이해 과정은 간단한 용어, 시각적 지원, 사례 및 선행조직자(advance organizer)를 통해 촉진할 수 있다. 선행조직자는 학습과제보다 추상적이고 일반적이며 포괄적 소개 및 안내 자료로서 기존 지식과 새로운 지식을 서로 연결한다.

6) 학습 내용의 일관성

학습 내용이 서로 연관성이 있으면 더 잘 이해하고 기억할 수 있다. 학습 내용이 제각각이고 연결되지 않으면 어렵게 습득할 수 있다. 수업이 세부 내용별로 전체적으로 구조화되면 일관성이 높아진다. 이를 위해 가장 좋은 방법은 직접 참조, 스케치, 마인드맵, 그래픽 등을 활용하고 학습 주제에서 벗어나지 않는 것이다.

7) 성적 기대

교사는 학생들에게 기대하는 성적을 명시적으로 설명해야 한다. 교사의 기대는 질적 측면과 양적 측면 모두를 의미한다. 성적 기대에 대한 명확한 의사소통을 통해 학생들은 성적에 대한 인식과 판단 기준을 갖게 된다. 이로써 학생들은 스스로 자신을 평가할 수 있다.

8) 학습 시간 활용

명목상의 수업 시간과 실제 학습 시간 사이에는 종종 차이가 있다. 즉, 너무 많은 시간이 낭비된다. 그 원인은 수업 준비 미비, 시간 미준수, 불분명한 과제 지시로 인한 마찰, 학칙 위반, 탈선 등이다. 학습 시간 사용은 철저한 수업 준비, 시간 준수, 명확한 작업 할당 및 효과적 규칙 관리를 통해 개선될 수 있다(Keller, 2008; Nolting, 2007).

9) 학습 전략 지원

학생들이 교재를 자율적이고 효과적으로 활용할 수 있으려면 일반적인 학습 전략(예: 시간 계획)과 과목별 학습 전략(예: 단어 학습)이 필요하다(Keller, 2005; Klippert, 2008). 학습 전략은 학습상황과 현재 교재를 기반으로 가르치고 연습시켜야 한다.

10) 다양한 방법

학생들의 다양한 과제와 학습조건에 대해 적절히 대처하려면 수업은 방법론적으로 다양하게 이루어져야 한다. 이를 위해 교사는 다양한 방법이 필요하다. 간단히 말해, 교사가 강의하는 기존의 수업을 학생들이 참여하는 방식으로 보완하는 것이다. 학생 참여 방식은 주로 학생들의 책임성, 독립성 및 사회적 기술을 지원하고 촉진하는 데 기여한다.

11) 개별화

학생의 특수성을 인정한다면 개별화 교육이 필요하다. 다양한 어린이와는 부분적으로만 서로 보조를 맞추어 교수-학습과정을 진행할 수 있다. 나머지 과정은 개인화가 이루어져야 한다. 이 목표는 개방적 수업 방식, 개인적 관심 장려, 상세한 조언 또는 학습 보조를 통해 달성할 수 있다.

12) 체계적 연습

교재를 이해하려면 규칙적으로 반복해야 한다. 이 목적을 위해서는 연습과제가 필요하다. 연습과제는 학생들이 즐겁게 연습할 수 있어야 한다. 연습 결과를 확인하고 필요한 경우 개선해야 한다. 성공적인 연습에 대해서는 긍정적인 강화와 인정이 필요하다. 학습에 어려움이 있는 학생은 성적이 좋은 학생보다 이런 피드백을 더 자주 받아야 한다. 그리고 끝으로 유익한 연습은 그 단계가 짧다는 것으로 알 수 있다.

13) 학생 피드백

모든 교사는 학생들이 수업을 얼마나 잘 받아들이는지 몇 번이고 확인해야 한다. 이를 위해서는 체계적인 학생 피드백이 이상적이다. 피드백은 서면(예: 설문지; 〈표 10-2〉 참조) 또는 구두 형식(예: 피드백 시간)으로 할 수 있다. 피드백의 목적은 궁극적으로 수업 개선이다.

효과적 수업에 가장 좋은 방법은 동료교사의 수업관찰이다(Kempfert & Ludwig, 2008; Strahm, 2008). 동료교사들이 수업 시간에 서로 참관하여 관찰 내용을 알려 주는 것이다. 개별 피드백의 목적은 수업의 질을 보장하고 더욱 발전시키는 것이다. 이런 전문적 학습이 성공하기 위한 전제조건은 다음과 같다. 첫째, 교사들이 서로 신뢰하여야 한다. 둘째, 판단이 아니라 관찰을 위한 참관임을 분명히 해야 한다. 셋째, 피드백을 주고받는 기본적인 기술을 습득해야 한다.

표 10-2 학생을 위한 수업 피드백 설문지

이 설문지는 수업 개선을 위한 것입니다. 다음 문항에 답해 주십시오.

선생님은	맞다	맞는 편이다	맞지 않는 편이다	맞지 않는다
1. 좋은 분위기를 위해 노력한다.				
2. 수업 주제에 대한 관심을 불러일으킨다.				
3. 이해하기 쉽게 설명한다.				
4. 우리에게 어떤 성적을 기대하는지 명확하게 말한다.				
5. 우리의 사전 지식을 기반으로 한다.				
6. 우리에게 명확한 과제를 내준다.				
7. 우리를 칭찬하고 격려한다.				
8. 우리를 공정하게 비판한다.				
9. 우리가 이해하지 못하면 도와준다.				
10. 주제에 집중하고 벗어나지 않는다.				
11. 일상생활과 관련성을 찾는다.				
12. 다양한 방법으로 가르친다.				
13. 핵심 주제를 철저히 연습시킨다.				
14. 효과적 학습방법을 알려 준다.				
15. 우리가 숙제했는지 확인한다.				
16. 우리를 공정하게 평가한다.				
17. 우리 반을 잘 지도한다.				
18. 우리와 행동 규칙에 동의하였다.				
19. 우리가 규칙을 어겼을 때 일관되게 반응한다.				

동료교사의 수업 참관을 위한 기본조건들이 충족되면 관찰에 대해 논의한다. 참관한 교사는 피관찰 교사에게 관찰할 내용을 알린다. 참관 교사는 수업 중에 관찰한 내용을 기록한다. 해석은 의식적으로 삼간다. 관찰 후에는 '관찰 내용'이나 이후 관찰 교사가 수정한 내용을 기반으로 피드백 회의를 한다. 참관 교사는 섬세한 감각을 가지고 피드백 회의를 진행한다. 참관 교사는 수업에서 관찰한 것을 평가 또는 판단 없이 보고한다.

피관찰 교사는 변명하지 않고 피드백 제공자의 말을 경청한다. 피관찰 교사는 필요한 경우 이해를 위해 질문한다. 피관찰 교사는 더 논의할 내용을 스스로 결정한다. 피드백 회의를 통해 수업역량 개발을 위해 어떤 결과가 도출되어야 하는지는 피관찰 교사들의 의사에 달려 있다. 마지막으로 참관 교사와 피관찰 교사는 수업 관찰 내용을 재검토하여 장점과 개선 사항을 정리한다.

3. 학생 중심의 교실관리

담임교사는 갈등예방에 중요한 역할을 한다. 담임교사는 갈등을
초기에 인식하고 관리해야 할 뿐만 아니라 학생들을 살피고 조언
하고 지원해야 한다. 담임교사는 지각한 것을 공개하며, 동료교사
들에게도 중요한 정보가 된다. 모든 정보를 동료교사들에게 알리
는 데 시간이 충분하지 않을 수 있다. 주요 정보는 현실적으로 휴식
시간에 전달할 수 있다. "A 학생이 따돌림을 당하고 있는 것 같습니
다. 이에 대해 어떻게 생각하십니까? 그 학생을 위해 무엇을 할 수
있겠습니까?" 이런 질문에 대한 신속한 답변은 해결책을 위한 유용
한 정보와 함께 해결 아이디어를 제공할 수 있다.

일상적인 갈등관리 외에도 교실관리의 주요 목표는 긍정적 수업
분위기를 조성하는 것이어야 한다. 한 학생이 학교에서 전체적으
로 얼마나 편안하게 느끼는지는 교실 분위기에 달려 있기 때문이
다. 편안함은 다시 학습 및 행동발달에 영향을 미친다.

교실 분위기는 주관적으로 지각된 한 학급의 기본 분위기이다.
이 분위기는 학생-학생 및 교사-학생 관계의 질에서 비롯된다.
Satow(1999)에 따르면, 좋은 교실 분위기의 주요 특징은 개별화된
교사-학생 관계와 상호지지적인 학생-학생 관계로 드러난다. 개
별화된 교사-학생 관계는 교사가 학생의 개인적 학습진도를 고려
하려 성적을 평가하고 배려하는 것이다. 상호지지적인 학생-학생
관계는 학생들이 서로 돕고 배려하며 서로에 대해 책임감을 느끼
는 것을 의미한다.

좋은 교실 분위기는 결코 저절로 형성되지 않는다. 교실 분위기

는 담임교사의 노력, 동료교사팀 및 학교윤리에 달려 있다. 담임교
사는 분위기 조성에 주도적 역할을 하며 학생들의 학교복지에 대
해 일차적 책임이 있다.

교실 차원에서 분위기를 북돋기 위해서는 가능한 한 학년 초에
담임교사의 동료교사들과 공동작업 계획이 필요하다. 이 계획의
원칙은 다음과 같다.

- 긍정적인 태도를 적극적으로 권장한다.
- 모두가 소외되지 않도록 한다.
- 심각한 폭력에 대해 적극적으로 대처한다.
- 학급회의를 정기적으로 진행한다.
- 현재 갈등을 처리한다.
- 모든 학생과 함께 교실 규칙을 정한다.
- 교실 규칙에 따라 학생 행동을 평가한다.
- 교실의 질서와 청결을 보장한다.
- 파티, 축하 행사, 여행 및 활동(예: 독서의 밤)을 한다.
- 학부모회의에서 학부모에게 학급발전과 교실 분위기에 대해
  알린다.

분위기를 북돋는 주요 도구는 대화이다. 이 대화에는 개별 학생
과 대화가 포함된다. 학생과 대화는 열린 귀로 학생의 상태에 대해
질문하고 적극적 경청자로서 학생이 자신의 고민을 말하도록 돕는
다. 대화 기회는 짧은 휴식에서부터 소풍 중 대화에 이르기까지 다
양한 상황에서 제공한다. 한편, 2주마다 하는 일기예보 형식으로
학생들과 함께 정신위생(mental hygiene)을 실시할 수도 있다. 이것

맑음	흐림
구름 많음	비

[그림 10-1] 분위기 포스터

은 시각적으로 분위기를 측정하는 것으로부터 시작할 수 있다. 학
생들에게 4등분한 분위기 포스터([그림 10-1] 참조)에 현재 교실 분
위기를 어떻게 인식하는지 표시하도록 한다.

교실 분위기 측정 결과를 보고 함께 논의한다. 특히 일부 학생이
분위기가 나쁘다고 인식하는 이유와 그 개선 방법을 명확히 해야
한다.

또 다른 방법은 설문지를 사용하는 것이다. 설문지는 긍정적인
수업행동에 대한 문항들로 구성한다. 학생들은 우리 교실이 각 문
항에 대해 어느 정도 상응하는지를 설문지에 표시한다. 설문조사
는 익명으로 진행한다. 설문이 끝나면, 각 문항에 대한 평균값을 계
산한다. 평균값들을 종합하여 개요서를 작성한다. 개요서는 학생
들의 실제 행동과 이상적 행동 사이의 차이와 변화가 필요한 행동
을 보여 준다.

개별 학생의 사회적 환경과 배경 그리고 성격으로 인해 한계가

있지만, 교실관리는 교실의 집단구조와 집단역동에도 영향을 미칠
수 있다. 긍정적 집단개발을 위한 첫 번째 전제조건은 학생들이 협
력을 위한 규칙을 정하는 것이다. 교실규칙은 포스터로 교실 벽에
걸어서 모든 학생에게 행동 의무를 상기시킨다. 교실규칙을 정하
는 것은 다음과 같은 핵심 질문으로 출발한다. '학생들이 나에게 하
지 말아야 하는 행동은 무엇인가?' 이런 개인적 행동 소망을 카드에
기록한다. 이어서 학생들이 기록한 카드들을 읽고 유사한 소원들
을 모아서 벽이나 보드에 게시한다. 소원들은 '우리 형식'(예: 우리
는 서로 평화롭게 지낸다.)으로 규칙적이고 긍정적인 제목을 붙인다.
예를 들어, 다음과 같은 규칙을 정할 수 있다.

- 우리는 서로를 공정하게 대한다.
- 우리는 서로를 존중한다.
- 우리는 서로의 말을 경청한다.
- 우리는 평화롭게 비판한다.
- 우리는 예의를 지킨다.
- 우리는 정직하다.
- 우리는 서로 이해한다.

이런 교실규칙은 학기 중이나 특히 규칙을 위반했을 때 언제든
참조할 수 있다. 규칙위반은 담임교사가 진행하는 갈등모더레이션
이나 갈등조정의 출발점이다. 또한 정기적으로 달성한 행동 목표
와 달성하지 못한 행동 목표를 정기적으로 평가해야 한다. 평가 결
과를 바탕으로 학생들은 무시하고 위반한 규칙을 앞으로 준수하는
데 특히 주의를 기울일 것을 결의한다.

교실공동체를 북돋기 위한 또 다른 방법은 일주일에 한 번 열리는 학급회의이다(Blum & Blum, 2006). 학급회의를 통해 학생들은 문제와 갈등을 해결하고 함께 해결할 수 있는 기회를 갖는다. 학급회의는 단기적으로 갈등을 해결하는 것뿐만 아니라 장기적으로 책임 의식과 공동체 의식을 키우는 데 이바지한다. Alfred Adler에 따르면, 책임 의식과 공동체 의식은 인간발달의 주요 목표이다.

학급회의가 성공하려면 소정의 구조가 필요하다. 이를 위한 첫 번째 전제조건은 사전에 회의 주제를 게시하는 것이다. 회의는 한 학생이 주재한다. 이 학생은 학생들이 회의 규칙을 준수하는지 살피고 의제를 점검한다. 또 다른 학생이 회의록을 작성한다. 이 학생의 임무는 갈등을 해결하고 문제를 해결하기 위해 합의한 내용을 기록하는 것이다.

학급회의는 의제에 대한 논의에 앞서 인정과 감사로부터 시작해야 한다. 모든 학생이 반 동료에 대해 특히 좋아했던 점에 대해 감사를 표할 수 있다. 이런 상호 긍정적 피드백은 즐거운 분위기를 조성하고 학생들의 자부심을 고취한다.

정서적 나눔이 끝나면 의제를 정한다. 각 문제에 대해 제안된 해결방안들을 수집하여 칠판이나 보드에 적어서 토론한다. 이어서 각 해결방안에 대해 투표를 실시하여 그 결과를 기록한다. 끝으로 누가 언제 해결책을 실행할 것인지를 명확히 해야 한다.

담임교사는 회의가 원만히 진행될 수 있도록 지원해야 한다. 회의 후, 담임교사가 학생들과 회의를 평가하고 향후 개선점을 알려주는 것도 중요하다.

학생들은 학급회의 형태의 정기적 만남의 기회를 환영한다. 물론 학생들이 회의 절차와 결과에 그다지 만족하지 않거나 보다 더

간소한 회의를 원할 수도 있다. 이런 경우, 회의진행 능력 향상에 특별한 노력을 기울여야 함을 확인할 수 있다.

끝으로 다음과 같은 수업 외 활동도 수업 방해를 방지하는 데 도움이 된다.

표 10-3 학급 설문지

여러분은 이 설문지를 통해 반 학생들의 행동을 평가할 수 있습니다. 본 설문조사 결과로 여러분에게 잘 맞는 것과 앞으로 개선해야 할 점을 알 수 있습니다. 설문조사는 익명으로 진행되므로 이름을 밝힐 필요가 없습니다. 다음 문항들이 여러분의 반에 얼마나 맞는지 표시해 주십시오.

우리는	맞다	맞는 편이다	맞지 않는 편이다	맞지 않는다
1. 우리 반이 편안하다고 느낀다.				
2. 서로 신뢰한다.				
3. 서로 존중한다.				
4. 서로 상대의 말을 경청할 수 있다.				
5. 서로 사이좋게 지낸다.				
6. 다툼을 평화롭게 해결한다.				
7. 자신의 의견을 자유롭게 표현한다.				
8. 우리 반에 대해 책임감을 느낀다.				
9. 합의한 규칙을 준수한다.				
10. 함께 잘 협력할 수 있다.				
11. 서로 돕는다.				
12. 갈등이 발생하면 합의할 수 있다.				
13. 상대방의 입장에서 이해하려고 노력 한다.				
14. 서로에 대해 신경을 쓴다				
15. 기분이 나쁠 때 서로 위로한다.				
16. 학교 밖에서도 만난다.				

- 학급파티
- 소풍
- 수학여행
- 학교캠핑

이런 행사와 활동으로 유대감과 공동체 의식을 증진할 수 있다. 물론 이들 행사와 활동은 잘 관리되어야 가능하다. 무엇보다 이것은 학생들의 관심에 부응하고 학생들이 의사결정, 기획 및 실행에 적극적으로 참여한다는 것을 의미한다.

4. 마음챙김 대화 문화

사람들은 학교 안팎에서 대화를 통해 서로 관계를 맺는다. 학교는 물리적으로나 심리적으로나 협소한 공간이다. 따라서 대화하지 않는 것은 거의 불가능하다. 누군가가 침묵하더라도 그 침묵 또한 메시지이다(Watzlawick et al., 2007).

학교에서 다양한 관계들에서 갈등은 계속해서 발생한다. 갈등이 해결되지 않고 더 커지고 고조되면 해가 된다. 학교 분위기와 학습 결과에도 영향을 미치고 모든 학교 관련자에게 피해를 주는 혼란을 야기한다. 경험을 스스로 알아차리며, 현재 상황에 주의를 집중하고, 경험에 대해 판단분별 없이 '있는 그대로' 알아차리는 수용적 태도를 지니는 이른바 갈등예방적 마음챙김(mindfulness) 대화 문화가 어떻게 발전하고 유지될 수 있는지에 대해 살펴보고자 한다.

1) 교사-학생 대화

학생들은 학창 시절 약 15,000시간을 학교에서 보낸다. 학교에서 교사는 가장 중요한 보호자이다. 대부분 성인-아동 관계와 마찬가지로 교사-학생 관계도 비대칭 구조로 되어 있다. 교사는 학생에게 명령과 지시를 하거나 비행에 대해 제재할 수 있는 명시적 권리가 있지만 청소년에게는 이런 선택권이 없다. 이 불평등한 관계는 자의에 의한 것이 아니다. 학생은 교사로부터 인격체로서의 존엄성을 존중받고 신체적·정신적으로 피해를 보지 않을 권리가 있다.

많은 교사가 학생들과 협력관계를 맺으려고 노력하지만 반복적
으로 역할갈등을 겪는다. 그 이유는 학교의 교육적 사명을 수행하
기 때문이다. 일상적 교사-학생 대화를 보면 역할갈등뿐만 아니라
대화장애도 볼 수 있다. 어느 인간관계와 마찬가지로 교사-학생
관계도 원칙적으로 실패하기 쉽기 때문이다. 교사의 관점에서 보
면, 일반적으로 다음과 같은 대화 문제가 있다.

- 언어적 공격(학대, 모욕, 괴롭힘)
- 무례함
- 과민(비판을 참지 못함)
- 대화 준비 미비
- 일방적 거부

학생 면담과 학생 설문조사에 따른 대화 방해 요인은 다음과 같다.

- 괴롭힘
- 조롱
- 일방적 대화
- 성적 만능주의
- 문제 중심
- 불공정
- 차별대우
- 공감력 부족
- 대화 의지 부족
- 과민

일반적 정신위생의 의미에서, 교사와 학생은 원만한 대화 환경이 중요하다. 이를 위한 기본요건은 학생에 대한 인간적 자세이다. 인간적 자세는 다음과 같다.

- 교사는 어떤 경우라도 학생을 인간으로서 존중한다.
- 교사는 학생들을 그들의 세계에서 이해하려고 노력한다(관점의 변화).
- 교사는 사제관계에서 학생에게 정서적 온정을 베푼다.

이 기본자세의 가장 중요한 결과는 학생의 행동조절을 위한 수단으로 모욕, 조소 및 멸시를 삼가는 것이다. 심각한 갈등상황에서는 교사의 높은 수준의 감정통제가 필요하다. 일부 학생은 특히 사춘기에 긴장을 풀거나 한계를 시험하기 위해 의도적으로 도발하기 때문이다. 교사는 반격 대신에 일탈 학생에게 일탈 사실을 명확히 하고 우려 사항을 알린다. 교사가 갈등상황에서 자신의 감정을 통제하지 못했다면 사과하는 것이 좋다. 이로 인해 교사의 입지가 약화될 위험은 거의 없다. 오히려 그 반대의 경우가 될 것이다. 학생들은 교사에 대해 실수를 인정하는 사람, 학생을 인간으로 진지하게 수용하고 잘못을 만회하려는 사람으로 경험한다. 이로써 교사의 행동은 학생-학생 갈등을 해결하는 데 본보기가 될 수도 있다.

많은 학생이 가정에서 대화 욕구가 충분히 충족되지 않기 때문에 교사는 매우 중요한 대화상대가 되었다. 교사에게 대리모나 대리부 역할을 기대하기 어렵다. 하지만 교사는 학생의 고민을 경청하고 대화할 준비가 되어 있어야 한다. 학생과 대화에서 교사의 주요 임무는 적극적 경청이다. 즉, 교사는 집중하여 경청하고, 학생

의 마음과 관점에서 그들의 문제를 이해하려고 하며, 감정적으로
중요한 내용을 본인의 말로 요약한다. 필요한 경우, 교사는 또한 학
생들에게 조언하고 해결책을 제시한다.

교사와 학생들 간 대화를 위해서는 원탁회의가 바람직하다. 원
탁회의는 시작에 앞서 교사와 학생들이 원형으로 앉아서 다음과
같은 규칙을 명확히 한다.

- 우리는 서로 배울 준비가 되어 있다.
- 우리는 서로 공정하게 대한다.
- 누군가가 말하면, 우리는 경청한다.
- 우리는 진심으로 대화한다.
- 우리는 자신의 의견을 간략히 피력한다.

교사는 대화 순서를 의미하는 상징물(예: 돌맹이, 공 등)을 가지고
학생들과 관계에서 자신에게 좋은 점과 나쁜 점을 알린다. 그리고
그 상징물을 대화 차례가 된 학생에게 건넨다. 누구든 현재 학생-
교사 관계에 대해 말할 수 있지만, 그렇다고 반드시 해야 하는 것은
아니다.

- 나는 무엇을 좋아하는가?
- 내가 싫어하는 것은 무엇인가?

한 학생이 칠판이나 보드에 긍정적인 것과 부정적인 것을 적는
다. 이어서 교사-학생 관계를 개선할 방안들을 수집하여 칠판에 적
는다. 이때에도 동일 규칙에 따라 대화 차례를 상징하는 돌을 가진

사람이 말하도록 한다. 마지막으로, 합의안을 도출하는 대화에서
교사와 학생들은 우선적으로 개선해야 할 사항에 대해 합의한다.
이를 통해 도출된 합의안 실행에 대해서는 차후에 함께 평가한다.

| 표 10-4 | 교사-학생 관계 설문지

이 설문지는 교사-학생 관계 개선을 위한 것입니다. 다음 문항이 얼마나 맞는지 표시
하시오.

선생님은	맞다	맞는 편이다	맞지 않는 편이다	맞지 않다
1. 우리를 존중한다.				
2. 우리를 공감한다.				
3. 잘 경청한다.				
4. 공정하다.				
5. 남학생과 여학생을 동등하게 대우한다.				
6. 우리를 지원한다.				
7. 우리를 신뢰한다.				
8. 우리에게 관심이 있다.				
9. 우리와 대화할 준비가 되어 있다.				
10. 비판을 받아들인다.				

　교사-학생 관계에 대한 설문지(〈표 10-4〉 참조)를 통한 피드백
도 한 방법이다. 설문 결과에 대해서는 학생들과 평가 회의에서 논
의한다. 이 회의를 통해 관계를 명료화하고 개선방안을 도출한다.

2) 교사-학부모 대화

　학교는 지식, 가치 및 역량을 전수하는 사회제도이다. 실제로 교

사와 학부모는 어린이와 청소년의 발달을 위해 함께 노력해야 한다. 하지만 교사와 학부모 관계도 나빠질 수 있다. 학부모의 관점에서 보면, 대화를 가로막는 것은 협력 의지의 부족이다. 대다수는 아니지만, 일부 교사는 학부모와 협력에 소홀하다. 이로 인해 종종 투명성과 정보의 부족이 뒤따른다. 그 결과, 교사는 학부모에게 학생의 성적과 행동에 대해 충분히 알려 주지 않고 학교장도 학부모 회의를 멀리하고 정보도 받지 못하며 참여도 줄어든다. 또한 교사와 학부모는 성적이나 학생 제재에 대한 서로 다른 견해로 인해 갈등을 겪기도 한다. 이런 갈등상황에서 교사가 방어적이고 정당화하는 태도를 보이면, 결코 도움이 되지 않는다.

그러나 교사뿐만 아니라 학부모도 문제를 일으킬 수 있다. 교사에게는 일부 학부모의 회의 불참이 자주 언급되는 문제이다. 이런 학부모들은 부정적 학교 경험으로 인해 학교에 적대적일 수 있으며 필요한 대화를 의도적으로 회피하고 학부모회의도 멀리한다. 표면적으로는 학교에 관심이 있지만, 학습 및 행동 문제를 해결하는 데 중요한 가족 정보를 학부모회의에서 공개하지 않는 학부모들 역시 문제를 일으킨다. 갈등을 공격적으로 해결하려고 하는 학부모는 특히 스트레스를 받는다. 이로 인해 교사가 위협을 받거나 심지어 신체적 공격을 받을 수 있다. 그리고 끝으로, 대개 중요하지 않은 이유로 교사에게 지나치게 의존하는 학부모도 문제가 될 수 있다. 원활한 교사-학부모 대화를 위해서는 두 대화당사자가 서로 존중하고 경청할 준비가 되어 있어야 하며 상대방의 관점에서 상대방을 이해하려고 노력해야 한다. 또한 갈등은 힘이 아니라 이성에 기반한 대화를 통해 해결될 수 있다는 통찰이 있어야 한다.

담임교사가 의욕적으로 학부모회의를 통해 학부모에게 협력 의사를 전달하고 신뢰 분위기를 조성할 수 있으면, 의사소통 문제는 학년 초에 매우 효과적으로 예방할 수 있다. 학부모가 대화 의지가 있고 학교에 대한 두려움이 없으면 대화와 협력의 다리가 구축된다. 또한 담임교사는 학부모대표와 정기적으로 아이디어를 교환하고 협력하여 학부모회의, 축제 등을 준비하여야 한다. 학부모회의를 통해 교육 관련 정보, 지침 또는 도움을 서로 교환함으로써 학부모와 담임교사가 함께 하는 교육을 실현할 수 있다.

학급 수준에서 이루어진 것은 학교 수준에서도 계속되어야 한다. 핵심은 학교장과 학부모회 간 정기적 대화이다. 이런 대화가 왕성해지면 긍정적 협력 분위기를 조성할 수 있다. 이를 위해서는 학교장이 학부모회를 진지하게 받아들이고 구성원들과 그들의 권리를 존중하고, 학부모가 학교문화 정립에 함께하도록 동기부여하는 것이 중요하다.

다음 두 가지 핵심 질문에 대한 피드백을 카드 질문 형식으로 요청하면 학부모는 존중받는다고 느낀다.

- 우리는 이 수업에 대해 무엇을 좋아하는가?
- 개선할 점은 무엇인가?

이 학급에서 가르치는 교사들이 참석할 수 있으면 더욱 유익할 것이다. 이런 경우 개별 교과목의 교수법에 관한 변경 요청에 대해 직접 논의할 수 있다. 담임교사만 참석한 경우, 자신과 관련한 문제를 명확히 하고 적절한 목표에 동의할 수 있다. 과목교사들에게 요청하는 변화는 학부모회의 이후에 개인적으로 또는 교사회의에서 해당 교사에게 전달한다. 담임교사는 회의 결과를 학부모에게 전달한다.

3) 학생-학생 대화

학생들은 일상 대화에서 많은 사실적 정보를 전달하지만, 대화
내용의 핵심은 감정과 관계에 있다. 학생들은 서로의 경험과 계획,
기쁨과 슬픔, 걱정과 두려움을 나눈다. 그리고 서로에 대해 어떻게
생각하는지를 매우 직접적인 방식으로 알린다. 이러한 피드백은
사랑의 표현까지 매우 긍정적일 수 있다. 그리고 학생들은 매우 공
격적이고 위협적이며 상처를 줄 수 있다. 학교폭력에 대한 연구 결
과에 따르면, 언어적 공격은 신체적 공격이 아니라 학교폭력의 두
드러진 증상이다(Holtappels et al., 2009). 이는 청소년에게 언어행
동의 잔혹성이 만연해 있다는 것을 의미한다. 그러나 이 진단으로
는 장난이지만 겉보기에 공격적 의사소통과 가까운 사람들에게 고
의적으로 심리적 피해를 주는 것을 목표로 하는 악의적 대화를 충
분히 구별할 수 없다. 청소년의 언행에 대한 비판적 분석에 따르면,
청소년에게는 인사, 작별인사, 사과, 용서, 정중한 요청 및 질문과
같은 긍정적이고 사회적인 대화를 위한 의식들도 부족하다.

학교는 결코 학생들이 가정에서 완전히 발달된 긍정적이고 사회
적인 행동을 할 것이라고 가정할 수 없으므로 대화행동을 장려하
는 데 적극 참여하여야 한다. 이는 먼저 학생들이 인간적 대화 기
본규칙을 위반하는 경계를 설정한다는 의미이다. 타인에게 심리적
상처를 주는 학생은 인간애의 한계를 인식하는 법을 배워야 한다.
이 한계를 넘는 상황에서 공격자에게 사과하고 보상하라고 요청하
는 것을 두려워해서는 안 된다.

그러나 이렇게 대응적으로 한계를 정하는 조치로는 미흡하다.
장기적으로 긍정적 대화문화를 정립하고 싶은 사람은 대화규칙

실천을 피할 수 없다. 이 실천을 위한 두 가지 방법이 있다. 첫 번째 방법은 교실규칙이다. 두 번째 방법은 대화역량을 쌓는 것이다 (Klippert & Kähne, 2006; Miller, 2002). 특히 공감적 경청, 메시지 해독, 질문, 피드백, 자유롭게 말하기, 발표, 토론, 집단대화 및 대화 진행을 훈련하여야 한다.

4) 교사-교사 대화

교사는 학교의 심장이다. 정서적-사회적 관계는 지속적으로 순환되어야 한다. 학교의 심장이 아프면 학교 전체가 고통스럽다. 교사들이 서로 잘 지내면 학교 분위기에도 긍정적 영향을 미친다.

교사들은 다양한 맥락에서 대화한다. 교직원회의, 팀회의, 업무회의 등의 공식적 관계들이 맥락이다. 휴식시간 대화, 자유 시간 대화, 축제, 공동 수업 계획, 교재 공동 제작, 동료 관찰 등의 비공식적 관계들도 더 큰 맥락이다.

두 교사가 서로 이야기하면, 이 대화는 항상 내용과 관계로 이루어진다(Watzlawick et al., 2007). 따라서 대화는 말의 내용뿐만 아니라 무엇보다도 어떻게 말하느냐에 달려 있다. 메시지는 관계로 인해 평가된다. 내용과 관계가 일치하지 않으면 대화에 장애가 발생한다. 내용과 관계의 혼동은 대화의 가장 큰 장애요소이다. 이 밖에도 교사 간 대화에서 발생하는 장애요소는 다음과 같다.

(1) 모욕

갈등이 격해지면 갈등당사자들은 비행보다는 상대방의 자존심을 겨냥한 파괴적이고 낙담케 하는 말을 한다. 한 교사가 리더십이

약한 동료교사에게 "당신은 자신의 소임을 다하지 않았습니다."라
고 말한다. 이런 가슴에 비수를 꽂는 듯한 독설은 동료교사의 자존
감을 떨어트린다.

(2) 위압적 행동

'내가 누구인지 알지, 나는 어떤 교실이든 내가 통제할 수 있다.'
라는 모토로 자신의 가장 좋은 면을 보여 주고 싶어 하는 사람들이
있다. 이들은 다른 사람들을 평가절하하여 자신을 돋보이고 자존
감을 지키려 한다.

(3) 폐쇄성

교사들 사이에 경쟁이 심하면 두려운 사람에게는 보안시스템이
작동한다. 즉, 부정적으로 보이는 본인 모습과 현재의 어려움을 숨
기고 위장한다. 이런 '폐쇄적' 사람은 자신에게 다음과 같이 말한
다. '나는 학생들과 어려움을 발설하지 않을 거야. 동료교사들이 나
를 실패자라고 생각할 수 있어.'

(4) 가십/소문

일부 교사가 자기보호를 위해 폐쇄적이면 그들의 실수와 사생활
이 경멸적인 형태로 비밀리에 알려진다. 이 정도로 통제할 수 없는
소문이 퍼질 확률도 높아진다.

(5) 집단 형성

교사들은 같은 생각을 하는 사람들로 구성된 소집단으로 나뉜
다. 그리고 자신이 좋아하지 않는 사람들과는 대화하지 않으려 한

다. 이런 분열된 체계에서는 교사들이 통합하기 어렵다.

(6) 독불장군

교사들은 전반적으로 서로에 대해 불편해하고 협력, 대화, 아이디어 교환 등이 무의미하다고 생각한다. 학교를 전체로 보지 않고 교실을 사적 영역으로 본다. 교사들은 학교에서 자기 일만 하고 퇴근한다.

교사들의 대화는 완전히 조화롭고 오류 없이 일관되게 이루어질 수 없다. 항상 계속해서 장애, 방해 그리고 오해가 있을 것이다. 또

표 10-5 교사 간 대화 설문지

다음 문항이 얼마나 맞는지 답하시오.

우리 교사들은	맞다	맞는 편이다	맞지 않는 편이다	맞지 않다
1. 분위기가 좋다.				
2. 서로 많이 신뢰한다.				
3. 서로 허심탄회하게 대화한다.				
4. 친근한 분위기를 유지한다.				
5. 곤경에 처한 교사를 돕는다.				
6. 서로 배려한다.				
7. 동료애를 키운다.				
8. 타협할 준비가 되어 있으며, 개인적 이해 관계를 무조건 추구하지 않는다.				
9. 서로 도와 어려움을 이겨 낸다.				
10. 새로운 교사들과 금방 어울린다.				
11. 때때로 우리의 만남을 성찰한다.				
12. 정보교환이 잘 된다.				
13. 의사결정 과정이 투명하다.				

한 성격과 대화방식이 다름으로 함께하기가 어렵다. 따라서 대화는 목표에 맞게 더욱 발전하여야 한다. 한 가지 발전 방법은 자체 설문지(〈표 10-5〉 참조)로 현재 상황을 분석하고 발전 목표와 단계를 도출하는 것이다. 대화 발전의 또 다른 방법은 교사들의 대화규칙이다. 이 규칙에는 교사들의 만남에 기반이 되는 공동의 아이디어와 희망이 포함되어 있다(부록 '교사들의 대화규칙' 참조). 어떤 발전 방법을 택하든, 항상 전체회의에서 대화과정에 대한 성찰이 이루어져야 한다.

5. 체계적 팀발달

학교 업무는 여전히 개인적 업무가 대부분이다. 하지만 과거 개인적 업무가 대부분이었던 학교에 비해 팀작업이 증가하고 있다. 팀작업은 기업과 공공기관에서 실행되면서 학교에서도 실행되고 있다. 교육 관련 업무들은 팀작업으로만 효과적으로 관리될 수 있으므로 학교 업무의 이런 변화는 시급히 필요하다. 학교에서 팀발달의 예는 다음과 같다.

- 학교관리팀: 관리책임자들의 공동관리 및 성찰
- 학급팀: 교실 차원에서의 협의와 교류를 통한 수업 및 교육 관련 협력
- 학년팀: 교육적 이념에 기초한 학년별 협력
- 학교 내 사례회의팀: 대내외 전문가를 통한 갈등 사례 처리
- 프로젝트팀: 발전프로젝트 기획, 실행 및 평가
- 학교운영위원회: 교사, 학부모, 지역 요청에 따른 학교발전 조율 및 반영
- 집단 간 팀(intergroup team): 특정 목적(예: 폭력 예방, 학교기념일 준비)을 위한 교사, 학부모 및 학생 간 협력

팀 구성 시, 팀 성공을 위한 두 가지 핵심 요소가 있다. 첫째, 팀을 책임지고 이끌 역량을 갖춘 사람이 팀 리더로 임명되어야 한다. 둘째, 팀원을 구성할 시 팀원들이 팀 업무에 필요한 역량을 갖추고 있는지, 각자의 강점들이 서로 보완적인지 그리고 서로 맞는지를

확인하는 것이 중요하다.

새로 구성된 팀은 제대로 작동하지 않는다. 자동으로 작동하는 팀으로 가는 길은 시간이 필요한 과정이다. Tuckman(1965)에 따르면, 그 과정은 다음과 같은 단계를 거친다(119쪽 참조).

① 탐색 단계(형성기)
- 팀원들이 서로 알게 된다.
- 팀원들은 서로 정보를 주고받는다.
② 갈등 단계(격동기)
- 팀원들은 업무와 목표를 놓고 다툰다.
- 자리를 두고 다툰다.
③ 규범 단계(규범기)
- 규칙과 구조가 개발된다.
- 공동의 기대와 의견이 일치한다.
④ 실행 단계(성과기)
- 대화와 협력이 잘 이루어진다.
- 공동의 목표를 위해 일한다.

이 단계 모형은 모든 팀발달과정이 1단계에서 4단계까지 선형적으로 진행된다는 의미로 이해되어서는 안 된다. 팀이 이전 단계로 후퇴하는 것은 드문 일이 아니다. 그 한 예를 들자면, 프로젝트팀에서 구성원들이 오랫동안 생산적으로 함께 일했지만, 주요 현안을 놓고 격렬하게 다투고 있는 경우이다(갈등 단계). 결국 만성적 관계갈등으로 팀이 되지 못하는 집단도 있다.

한 팀이 원활하게 일하고 대화하기 위해서는 효과적 팀 모더레이션(team moderation)이 필요하다. 이런 역량이 없으면 팀워크는 즉시 어려움을 겪기 시작한다. 대화가 혼돈에 빠지고, 한 사람이 회의를 지배하고, 실제로 중요한 사안이 누락되고, 구속력 있는 합의가 이루어지지 않는다는 사실로부터 팀이 병들었음을 알 수 있다. 생산적 팀회의를 위해서는 유능한 회의진행자가 필요하다. 원만하고 효과적인 회의진행은 다음과 같다.

- 회의가 잘 준비되어 있다.
- 회의에 필요한 도구들이 구비되어 있다.
- 명확한 의사일정 또는 안건목록이 작성되어 있다.
- 한 팀원이 회의를 기록한다.
- 회의 시간이 정해져 있다.
- 회의 시작 시 분위기를 파악한다.
- 회의 참가자는 대화규칙을 준수한다.
- 회의 결과를 시각화한다.
- 누가 무엇을 해야 하는지를 명확히 한다.
- 회의 종료 시 피드백 및 회의 과정에 대한 반영을 한다.
- 합의안 실행을 관리하기 위한 추수 회의를 한다.

학교팀에서 회의를 진행하는 교사는 회의진행에 관한 교육이 필요하다. 이 교육을 통해 회의, 갈등모더레이션, 갈등조정, 토론 등에서 발생하는 어려운 상황들을 처리할 수 있어야 한다.

또한 팀발달을 통해 팀워크를 개선하여야 한다. 팀발달을 위한 첫 번째 조치는 모든 사람이 준수해야 하는 팀규칙에 합의하고 문서화하는 것이다. 회의 규칙은 대화, 협력, 정보공유, 의사결정, 갈

등해결방법 등에 관한 사항들을 규정한다. 이에 관한 예는 다음과
같다.

- 우리는 서로를 존중하고 공정하게 대한다.
- 모든 의견에 의문을 제기할 수 있다.
- 누구나 필요한 정보를 획득할 수 있다.
- 누구나 다른 사람들이 무엇을 하는지 알 수 있다.
- 누구든 단독행위를 하지 않는다.
- 우리는 합의로 목표를 정한다.
- 우리는 합의안을 준수한다.
- 우리는 목표가 얼마나 달성되었는지 알 수 있다.
- 우리는 서로 방해를 받으면 적절한 시기에 서로 사과한다.

　팀규칙이 있으므로 팀리더와 팀원들은 자신을 정당화할 필요가
없고 올바른 절차와 행동에 대해 긴 시간 토론을 하지 않아도 된다.
이 밖에도 팀규칙은 팀리더와 팀원들이 규칙을 준수해야 기능한
다. 규칙이 더 이상 유용하고 도움이 되지 않는다면, 그 규칙은 폐
지해야 할 때이다.

　또 다른 갈등예방조치는 팀프로세스에 대한 정기적 평가다. 평
가는 팀회의가 끝날 때마다 자체 평가 형식으로 이루어져야 한다.
평가는 업무프로세스에 대한 성찰과 업무 결과에 대한 평가로 구
성된다. 평가는 다음과 같은 간단한 질문으로 충분하다.

- 업무 결과에 얼마나 만족하는가?
- 우리의 협업은 어떠했는가?

- 팀 분위기는 어떠했는가?
- 우리는 무엇을 개선해야 하는가?

정기적 평가 외에도 자체평가지를 통해 팀워크 진단을 실시할 수 있다(〈표 10-6〉 참조). 팀워크 진단은 단계별로 실행되는 개선 방안에 대한 계획과 합의의 근간이 된다. 팀워크 진단은 4~6개월 후 동일 설문지를 사용하여 다시 실시하는 것이 바람직하다. 평가 결과는 이전 결과와 비교할 수 있다. 이 비교를 통해 어떤 발전이

표 10-6 　팀워크 진단

다음 팀워크에 대한 문항에 대해 평가하시오.

우리는	맞다	맞는 편이다	맞지 않는 편이다	맞지 않다
1. 우리의 목표에 대해 명확히 알고 있다.				
2. 업무분담이 명확하다.				
3. 누구나 자신의 역량을 발휘할 수 있다.				
4. 업무 목표에 전념한다.				
5. 좋은 업무 결과를 얻고 있다.				
6. 기본적으로 분위기 좋다.				
7. 서로에게 열려 있다.				
8. 서로 공정하게 대한다.				
9. 서로 적극적으로 경청한다.				
10. 서로 돕는다.				
11. 효과적으로 협력한다.				
12. 문제를 긍정적인 도전으로 본다.				
13. 서로 피드백을 한다.				
14. 실수로부터 배운다.				
15. 우리의 업무과정을 성찰한다.				

있는지 알 수 있다.

학년팀에 대해서 살펴보면, 팀워크는 학년 차원에서 가장 필요하다. 학년 초에 학년별로 회의가 시작되어 업무 목표가 결정되고 협력을 통해 그 실행이 계획된다. 이것은 목표 지향적 회의를 통해 가능하다. 학년장이 진행하는 이 회의에서 공동의 목표가 분명해진다. 또한 다음과 같은 회의 방법으로 더욱 체계적 접근이 가능하다.

먼저 회의 참가자들은 다음 질문에 대해 답한다.

- 일반적으로 나의 성과기대치는 얼마나 높은가?
- 내가 내준 과제의 범위는 얼마인가?
- 나는 과제를 얼마나 자주, 어떤 형식으로 확인하는가?
- 나는 과제의 양으로 무엇을 기대는가?
- 학생들이 과제를 제대로 하지 않으면 나는 어떻게 대응하는가?
- 나는 학교의 징계에 대해 어떤 기대를 하고 있는가?
- 나는 학생의 수업 방해에 대해 어떻게 대응하는가?
- 학생들은 어떤 책임을 질 수 있는가?
- 나는 학부모에게 무엇을 기대하는가?
- 학부모와 만남은 얼마나 집중적으로 이루어져야 하는가?

이어서 회의에서 교육 관련 개인적 아이디어를 교환한다. 이를 바탕으로, 예를 들어 과제 보충과 관련하여 교사들은 기본 합의에 따라 함께 취해야 할 방안을 핵심 단어로 카드에 적는다. 카드들을 몇 개 범주로 분류하여 제목을 붙인다. 분류 작업이 끝나면, 각 범주에 대한 찬반을 가린다. 추가 분류 작업은 다양한 관점들을 다시 한번 조명하고 건설적 회의를 통해 기본적 교육원칙에 따른 합의안을 도출하는 데 집중한다.

학기 중에 여러 회의를 통해 항상 공동교육활동에 대한 비판적 성찰이 항상 이루어져야 한다. 이를 위해 다음과 같은 핵심 질문이 중요하다.

- 우리가 함께 일할 수 있는 것은 무엇인가?
- 어려움은 어디에 있는가?
- 이런 어려움은 어떻게 해결할 수 있는가?

6. 세심한 학교발전

학교발전(school development)은 학교의 교육활동을 체계적 · 전체적 · 지속적으로 혁신하는 것이다. 학교발전은 그 자체가 목적이 아니라 학교의 질을 유지하고 높이는 역할을 한다. 이런 의식적 노력을 학교의 질 관리라고도 한다(Dubs, 2003; Keller, 2007). 모든 학교는 이제 데이터에 근거한 질 평가를 받아야 한다. 학교의 질 평가는 다음과 같은 분야별 기준에 따라 이루어진다.

- 수업
- 교사의 전문성
- 학교관리 및 질 관리
- 학교 및 학급 분위기
- 학교 대내외 파트너십
- 학습 결과 및 교육적 효과

질 평가는 자체 평가와 외부 평가로 이루어진다. 전자는 학교가 자체적으로 수행하고, 후자는 평가 보고 형식으로 평가 결과를 요약하는 외부 전문가가 수행한다. 어떤 교사든 자체 평가나 외부 평가에 참여하는 것을 회피할 수는 없다.

학교운영위원회 역시 대외적으로 학교의 질에 대한 책임이 있으므로 평가보고서를 전달받는다. 학교운영위원회는 학교 관점에서 학교와 대화를 통해 목표에 대한 의견을 교환하고 합의점을 찾는다. 학교는 이 목표를 달성하기 위한 조치와 방법을 결정할 책임이

있다. 학교운영위원회와 학교는 향후 합의된 시간에 목표 달성을
검토한다.

학교발전이 이러한 의무적이고 표준화된 맥락에서 이루어지면
서 새로운 갈등요소들이 발생한다. 한편으로는 개별 교사 및 교사
집단의 발전에 대한 저항으로 갈등이 가시화된다. 다른 한편으로
는 발전 스트레스 현상으로 갈등을 인지할 수 있다. 이 두 가지 발
전 문제로 발생할 수 있는 심각한 갈등은 발전 성공뿐만 아니라 교
육적 활동 분위기 및 결과를 손상시킨다. 이런 이유에서 학교장은
평가의무뿐만 아니라 보호의무도 있으므로 학교발전은 심적으로
무리 없이 이루어져야 한다.

1) 발전 저항에 대한 대처

사람들이 발전과정에서 부정적이거나 거부하는 방식으로 행동
하는 것을 저항이라고 한다. 저항은 행동의 자유가 제한되는 것에
대한 사람들의 반응을 의미한다. 저항의 목적은 개인의 행동 자유
를 방어하거나 회복하는 것이다. 다음 예에서 볼 수 있듯이, 학교
발전과정은 저항을 일으킬 수 있고, 그 저항은 표출된 갈등이 될 수
있다.

한 직업학교에서 학기 초부터 방법 역량 함양을 목적으로 한 학
교발전사업이 진행되고 있다. 이 프로그램은 전년도 하반기에 프
로젝트집단에서 개발되었다. 목표는 직업학교 1학년과 2학년 모두
에게 실기 중심으로 교재에 입각하여 일반 및 특수 학습방법을 교
육하는 것이다. 방법 교육과정은 어떤 과목에서 어떤 방법을 교육
할 것인지가 구체적으로 규정되어 있다. 그리고 담임교사가 프로

젝트 실행 과정을 시작하고 관리하도록 규정되어 있다.

담임교사가 학년 초에 수업회의에서, 예를 들어 마인드매핑 방법으로 과목교사들에게 지원을 요청하였다. 그는 또한 과목교사들과 1년 동안 세 번의 평가회의를 개최하기로 합의하였다. 이 회의의 목적은 프로젝트의 진행 상황을 분석하는 것이다.

첫 번째 평가회의가 4월 중순에 열렸다. 동료교사들은 담임교사에게 이 방법을 도입한 취지 및 과정과 현재 학생들의 학습행동에 미친 영향에 대한 설명을 요청하였다. 평가 결과는 실망스런 수준이었다. 일부 교사는 이 방법에 대한 훈련을 시작하지도 않았고, 다른 교사들은 실제 사례로 연습도 심화과정도 없이 피상적으로만 방법을 가르쳤다. 담임교사는 자신만이 수업 준비 및 체계적 시간 계획과 학습일기 작성 등으로 과제를 완수하였다는 것을 깨달았다.

매우 화가 난 담임교사는 학년 초에 약속을 위반한 동료교사들을 비난했다. 그는 학교 규정에 근거하여 학교의 질적 발전이 의무사항임을 강조하였다. 팀원들도 화를 내며 그의 비난에 다음과 같이 반박하였다.

- "우리는 학년 말까지 학습방법을 가르친다는 말밖에 못 들었다"
- "먼저 학생들이 사용하는 교재를 보충해야 했다."
- "아무도 그 방법을 구체적으로 사용하는 방법을 알려 주지 않았다. 단지 학습에 대한 설명만 받았다."
- "방법 교육보다 교재 준비가 더 중요하다. 학생들에게는 뜨개질을 배우기 전에 실이 필요하다."
- "나는 당신의 대화스타일이 불편하다. 당신은 우리의 교육 조교가 아니다."

담임교사는 최종적으로 다시 한번 팀에게 합의한 대로 프로젝트를 시작하고 방법 훈련을 즉시 실시할 것을 호소하였다. 그리고 실행 문제가 다시 발생하면 부장교사에게 연락하겠다고 위협했다.

발전과정에서 저항하는 것은 지극히 정상적이다. 즉, 저항 없는 변화는 없다. 한편으로는 변화의 바람이 있고 다른 한편으로는 역풍이 있다. 두 번째 역풍은 때때로 첫 번째 역풍보다 더 세게 불기도 한다.

변화의 성공과 사례에 관한 국제 연구에 따르면(Grief, Runde, & Seeberg, 2004), 변화프로젝트의 2/3가 목표를 달성하는 데 실패하였다. 변화프로젝트의 실패는 잘못된 프로젝트계획이 아니라 대개 인적 요소 때문이다. 주요 실패 원인은 최고경영진과 프로젝트관리자가 관련자들의 저항에 건설적으로 대처할 수 없다는 데 있다.

발전에 대한 저항은 다양하게 표현된다. 저항은 네 형태로 표출된다(Doppler & Lauterburg, 2008).

- 언어적-적극적: 공개적 반대
- 비언어적-적극적: 소동, 소란
- 언어적-소극적: 침묵, 회피
- 비언어적-소극적: 냉담, 내적 이주(inner emigration)

저항의 원인 역시 광범위하다. '혁신가'와 '반대자' 모두 저항에 기여한다. 저항의 원인은 다음과 같다.

- 혁신가의 대화스타일: 밀어붙이기, 공격적, 지시적
- 새로운 것에 대한 두려움: '저항하는 사람'은 큰 변화를 두려워

한다.

- 이기주의: 기존의 이익을 잃는다.
- 습관적 사고: 일상은 좋은 것이고 혁신은 나쁜 것이다.
- 게으름: 추가 노력이 필요한 모든 것을 거부한다.
- 부정적 변화 경험: 실패한 변화프로세스를 경험했다.
- 번아웃: 자신의 상태가 너무 나빠서 변화의 에너지가 없다.
- 시간 부족: 변화를 위한 시간이 없다.
- 불분명한 정보: 변화의 목표와 방법이 명시되어 있지 않다.
- 너무 높은 목표: 고공공포증을 유발하는 목표를 정했다. '절대 할 수 없다!'
- 너무 적은 투명성과 정보: 여행을 어디로 가야 하는지 명확하지 않다.
- 너무 적은 참여: 관련자들이 참여하지 않는다.
- 너무 존중받지 못한다. 모든 구원은 새것에서 보인다. 지금까지의 작업이 좋지 않았다는 느낌이 든다.
- 다양한 실재 구성: 실재가 다르게 인식된다.
- 위계질서 혐오: 위에서 오는 것은 좋을 수 없다.

저항에 건설적으로 대처하고 싶다면 저항에 대항하지 말고 함께 가야 한다. 저항은 꺾으려고 하거나 일부러 무시하면 반드시 더 강해진다. 그 결과, '저항하는 사람'이 완전히 거부할 수도 있으며 변화 목표에 순전히 전술적으로 합의하지만 이를 무시하고 비밀리에 옛 자유를 되찾을 수도 있다. 저항을 다르게 처리하고 싶다면 다음과 같은 권장 사항이 도움이 될 수 있다.

- 저항을 공개적으로 밝힌다. "발전프로젝트에 대해 부정적 반응을 보이는 것으로 알고 있습니다."
- 자신의 대화 내용과 방법을 스스로 비판적으로 확인하여 다른 사람의 저항에 대한 자신의 몫을 인식한다.
- 지금까지 달성한 것에 감사한다.
- 의혹을 품은 사람들을 인격체로 존중한다. 그들을 폭로하거나 부당하게 공격하여 그들을 화나게 하지 않는다.
- 염려하는 사안을 진지하게 수용하고 그 이유를 묻는다.
- 상대방이 자유롭게 결정할 수 있도록 메시지를 전달한다.
- '해야 한다.' '마땅히 해야 한다.' '안 된다.' 등과 같은 표현은 하지 않는다.
- '저항자들'이 두려움과 걱정을 표현하도록 격려한다.
- 너무 높은 변화 목표를 피한다. 발전은 흥분한 캥거루가 아니라 목표 지향적인 달팽이이다.
- 인내심을 갖는다. 그렇지 않으면 상대방의 어린 시절 저항하는 자아를 자극한다.
- 프로젝트 및 결정과정에서 투명한 정보를 제공하고 관련자들을 참여시킨다.
- 수정 및 해지 권한을 부여한다. "당신에게 변화과정이 부담스럽다면 언제든 목표를 바꾸거나 대안을 함께 고민할 수 있다."

저항은 대처에 앞서 먼저 해독해야 한다. 누군가의 우려와 반대 주장에는 종종 근본적 동기를 알리는 핵심 메시지가 있다. 예를 들어, 한 교사가 프로젝트(인터넷학습)의 이점에 대해 의문을 제기한다. 이에 관해 대화를 나누는 과정에서, 이 교사는 자신의 방어동기

를 설명하며 프로그램을 소화하지 못할 것 같아 두렵다고 고백한
다. 이런 고백은 갈등해결 가능성을 높인다. 이로써 교사의 두려움
을 없애는 방안들을 함께 찾아볼 수 있다.

　마지막으로 발전 저항에 대한 효과적 예방에 대해 살펴보기로
한다. 역장(force field) 분석의 도움으로 발전프로젝트의 준비 단계
에서 찬성 및 반대 힘을 조사하고 목표를 달성하기 위해 영향을 미
칠 수 있다. 대형 역장 다이어그램을 분석도구로 활용할 수 있다.

표 10-7 ┊ 역장 다이어그램

찬성의 힘	반대의 힘
→	←
→	←
→	←
→	←
→	←

　카드 질문이나 구두 찬반으로 찬성의 힘과 반대의 힘을 모아 다
이어그램에 기록한다. 이어서 찬성의 힘과 반대의 힘을 강도에 따
라 분류한다. 이 우선순위는 찬성의 힘이 세력이 강해질 방법과 반
대의 힘이 약해지는 방법에 대한 생각의 출발점이다. 끝으로 구체
적 조치와 책임이 따르는 실행 계획을 세운다.

2) 발전스트레스 관리

　출발이 원만하고 교사들이 의욕적인 학교발전프로세스가 있다.
그럼에도 불구하고 갈등잠재요인들이 있다. 발전작업은 어느 시점

에서 일상적 업무와 충돌하기 때문이다. 이로 인해 발전스트레스 나 교사스트레스가 발생한다. 제한된 자원으로 변화작업을 할 수 있으려면 학교발전에 효과적인 스트레스 및 시간 관리가 필요하 다. 이를 위한 전략은 다음과 같다.

(1) 현실적 목표 설정

많은 스트레스 문제는 자체 또는 외부 평가 결과가 너무 많거나 목표가 너무 높아 발생한다. 따라서 실행 계획을 세우기 전에 목표 를 달성하는 데 필요한 시간이 실제로 가능한지 정직하게 계산하 는 것이 중요하다.

(2) 점진적 절차

발전 목표는 점진적으로 달성할 수 있다. 학생들의 행동을 바꾸 고자 하는 사람은 많은 프로젝트로 구성된 대규모 사회학습프로그 램을 즉시 실행해서는 안 된다. 점진적으로 진행하고 수년에 걸친 계획이 좋다.

- 학년 1: 학교 규정
- 학년 2: 수업 규정
- 학년 3: 사회적 교육과정
- 학년 4: 또래조정 교육

(3) 시간 활용

많은 발전 활동은 정한 기간에 실행할 수 있다. 예를 들어, 회의 가 효율적으로 계획되고 실행되면 얻은 시간을 소규모 학교발전

평가 또는 프로젝트 조율에 사용할 수 있다.

(4) 시간포식자 찾기

개인처럼 교사진도 갈등조정이 가능한 시간 낭비 요인을 찾아 나서야 한다. 예를 들어, 잘못된 절차, 불분명한 업무분배, 긴 대화 및 전화 통화, 정돈되지 않은 교재, 불충분한 합의와 불명확한 목적 등으로 많은 시간을 잃는다. 이들 요인을 인식하고 제거하는 사람들은 얻은 시간을 학교발전에 사용할 수 있다.

(5) 효과적 지렛대 찾기

매우 어려운 문제도 지렛대가 어디에서 큰 효과를 발휘하는지 알아내면 해결할 수 있다. 적은 에너지와 저항으로 가능한 해결방안을 찾을 수 있다.

(6) 불필요한 짐 버리기

불필요한 짐 분석(ballast analysis)도 발전시간관리의 일부이다. 많은 절차와 프로젝트는 교직원에 과도한 부담을 줄 수 있다. 모든 사람은 현재 자신이 느끼는 불필요한 부담을 평가회의에서 표현해야 한다. 필요 없는 짐이 명확하게 밝혀지면 바로 폐기해야 한다.

(7) 리듬화

과정은 리드미컬한 구조가 있어야 더 잘 관리할 수 있다. 일부 학교발전은 명확한 진행 구조가 부족해서 실패한다. 먼저 계획을 세운 다음에 목표를 구현하고, 마지막으로 다음 발전주기가 시작되기 전에 균형을 맞추는 것이 성공한 발전관리이다. 이 과정 단계들의 반복을 통해 미래를 조망할 수 있고 정서적 내성도 생긴다.

(8) 속도 제한

모든 조직은 일상적 업무와 혁신적 업무의 균형을 맞추는 것이 좋다. 발전작업은 혁신과정을 위해 속도를 제한하는 방식으로 계획되어야 한다.

(9) 반향 측정

많은 프로젝트와 조치는 관련자들의 참여와 피드백 없이 수행되기 때문에 실패한다. 따라서 가능한 조기에 프로젝트 아이디어나 기획이 어떤 반향을 일으키는지 파악하는 것이 중요하다. 이것을 하는 사람은 실패를 예방하고 프로젝트를 수용하도록 한다. 반향 측정을 시작할 때, 예를 들어 교직원 등의 관련자들에게 계획을 설명한다. 약 7명으로 구성된 집단에서 프로젝트를 평가한다. 다음 질문에 대한 답을 작성한다.

- 우리는 무엇을 좋아하는가?
- 우리는 무엇을 싫어하는가?
- 우리는 무엇을 제안하는가?

(10) 심사숙고를 위해

한 농부가 농번기에 모내기를 하고 매일 논을 찾아 관리하였다. 날씨도 따뜻하고 공기도 좋아서 벼 성상에 최적이었다. 4주가 지났다. 하지만 농부는 참을성이 없었다. 벼가 원한 만큼 자라지 않는다고 빨리 키우는 묘법을 궁리했다. 그는 벼 줄기를 매일 조금씩 잡

아당겼다. 일주일 후 그가 본 논의 모습은 어떠했을까? 벼는 시들
어 뿌리가 뽑혀 있었다. 그는 처음부터 다시 시작해야 했다.

7. 또래조정과 학교폭력 예방:
우리 학생들은 자신들의 갈등을 스스로 해결해야 한다!

1) 또래조정 도입

- 또래조정을 학교에 어떻게 도입할 수 있는가?
- 학교에서 또래조정자 양성의 목표와 내용은 무엇인가?
- 학교장은 또래조정을 어떻게 실현할 것인가?
- 또래조정은 어떤 절차로 이루어지는가?

2) 또래조정의 목적

일부 학교에서 교육과정의 일환으로 또래조정을 시도하기도 한다. 이 교육 및 참여 프로그램을 학교에 도입한 교사들은 대개 다음과 같은 안목에서 시작한다.

- 학교는 교육환경의 변화에 맞춰 학생들에게 사회성 훈련을 실시한다. 사회적 역량의 핵심 요소는 갈등을 다루는 능력과 갈등을 비폭력적으로 해결하는 데 필요한 전략을 학습하는 것이다.
- 학생들이 또래조정으로 교사의 도움 없이 독립적으로 자신들의 갈등을 해결할 수 있도록 한다. 이런 학생의 독립성은 중장기적으로 교사의 부담을 덜어 준다.
- 학생, 교사, 학교장 등 다양한 연령대가 참여함으로써 학교 분

위기에 긍정적인 영향을 미친다. 학교 내 공동생활을 적극 장
려함으로써 학교의 인지도를 높일 수 있다.

- 학생들의 모든 갈등은 또래조정자가 맡아서 주관한다. 교사가
인지하고 중요하다고 여기는 갈등만을 처리하는 것이 아니다.
- 또래조정의 도입으로 학생들의 자기관리 능력이 향상된다. 스
스로 해결방안을 강구함으로써 독립성과 자기책임감이 높아진
다. 학생의 사고체계와 감정에 맞는 해결책을 모색할 수 있다.
- 다른 사람들과 그들의 욕구, 관심사 및 감정을 인식하는 감수
성을 가르치고 향상시킨다.
- 갈등을 예방한다. 또래조정 프로그램의 이런 효과는 갈등과
폭력의 감소뿐만 아니라 학생발달에도 기여한다. 따라서 습득
한 기술과 갈등해결전략이 학교 밖에서도 적용되면 학부모와
청소년보호에도 도움이 될 수 있다.
- 갈등이 갈등당사자의 자력으로 해결된다. 갈등을 타인에게
'위임'하는 상황이 발생하지 않는다. 폭력적 행동을 갈등으로
다루어서 피해자에게 배상함으로써 '가해자-피해자 갈등조
정'과 같은 결과를 낼 수 있다.

3) 학교폭력 예방

갈등은 정상적이며 필연적인 삶의 일부분으로서 어떻게 대처하
느냐에 따라 파괴적인 것이 될 수도, 건설적인 것이 될 수도 있다.
학교에서 갈등은 갈등당사자들의 자발적인 참여와 함께 의식적이
고 투명하게 계획적으로 관리하면 해결될 뿐 아니라 결과적으로
갈등당사자인 학생의 개인적 발달과 함께 학교발전을 이룰 수 있

다. 하지만 갈등은 공개적으로 처리되지 않거나 갈등당사자들이
모두 만족스럽게 해결되지 않으면 계속 곪아 터져 폭력으로 번질
위험이 크다.

　학교에서 갈등은 갈등당사자들이 대화를 통해 서로에게 유리한
해결책을 찾으면 갈등당사자들의 개인적 발달뿐 아니라 학교발전
에 기여한다. 하지만 갈등은 건설적으로 대처하지 않으면 파괴적
으로 고조될 수 있다. 파괴적 갈등대처는 갈등당사자 간 불균형을
특징으로 한다. A 학생이 우위에 있고 B 학생이 열위에 있으면 갈
등은 파괴적으로 진행된다.

　A 학생은 우위에 있기 때문에 원하는 행동을 할 수 있지만 열
위에 있는 B 학생은 그럴 수 없다. 우위는 정신적 · 심리적 · 물질
적 · 신체적 또는 구조적 우세로 가능하다. 우위를 이용하거나 차
지하려는 노력은 파괴적이고 긴장을 고조시키기 때문에 '폭력의 근
원'이 된다. 긴장 고조는 열위에 있는 B 학생의 참을 수 없는 분노
에서 비롯된다. 즉, 무력하고 열위에 서면 자존감이 모욕당하고 자
기보존 본능이 활성화되기 때문이다. 열위에 있는 학생은 이런 상
황을 바꾸기 위해 에너지나 공격성(aggression)을 발휘한다.

공격성은 크게 세 가지 방향으로 향할 수 있다.

(1) 갈등고조

B 학생은 지금까지 A 학생이 사용한 힘을 능가하는 힘, 예를 들어 욕, 공갈, 강요, 편짜기, 집단괴롭힘, 신체적 공격 등으로 A 학생의 능숙한 언변에 맞대응하여 우위에 서려고 한다. A 학생이 다시 경제적 · 법적 · 사회적 힘을 통해 우위를 점하게 되면 갈등은 고조되고 폭력적 무력대결로 확대될 수 있다.

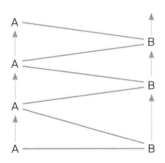

(2) 제삼자로 확대: 연쇄효과

B 학생이 A 학생에 맞설 수 없거나 실제로 모든 면에서 열등한 경우, 갈등은 주위로 고조될 수 있다. 즉, B 학생은 더 약한 C 학생을 찾아 화풀이 하듯 공격성을 표출한다. C 학생은 희생양이 되거나 B 학생의 하수인이 된다. 이로써 공격성과 폭력이 확산된다.

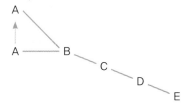

C 학생은 B 학생에 맞서 갈등을 수직적으로 고조시키거나 더 약한 피해자 D 학생을 찾아 공격을 할 수도 있다. 피해자들은 약할수록 사용할 수 있는 힘이 더 적어진다. 수단으로서 물리적 폭력이 자산파괴, 기물파손 등으로 증가한다.

(3) 내면화/자기공격성

상대방에게 자신을 주장할 기회가 없거나 윤리, 종교 또는 기타 이유로 그렇게 하고 싶지 않은 학생은 의식적으로 자살을 포함한 자해를 통해 또는 무의식적으로 우울증과 심리적 질환으로 이어질 수 있는 분노를 억제하거나 억누르면서 공격성을 자신에게 직접 표출할 수 있다.

건설적 갈등대처는 파괴적 갈등행동패턴에 대한 대안으로 동등성 또는 동등한 지위를 지향하는 것이다.

A ─────────────── B

비폭력은 열위에 머물러 저항과 권력 행사를 포기하는 것을 의미하지 않는다. 오히려 열위에 있는 학생은 상대방이 동등한 존재로 진지하게 받아들여질 수 있도록 자신의 힘을 개발하고 사용해야 한다. 하지만 우위에 서기 위해 노력해서는 안 된다. 이것만이 자신의 이익을 주장하지 않으면서도 긴장 역동을 멈출 수 있는 유일한 방법이다.

이런 방법은 건설적 갈등해결을 원하는 강한 A 학생은 자신의 힘을 사용하지 않고 대화에서 약자인 B 학생을 자신과 동등하게 대우함으로써 존중하고 소중히 여기는 것을 의미한다.

두 단계의 조합도 가능하다.

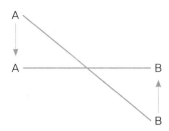

동등한 지위를 바탕으로 A 학생과 B 학생의 입장 또는 행동 목표에 대한 동기 또는 근거를 밝히고 합의에 도달할 수 있는 건설적 갈등관리가 가능하다.

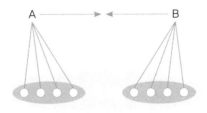

건설적 갈등대처를 위해서는 인간에 대한 긍정적 이미지와 갈등에 대한 긍정적 개념이라는 두 가지 기본가정이 필수적이다. 학생들은 갈등을 건설적이고 고조 및 확대되지 않는 방식으로 해결할 수 있는 방법이 있다면 기꺼이 해결하고자 하는 의지가 있다. 폭력은 학생들에게 마지막이자 유일한 선택일 수 있다. 갈등 개념을 어떻게 정의하든 갈등을 긍정적인 것으로 간주해야 한다는 기본입장은 조정에 결정적인 역할을 한다. 갈등에 대한 부정적인 이미지는 갈등을 위협적이고 파괴적인 방해 요인으로만 보고, 따라서 교육적 대응으로서 갈등을 제기해야 하는 것으로 간주하게 된다. 그러나 갈등을 그 자체로 하나의 신호라고 가정한다면, 갈등은 관계와 구조를 변화시키고 발전시킬 수 있는 기회를 제공한다. 간과되거나 억압된 갈등은 특히 위험하다. 갈등은 당사자들이 고통을 겪고 더 이상 탈출구를 찾지 못하거나 폭력적 해결책에 의지할 수 없을 정도로 확대될 수 있다.

(4) 또래조정

또래조정은 사회학습의 일환으로서, 갈등예방 및 개입뿐 아니라 비폭력적 갈등관리로 가는 중요한 디딤돌이다. 아울러 학생들의 관심사를 반영한 조정 교육이 중심적 역할을 한다. 학생들의 참여는 다양한 주제와 과제에 대해 가능하며 특히 갈등을 다루는 데 특히 효과적이다. 학생교육의 기본 전제조건인 학생 참여는 어른들이 학생에 대한 편견을 버리고 학생을 진지하게 받아들일 것을 전제로 한다.

이는 교사의 역할 수정을 의미한다. 학교조정의 취지는 교사가 학생들에게 건설적 갈등대처역량을 길러 주고 학생들이 자신들의 일상적 갈등에 대해 책임지도록 하는 것이다. 또래조정자는 의식화된 조정 절차(ritualized mediation process)에 따라 갈등당사자들을 지원하고 갈등에 대한 협력적이고 건설적인 해결책을 찾도록 지원한다. 목표는 비폭력적 갈등해결이라는 이념을 바탕으로 패자 없는 즉, 갈등당사자들이 모두 승리하는 해결책을 찾는 것을 목표로 한다. 조정을 요구하거나 조정 결과 수용도 모두 학생 스스로 한다. 또래조정은 학교장과 교사에게 학생 갈등을 해결해야 하는 부담을 덜어 주고, 교사는 학생에게 더 많은 책임을 맡길 수 있다. 이는 장기적으로 갈등을 비폭력적으로 해결하는 태도와 능력을 학생은 물론 교사, 학부모, 교육계 그리고 사회가 바라는 희망과 일치한다.

4) 또래조정 도입 준비

학교 혁신과 또래조정 도입과 관련한 학교장의 임무는, 의욕적인 교사들이 전 교직원이 또래조정에 찬성하고 또래조정 실행에 필요한 '지원'을 받을 수 있는 환경과 분위기를 형성하는 것이다.

또래조정 도입 과정에서 교사들이 겪는 경험은 다양할 수 있다. 교사들은 학생들을 훈련시키고 도입과정에서 학생들을 지원하여야 하고 어려움에 처한 학생들을 격려할 뿐 아니라 반대하는 교사들과 씨름할 수 있다. 이런 상황에서는 관련 교사들이 동료교사들에게 학교 전체를 위한 자신들의 활동을 정당화하기 어렵다. 따라서 또래조정 도입에 대해서는 직접 관련되거나 관심 있는 교사들이 아니라 학교장의 지지가 필요하다.

이것은 또래조정의 의도가 학생, 학부모 및 동료교사에게 전달되도록 최선을 다한다는 의미이다. '또래조정'에만 전념하는 날이 온다면 교사들에게는 새로운 출발의 시작이 될 것이다. 이를 위해서는 다음과 같은 사항들이 중요하다.

- 또래조정에 대한 좋은 경험 홍보
- 또래조정자의 역할과 임무
- 또래조정에 협조하려는 의지와 인적 자원
- 또래조정 교육에 참여할 조정전문가 확보
- 학생회와 학부모의 관심 고양
- '생산적 갈등해결'에 대한 교육 실시
- 일상 학교생활에서의 조직적 문제(또래조정 시간, 또래조정자의 업무 배분, 또래조정 공간)해결과 또래조정자 교육과 교사의 지원
- 노래소성이 필요한 갈등 사례 정의 및 또래조정이 타당하지 않거나 또래조정자로서 능력이 없는 학생 구별

5) 코치로서 교사의 임무

또래조정 교육을 받는 학생들을 지도하고 지원하는 교사는 코치가 된다. 코치의 임무는 다음과 같다.

- 또래조정자들이 더 책임감 있게 성장하고 조정자로서 활동 범위 및 기본규칙을 준수하도록 지도한다.
- 또래조정자 집단에서 발생하는 갈등과 장애요소를 신속히 인식하고 생산적으로 해결한다.
- 또래조정자 집단과 의견이 다른 경우, 근거 있는 입장을 표명한다.
- 또래조정자들이 실수를 하더라도 외부(학교, 교직원, 학부모)의 비난으로부터 보호한다.
- 수퍼비전을 통해 또래조정자들이 자신의 경험을 반추하고 자신의 한계를 인식하도록 지원한다.
- 또래조정자 집단이 단합하고 상부상조하도록 한다.

자신의 임무에 책임감 강한 코치의 선발 및 선임은 궁극적으로 학교장의 몫이다. 코치 교사들은 도전적인 자세로 자신의 임무를 수행한다.

6) 설문조사

또래조정 도입을 정당화하기 위해 설문조사를 할 수 있다. 설문조사를 통해 현재 학교 내 갈등 및 폭력 실태와 대처 방법에 관한 정보를 수집할 수 있다. 교육에 앞서 학생들에게 설문지를 배포한다. 수업 교사들도 설문지에 답하도록 한다. 설문 내용은 다음과 같다.

- 학생들은 무엇에 대해 갈등하는가?
- 폭력과 갈등은 어떤 이유와 상황으로 발생하는가?
- 학생들은 자신의 갈등을 어떤 방법으로 해결하는가?
- 교사들은 수업 중에 갈등을 어떻게 처리하는가?

또래조정이 학교의 모든 관련 집단들이 참여하는 조직개발의 일환으로 도입되면 갈등관리에 대한 이해도와 찬성도가 높아진다. 학교장은 이 사업을 외부 전문기관과 협력하려면 해당 교육청의 동의를 구해야 할 것이다.

7) 외부 전문기관과 협력

학생들의 문제는 학교 대내외 환경과 관련하여 살펴보아야 한다. 문제는 대개 고유의 원인을 지니고 있다. 예를 들어, 청소년 관련 기관과 건설적인 연계를 통해 예방사업을 보다 효율적이고 광범위하게 할 수 있다. 또한 갈등과 관련된 사람들 및 기관과의 건설적인 교류를 통해 일상적 대처 방안의 폭을 넓힐 수 있다. 이로써 학교는 문을 활짝 열고 고립에서 벗어난다. 모든 학교는 청소년 관련 기관과 협력할 의무가 있다. 이를 위해 필요한 경우 학교장이 주도적인 역할을 하여야 한다.

8) 또래조정자 교육

조정에서도 대화진행과 관련하여 갈등관리방법 및 집단 또는 컨설팅에서 사용되는 개념들이 중요하다. 관점 바꾸기, 나-전달법, 공감적 대화 또는 내용과 관계 구분, 대화상대방의 감정 고려 등이 대표적인 예들이다.

갈등조정은 5단계로 이루어진 구조화된 대화방법이다(〈표 5-6〉 참조; Diez & Krabbe, 1996).

1단계: 인사 및 소개 • 비밀 보장 • 규칙 설명 • 조정 목적 확인 • 절차 설명, 중재자 역할 • 동의 여부 확인	시작 상황 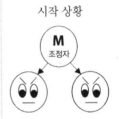
2단계: 갈등당사자의 입장 제시 • 갈등당사자들이 차례로 입장 제시 • 반영, 요약, 필요한 경우 재구성 • 요점 적기, 순서 논의 • 마지막으로 요약	조정자를 통한 대화 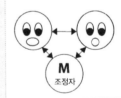
3단계: 갈등 규명 • 질문, 규명 • 동기와 감정 파악 • 관점의 변화 장려 • 결론: "지금 어떠한가요?" "소원이 무엇인가요?"	단계적으로 직접 대화 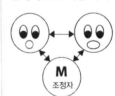

4단계: 문제해결
- 구조화된 질문에 따라 브레인스토밍
  - "나는 상대방에게 무엇을 원하는가?"
  - "내가 직접 할 수 있는 것은 무엇인가?"
- 다음 기준에 따라 해결방안 평가
  - 실현 가능성
  - 형평성
  - 정확성
- 합의안 및 최종 해결책 도출

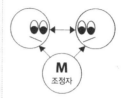

함께 해결방안 도출

5단계: 합의
- 정확하게 작성
- 합의안 이행 검토 계획
- 후속 회의 준비
- 합의문 서명
- 긍정적으로 조정 마무리

외부 도움 없이
잘 지내기

또래조정은 상징적 의식(ritual)으로 진행한다.

의식 1		인사
의식 2		규칙 상기
의식 3		누가 시작하는가?

의식 4		무슨 일이 일어났는가? 모두가 말한다.
의식 5		기분이 어떠했는가?
의식 6		갈등을 다시 상상해 보세요.
의식 7		갈등에서 무엇을 했는가? 서로 말하기
의식 8		무엇 때문에 화가 났는가? 서로 말하기
의식 9		상대방을 이해한다. • 언제 무슨 일이 있었는지 말해 주세요. • 언제 화가 났는지 말해 보세요.
의식 10		지금 좀 어때요?
의식 11		해결방안들 • 나는 ……을 기대한다. • 나는 ……을 할 준비가 되어 있다.
의식 12		상호 합의
의식 13		작별

또래조정 교육프로그램은 다른 사람의 행동이나 상황을 관찰 또는 모방하여 새로운 행동을 습득하는, 이른바 사회적 학습을 위한 가이드로서 학교교육의 일환으로 실시할 수 있다. 교육은 크게 두 부분으로 이루어진다.

- 모든 학생의 의사소통 및 갈등해결 능력 향상
- 또래조정자 교육

이 프로그램은 학생집단을 대상으로 실행되도록 설계되며 교실에서도 실시할 수 있다. 개별 목표와 내용에 대해 구체적인 단계와 학습 방법이 제공된다. 교실이나 집단의 학습 스타일에 따라 학습 상황과 요구 사항을 고려하여 학습목표를 달성할 수 있다.

물론 초등학교, 중학교 또는 고등학교의 갈등 실태를 고려하여 개별 프로그램을 개발할 수 있다. 특히 갈등이 많은 학생들에게는 사회적 역량 교육이 이루어져야 한다. 사회적 역량 교육의 목표는 다음과 같다.

- 일반적인 갈등 처리 능력과 상생적 갈등해결에 대한 긍정적인 태도
- 개인차에 대한 관용
- 감정 인식 및 표현 능력을 통한 공감 능력 향상
- 스트레스 상황에서 자기주장과 자기통제
- 행동 대안 개발 및 행동 결과 평가
- 문제해결책 모색
- 타협점 찾기와 합의안 준수 능력 향상

교육프로그램은 목표에 따라 다음 단계로 구분된다.

- 갈등과 그 결과에 대한 인식 제고
- 관용과 공감 능력 강화
- 감정 인식 및 표현 방법 학습
- 자제력 훈련 및 격려 경험
- 수용적 의사소통
- 경청과 집중
- 갈등해결책 모색과 타협안 강구

사회적 역량 교육은 또래조정 도입과는 무관하다. 이 교육은 개별 학급에서도 할 수 있으며 학생들이 갈등을 제삼자 없이 자율적으로 처리할 수 있는 능력을 향상시키기 위해 필요하다.

또래에 의한 갈등조정이 교육과정으로 자리 잡으면 이런 기본적 의사소통 능력은 모든 학생에게 필수요소가 된다. 갈등당사자들이 이 능력을 갖추지 못하면 모든 갈등조정에서 일일이 가르쳐야 하므로 조정자에게는 큰 부담이 될 것이다.

또래조정자는 과정, 특히 갈등조정 대화를 이끄는 책임자이다. 또래조정자는 갈등당사자들이 방해받지 않고 자유롭게 대화할 수 있는 대화규칙을 강조한다. 또래조정자는 상호이해를 촉진하고 가능한 많은 해결방안을 찾도록 지원하여 단일 해결책이나 대안만 고집하는 것을 막아야 한다. 또래조정자는 사려 깊고 공감적인 대화의 모범이므로 갈등당사자들은 향후 발생하는 갈등을 처리하는 방법도 배울 수 있다. 또래조정 교육의 목표는 다음과 같다.

- 또래조정을 공식적인 비처벌적 절차로 인식
- 갈등을 공정하게 해결
- 자율성(책임감) 강화와 효과적인 지원
- 생산적이고 수용적이며 구속력 있는 해결책 모색

또래조정 교육의 구성요소는 조정대화 절차에 맞춰 정해진다.

① 또래조정의 도입과 홍보
② 편견 다루기
③ 또래조정 준비와 대화진행
④ 의견교환 및 차이점에 대한 생산적인 논의
⑤ 갈등해결과 해결방안 모색을 위한 대화절차 연습
⑥ 합의안 준비와 작성
⑦ 갈등조정 중 발생할 수 있는 문제 및 2명의 조정자가 진행하는
   공동조정(co-mediation) 방법
⑧ 교육 종료, 피드백, 조정실 설치 등

적극적 경청, 비밀유지, 중립성, 자제력은 유능한 또래조정자에게 필요한 능력이다. 이 능력은 생산적인 대화규칙 준수와 결합되어야 한다. 교육하는 동안 학생들은 편견의 확산과 그 영향을 몸소 경험해야 자신의 편견과 맹점을 인식할 수 있다. 학생들은 갈등을 풀어 가는 대화를 진행하는 방법을 배우고, 대화가 격해지고 적대적으로 되는 위급한 상황에 대한 개입 방법도 익혀야 한다.

동료로서 조정자는 대화과정에 대한 책임이 있지만, 내용이나 해결책에 대한 책임은 없다. 또래조정자는 좋은 해결방안을 구분

하는 기준을 알아야 하며 그 기준의 충족 여부를 파악할 수 있어야 한다. 그래야만 갈등당사자들이 공정하고 원만하고 책임질 수 있으며 미래를 위해 지속 가능한 해결책에 최종 합의할 수 있다.

9) 학교장의 지원

또래조정이 갈등의 해결방법으로서 교육과정으로 자리 잡으면 그만큼 수용도도 높아진다. 이 기본 원칙에 따라 목표 의식이 뚜렷한 조정자 교육이 이루어져야 한다.

외부 코치와 함께 학교장도 학생들의 참여가 지속되도록 할 책임이 있다. 현안 갈등 및 특별 사례를 논의하는 조정팀의 정기적인 만남은 참여 동기를 높이는 데 도움이 된다. 학교장도 자주 참여하여 관심을 보이고 일상적인 불편 사안 해소를 돕는다. 관련 교사들에 대한 보수교육에 대해서도 관심을 가져야 한다. 학교장은 또래조정을 계기로 실무집단 또는 원탁회의 방식으로 다른 학교의 교사 및 청소년 관련 전문가와 정기적인 경험 교환을 정례화하여야 한다.

학교장은 상황에 따라 또래조정을 관리하는 교사팀을 지원할 수 있다. 또한 교사, 학부모 및 학생 관련 단체에게 또래조정 관련 활동에 대한 경험을 알리는 것이 중요하다. 또래조정이 시작되는 시기에 언론도 참여하게 하여 대중에게 알려야 한다. 또래조정자는 휴식시간에 완장을 차고 모든 학생이 즉시 알아볼 수 있도록 해야 한다. 또한 학생 SNS에 자신을 알릴 수 있어야 한다.

10) 평가

정기적으로 또래조정자들과 갈등조정 활동 현황과 성공 사례를 검토해야 한다. 조직적 개선이 종종 주요 관심사가 된다. 이에 대해서는 코치가 항상 학교장과 합의하여 해결해 나간다.

11) 요약

1. 초기 분석: 초기 상황 및 조건 분석
    1) 문제 행동 개관
    2) 사회적 분석: 학교와 교실의 사회문화적 환경, 교실의 관계구조, 학교의 관계구조, 학교와 학부모의 관계, 학생의 문제 행동에 대한 사회적 원인 파악, 교사 간 협력 등
    3) 개인적 분석: 개인적 의견, 인류학적 특징, 문제 행동의 개인적 원인, 개인적 자원
    4) 일부 학생의 이상행동에 대한 제도적 또는 조직적 원인
    5) 갈등해결과 관련한 학교장과 교사의 능력 평가, 외부 전문가 지원 여부 판단
    6) 제도적 조건: 갈등조정 장소, 재정 지원, 교사 및 또래조정자 배정, 법적 요소들
2. 현실적 목표와 전체 프로젝트를 고려한 분석자료 평가 및 도입 시기 결정
3. 기획
    1) 공격성과 폭력 그리고 그 대처 방법에 관한 이론적 근거 제시
    2) 교사와 학생을 위한 예비교육 필요성 및 교실 갈등 파악
    3) 목표 설정

4) 계획한 활동 및 프로젝트? 우선순위?(목표, 개별 주제, 방법, 매체, 책임자?)

5) 실행에 방해 요소들과 그 대응방법?

6) 기간, 전체 실행 시간

4. 평가: 달성한 목표와 필요한 변화를 확인하기 위한 중간 평가

8. 정기적 교사회의: 교사회의에서 우리는 항상 서로 경험을 교환할 시간이 너무 적다. 동료관계를 개선하려면 정기적인 회의가 필요하다!

토론 및 조언을 위한 정기적 만남이 필요하다.

- 이런 토론 기회는 어떤 의미가 있는가?
- 어떤 주제를 정할 것인가?
- 일정 및 진행이 가능한가?

무엇이 교사들의 협력을 촉진하거나 가로막는지에 관한 대화가 필요하다. 이 대화는 메타커뮤니케이션으로서 경험을 통해 만남과 교육에 대해 함께 검토함으로써 교사의 발전에 큰 도움이 된다. 학교장은 교사들의 요청 사안을 중요하게 여겨야 한다. 그리고 허심탄회한 대화를 통해 교사들의 관심사를 기꺼이 수용하고 이를 위해 적절한 여건을 조성할 것임을 선언해야 한다. 학교장은 자신의 리더십에 대해 부정적인 시선이 예상되더라도 교사와 대화를 기꺼이 수용할 각오가 있어야 한다. 학교장은 이런 토론의 장을 어떻게 마련할 수 있는가?

1) 토론의 의미

일부 교사가 어려움을 토로해도 응답하는 사람이 없다. 학교장은 '이미 약속이 많다.'는 이유로 대화를 거부한다. 비록 대화에 응한다 하더라도 얼마나 적극적으로 허심탄회하게 말할 것인지 그리고 자신의 행동에 대한 비판에 대해 어떻게 말할 것인지 확신할 수 없다. 따라서 학교장은 자신을 위해서라도 기회가 있을 때 대화 방법을 고려하여 교사와 대화의 의미를 재검토하여야 한다. 이에 대한 주변 학교들의 경험을 청취할 수 있다. 교사의 고민 사항을 살펴려면 서로 경험을 나누고 협의하는 장으로서 회의체를 구성하여야 한다. 회의는 너무 잦지 않도록 한다. 예를 들어, 주 1회 회의는 동의를 얻기 어렵다. 물론 모든 교사가 참여하는 회의가 바람직하다. 하지만 회의 규모가 크면 원만한 대화가 어렵다. 이런 경우, 교사들과 회의 규모에 대한 대화를 통해 정해야 한다. 물론 학교장은 많은 일정으로 문제가 있을 수 있다. 회의 참여를 의무화해서는 안되지만 가능하면 모두 참여해 주길 요청한다. 회의 참여자 모두가 회의의 가치를 스스로 경험하면 기꺼이 참여할 것이며 회의 일정도 함께 협의하여 정할 수 있다. 이로써 학교장은 가령 사소한 불일치로 인한 갈등이 커지기 전에 파악하여 함께 처리할 수 있다. 아울러 이런 대화를 통해 갈등을 생산적으로 처리하는 '문화'를 정립할 수 있다.

2) 주제 선정

우선, 행동과 학습에서 눈에 띄고 수업을 방해하는 학생들을 다루는 일상적인 경험이 있어야 한다. 참여자 모두가 함께 경험을 나눔으로써 교육활동에 직접적인 도움을 받을 수 있다. 행동장애의 원인과 대처 방법들을 세부적으로 배우고 싶을 수도 있다. 경우에 따라서는 교사들이 특정 유형의 장애에 대해 발표하면 초대된 전문상담사가 치료방법에 관한 정보를 제공할 수 있다. 이로써 모두가 만족할 수 있다.

행동장애에 대한 경험을 쌓음으로써 관련 교사들의 관계도 다룰 수 있다. 학교장과 특정 학부모의 협력도 주제가 될 수 있다. 향후 서로 신뢰가 쌓이면, 관련 사례 이외에도 교사들의 관계와 상호 협력 개선도 주제가 되어야 한다.

3) 일정 계획

회의 시간은 약 90분 정도가 적절하다.

4) 회의진행

학교장은 회의 참여자들이 모두 지식을 습득할 수 있도록 회의 방법을 목표 및 결과 지향적으로 설계하여야 한다. 기본적으로 앞에서 설명한 협력적 대화모델을 활용하는 것이 좋다. 첫 회의는 학교장이 진행하여야 한다. 이후부터는 경험이 있거나 훈련받은 교사가 회의진행을 맡아야 한다. 회의는 다음과 같이 진행한다.

(1) 단계 1: 갈등 사례 수집
누구나 갈등 사례를 제시할 수 있도록 요청한다. 문제의 긴급성 또는 만연된 갈등으로 인한 스트레스에 따라 우선순위를 정한다.

(2) 단계 2: 사례 설명과 첫 번째 피드백
교사는 자신의 갈등 사례를 가능한 상세히 기술한다. 동료교사

들은 경청하며 필요한 경우 주요 사항을 메모한다. 이어서 학교장
은 참여 교사 모두에게 사례를 발표하는 교사의 힘든 사정을 듣고
어떤 생각과 감정이 드는지 발표하도록 한다. 그리고 '발표자를 비
판하지 않고 개인적 관점에서만 발언한다.'는 핵심 규칙을 준수하
는지 확인한다.

(3) 단계 3: 갈등 사례에 대한 공동작업

- 상황과 복잡한 문제를 더 잘 이해하기 위해 진행자는 '컨설턴
  트'로서 사례를 설명한 당사자, 즉 도움 요청자에게 질문할 수
  있다. 이 단계에서는, 예를 들어 "그것은 어떻게 되었습니까?"
  "왜 당신은 그렇게만 하고 전혀 다르게 하지 않았습니까?" 등
  과 같은 정보 질문은 적합하지 않다. 참여자들이 갈등상황을
  쉽게 이해할 수 있도록 갈등의 핵심을 역할분담 방식으로 생
  생하게 묘사하도록 한다.
- 참여 교사들은 잠시 생각할 시간을 가지고 갈등상황을 여러
  요소로 고려하여 재검토한다.
- 학교장은 참여 교사들에게 갈등 사례를 발표한 동료교사의 입
  장에서 생각하고 자신의 관점에서 갈등을 설명하도록 한다.
  설명은 "내가 당신이라면 ……"으로 시작한다. 이에 조언을 원
  하는 사례 발표자는 경청하고 다른 관점들을 기록하여 이후
  피드백에 활용한다.
- 참여 교사들의 발표 후, 조언을 원하는 교사는 자신의 의견을
  밝힌다. 누구로부터 이해받는다고 느꼈는지, 흥미롭고 새로운
  관점이라고 생각되는 것은 무엇인지를 설명하고 경우에 따라
  오해가 있다면 즉시 푼다.

- 필요한 경우, 문제에 대한 추가 정보를 수집할 수 있지만 갈등 상황에 대한 첫 번째 가능한 해결책도 강구할 수 있다.
- 3명 또는 2명의 교사는 '내가 ······라면'라는 역할을 통해 자신들이 의사결정 단계에서 생각할 수 있는 해결방안을 가능한 한 상세히 설명할 수 있다.
- 조언을 원하는 교사는 제시된 해결방안들을 평가하여 어떤 것이 가장 자신과 일치하는지를 설명한다. 참여자들은 현 단계까지 대화를 통해 깨달은 것과 다음 과정에 관심을 갖는다.

(4) 단계 4: 종료

동료의 조언은 큰 박수로 마무리된다. 모든 참여자는 작업 과정에서 어떻게 했는지, 어떤 단계가 심도 있고 유익했는지, 특히 협력의 동기가 무엇이었는지에 대해 설명한다. 다음 일정에 합의한다. 다음 주제는 우선순위 목록에 따라 정한다.

9. 수행평가: 항상 점수가 문제다!

1) 수행평가 기준 개발

- 이 프로젝트의 목표는 무엇인가?
- 전체 작업프로세스의 기반이 될 수 있는 질문은 무엇인가?

교사들은 수행평가에 따른 성적 분포로 인해 갈등한다. 이에 학부모도 가세한다. "A 교사의 영어수업이 더 좋습니다. 선생님은 채점을 너무 엄격하게 하지 않나요?" 어떤 교사들은 성적평가 시 외로움이나 무기력을 느끼기도 한다. 교사는 자신의 수행평가에 대해 전적으로 책임이 있음을 알고 있지만 동료교사들과 합의한 '기준'을 원하기도 한다. 학교장은 이 문제를 어떻게 해결할 수 있는가?

학교장은 사안을 파악한 다음, 먼저 모든 교사와 함께 가장 중요한 결정 사안을 고려한 '시간 계획'를 세워야 한다. 학업성적관리위원회가 절차와 개별 안건을 결정하지만, 평가기준에 대한 구체적 작업은 교과협의회에서 이루어진다.

학업성적관리위원회의 결정에 앞서 학교장은 안건에 관심 있는 교사들의 의견을 참조하여 함께 권고안을 작성하여야 한다. 세심한 준비작업을 통해 이 안건을 공통 관심사로 다룰 수 있다. 또한 작업과정을 객관적으로 진행할 수 있다. 아울러 교과협의회도 조직적으로 활동하게 된다. 결정 사항은 다음과 같다.

- 프로젝트의 목적

- 개별 과제
- 시간 계획, 문서화 및 상호 정보교류

2) 프로젝트의 목표

수행평가 기준 개발의 목표는 다음과 같다

- 수행 진단, 판단 및 평가를 위한 기준을 제공한다.
- 수행평가를 위한 교육적 기본원칙과 관련 교사들의 경험을 나눈다.
- 학생과 학부모에게 과목별 수행평가 기준을 공개하고 투명하게 운영한다.
- 교사 간, 학부모와 학생 간 협력을 촉진하고 강화한다.

3) 개별 과제

프로젝트 진행 과정은 다음 질문에 기반한다.

- 수행평가의 기능적 목표는 무엇인가?
  - 예: 보고, 지향 및 선발 기능, 장학금 지급을 위한 나의 평가 기준은 무엇인가?
- 성적은 얼마나 객관적인가?
  평가 오류, 교사 기대치의 비중, 전문적 역량 등
- 우리는 학업수행을 무엇이라고 이해하는가?
  - 결과 및 과정 지향적 수행 개념, 교육학적 측면, 학업수행에

영향을 미치는 요인들, 개별 수행에 대한 개념 정의(평가 분
야 및 배점), 학습 및 수행평가와 성적에 미치는 영향 등
- 학업수행을 결정하는 요인은 무엇인가?
  - 사고력, 기억력, 언어 능력과 같은 인지 능력, 학습 및 성취
    동기, 독립성과 같은 비인지적 능력, 신체적 · 심리적 회복
    력, 가정, 친구, 학교 및 반 분위기, 교사 성격 그리고 관계
    및 교수역량 등의 학습환경
- 학업수행을 어떤 방법으로 기록, 판단 및 평가하는가?
  - 관찰 방식, 수행평가 방식, 주관적 절차와 객관적 절차, 개
    인적 학습 능력 또는 집단과 학급에 대한 평가기준, 학습요
    건 관련 기준, 수행관리 준비, 학생과 학부모에게 판단기준
    공개 여부
- 어떤 법적 기준을 준수해야 하는가?
- 평가기준이 교사의 자유를 부당하게 제한하지 않도록 하려면
  어떻게 해야 하는가?

4) 시간 계획, 문서화 및 상호 정보교환

학교장은 교과협의회가 무리한 일정을 정하지 않도록 해야 한
다. 특히 교과협의회가 다양한 방법으로 작업하고, 다양한 접근방
식으로 결정하고, 갈등을 가능한 생산적으로, 즉 시간적 압력 없이
처리해야 하기 때문이다. 회의 횟수를 미리 정하지 않고 프로젝트
작업을 조기 종료하는 것에 대해 합의하는 것이 중요하다. 또한 학
부모가 어떤 방식으로 참여해야 하는지를 명확히 해야 한다. 교과
협의회는 다음과 같은 과정을 거쳐야 한다.

- 서로 경험을 교환한 후 개별 과제를 수행한다(앞에서 언급한 질문들이 길잡이 역할을 한다).
- 지침과 교과목에 명시된 '요구 사항'을 고려한 기준을 작성한다.
- 문서화 및 상호 정보교환 준비, 위원회 작업의 일환으로 모든 학부모와 학생에게 설명할 평가기준들을 정한다.

10. 교육관 정립: 우리 모두는 교육에 대해 다른 생각을 하기 때문에 항상 심하게 다툰다!

교육에 대해 새롭게 이해한다.

- 교내 교원 연수는 어떠했는가?
- 연수 과정은 방법적으로 어떤 단계로 진행되었는가?

교육관은 많은 갈등을 동반한다. 예를 들어, 교육에 대한 견해는 "나는 지식을 집중적으로 전달하려고 노력한다."부터 "학생과 좋은 관계를 형성해야만 생산적인 학습과정이 가능하다."까지 다양하다.

이에 대한 방안은 학교장이 학교 관련 교육전문가에게 의뢰하여 교사들에게 1일 연수과정을 제공하는 것이다. 교육전문가는 학교장을 포함한 교사팀과 전문적이고 과정 지향적인 방식으로 1일 연수를 준비한다. 연수프로그램은 다음과 같다.

- 주제: 관계없는 교육은 없다. 연수의 핵심 요소로서 질적 관계 형성
- 목적: 주요 목적은 일상적 학교생활에서 실질적인 교육적 관계 형성을 위한 지향점을 제시하는 것이다. 이와 함께 자신의 교육 경험을 성찰하고 교육 개념을 이해한다. 이 목적은 교사 간 협력과 합의로 이루어져야 한다.
- 진행 절차
  ① 8시 30분: 인사, 목표, 주제 및 진행 과정 설명

② 8시 45분: 주제 1(교실에서 교사-학생 관계와 관계 분위기의 의미) 및 간단한 소개

③ 9시: 교실에서 긍정적 관계 분위기에 기여할 수 있는 것, 집단작업(우정의 나무)

④ 9시 30분: 집단작업 결과 발표

⑤ 10시: 휴식

⑥ 10시 30분: 주제 2(관계 형성 및 교육, 교육학, 심리학 및 심리치료에서 널리 알려진 성격에 대한 개념적 설명과 실무 경험에 기반한 설명과 이론)

⑦ 12시: 점심식사

⑧ 13시 30분: 주제 3(질적 관계 형성의 핵심으로서 용기를 북돋는 교육, 정보, 설명, 사례)

⑨ 14시: 집단작업('관계 형성은 다리를 놓는 것과 같다.' 힘을 북돋는 격려 교육이라는 의미에서 다리 지지대를 준비한다. 이어서 전체 모임에서 '다리'를 짓는다.)

⑩ 15시: '격려'하면 연상되는 단어들(개별 작업)

⑪ 15시 30분: 질문을 위한 전체 토론(교육과정의 비전에 필요한 교사-학생 관계에 관한 기본 사상은 무엇인가?)

⑫ 16시: 종료, 연수 진행 및 개인적 지식 습득에 대한 간단한 피드백

1) 시간별 핵심어 설명

(1) ② 시간
교육이란 무엇을 의미하는가?

• 특별한 관계 형성으로서 교육

- 관계가 없는 교육은 없다.
- 자아 형성으로서 교육
- 학교의 교육 임무를 어떻게 이해할 것인가?

(2) ③ 시간

학교장은 꽃이 피지 않은 큰 벚꽃 가지를 가져왔다. 그 나뭇가지는 축축한 모래가 찬 통 안에 있었다. 이 나무를 종이로 만든 '잎'으로 장식해야 한다. 집단 과제로서 참가자들에게 종이에 수업 분위기에 긍정적인 영향을 미칠 수 있는, 학생들에게 친근한 몸짓을 적도록 한다. 예를 들어, '우정의 나무'를 사용하여 "나는 동료들과 공유하겠습니다."라고 적는다. 매일 아침 수업 전에 학생들은 나무에서 '잎'을 따서 '선행'을 한다. 며칠 후 복도에서 서 있는 나뭇가지에 꽃들이 만발했다.

(3) ⑥ 시간

여기서 주요 질문은 '전문가들은 교사-학생 관계 형성에 대해 어떻게 생각했는가?'였다. 오늘날에도 여전히 중요한 그들의 아이디어와 직업적 경험은 무엇인가? 강사는 문화-역사적 맥락과 함께 요약된 형태로 다음과 같은 인물들을 제시했다.

- Johann Heinrich Pestalozzi(인류학 기본공식, 교육에 대한 이해)
- Janusz Korczak(아동의 권리)
- Herman Nohl(교육학이론)
- Carl Rogers(대화진행의 기본변수들)
- Ruth Cohn(주제 중심 상호작용)

• Rudolf Dreikurs(개인의 심리적 관점에서 본 교사의 태도와 입장)

(4) ⑧ 시간

격려하는 교육과 자존감을 위한 용기의 의미(일상적 학교생활에 대한 사례들). 학생들은 질서 및 지향점을 위한 지침이 필요하다. 학교에서 갈등을 처리하기에 '적절한' 시간이다.

(5) ⑨ 시간

그룹을 위한 임무는 다음과 같다. 학교장은 '다리를 놓는다.'는 격려의 의미에서 얼마나 좋은 관계를 구축할 수 있는지를 대형 판지로 만든 바위에 적는다. 예를 들면, "우리는 3명의 외국인 어린이를 우리 반으로 데려온다. 이를 우리는 ……를 통해 보여 준다."

(6) ⑩ 시간

A4 용지에 큰 글씨로 쓰인 '격려'라는 단어를 보고 연상되는 생각들을 떠올린다.

(7) ⑪ 시간

발표자는 앞에서 제시한 교육학자, 심리학자 및 상담사의 생각이 담긴 논문을 발표했다. 이 논문을 계기로 우리 교육과정 비전에 포함될 내용에 관한 토론이 이루어졌다.

11. 교육과정 개발: 우리도 교육과정이 필요하다!

혁신의 기회로서 교육과정을 개발해야 한다.

- 교육과정의 과제와 목표는 무엇인가?
- 전반적인 문제를 관리하는 데 중요한 요소는 무엇인가?
- 외부 전문가 없이 어떻게 과정을 진행할 수 있는가?
- 학교의 비전은 어떤 의미를 지니는가?

1) 과제와 목표

- 교육과정은 학교의 핵심 가치와 역점 사업을 보여 준다.
- 학교장의 지시에 따른 교육과정 개발 시, 학교는 국가기준(지침 및 교육방침)을 준수하며 학습 및 진화조직으로서 재량권을 활용한다.
- 교육과정은 '학교 전통을 반영할 뿐 아니라 미래 전망과 실현되지 않은 아이디어도 포함한다.
- 교육과정은 학생들에 대한 교육적 효과를 향상시키기 위한 재도약을 목표로 하기 때문에 기존의 학교 개념보다 더 큰 의미를 지니고 있다. 따라서 교육과정에는 '실제로 우리의 목표는 무엇이고 그 목표를 어떻게 달성할 수 있는가?'라는 질문에 대한 답이 들어 있다.
- '배움의 전당'이라는 의미에서 교육과정은 학교가 특히 학생들을 정당하게 평가한다는 것을 의미한다. 교육과정은 또한 사

회적 학습을 소홀히 하지 않으면서 자기주도적이고 자기책임
적인 학습방식을 강조한다.

- 교육과정은 기존 교육과정의 목표와 방법에 대한 내부 검토를
위한 기준이기도 하다. 즉, 평가와 책임에 대한 근거이다.

- 학부모는 교육과정에 참여 시 교사와 함께 자녀 문제에 대한
독자적인 의견을 제시하는 것이 바람직하다. 교사의 관점을
보완한 학부모의 관점은 학생의 활동 상황과 사회화에 대한
보다 포괄적이고 정확한 이미지를 가질 수 있는 기회를 제공
한다. 이로써 학생을 위한 교육과정이 더 적절한 방식으로 이
루어지고 학생은 학생 친화적인 방식으로 학습할 수 있다.

- 자녀 문제는 학부모와 함께 더 잘 파악하고 해결할 수 있다.
학부모는 학교운영에 적극 참여함으로써 자신의 교육 책임
이 진지하게 받아들여지고 필요하다고 느낀다(Burkhard &
Eikenbusch, 2000: 38).

표 10-8 │ 전체 문제 처리를 위한 핵심 요소들

- 개별 업무프로세스와 심화교육 참여를 통해 잠재적 갈등에 관한 정보를
확보하고 있는 전문적이고 유능한 학교장. 이 학교장은 업무 개시부터
독려 및 처리까지 성공적으로 이끌어 가는 방법도 학습한다.
- 학교장은 물론 교직원과 학부모가 수용하는 유능한 운영위원회
- 팀지향적이고 공동학습에 동의하는 교사
- 시간과 인내심
- 학부모의 개방적인 태도
- 전문적 컨설팅과 교육당국 지원

2) 외부 전문가 없이 가능한 과정 진행

많은 학교가 학교장, 교사 및 학부모로 구성된 운영위원회를 구성하는 데 필요한 좋은 경험들을 가지고 있다. 운영위원회는 학교장의 부담을 덜어 주고 단계별로 정보교환을 준비하고 중간 결과를 제공한다.

(1) 단계 1

교육과정 개발의 첫 번째 단계에서는 조직개발 경험에서 획득한 지식이 중요한 역할을 한다. 즉, 교육과정 개발 과정은 관련자들이 1차 분석의 필요성과 의미를 변화의 시작이라고 확신하는 경우에만 성공할 수 있다. 첫 번째 단계는 적은 시간과 노력으로 가능한 분석 방법으로서 '우리는 누구인가?'라는 질문에 답하기 위함이다. 이로써 교사와 학부모가 학교와 동질감을 느끼면 다음 단계로 가는 강력한 동기가 된다.

중요한 것은 모든 것을 한꺼번에 하려고 하지 않는 것이다. 학교는 한눈에 파악할 수 있는 일부 제한 요소들이 있다고 해서 쉽게 흔들리지 않는다.

(2) 단계 2

'우리는 무엇을 원하는가?'라는 질문으로, 먼저 향후 발전을 위한 목표를 설정하는 발판이 되는 공통기준 및 표준을 모색한다. 이를 위해 교육(학교의 핵심 사업) 및 다양한 여건과 활동으로 이루어지는 학교생활과 관련된 소위 강점-약점 분석을 실시한다. 현대적 수업을 통해 학교를 더욱 발전시킨다는 의미에서, 가령 우수 수업에 관한 실제 사례와 아이디어가 중요하다. 이들 사례와 아이디어를 비교하고, 학교수업을 개선할 수 있는 가능하고 일반적인 방법을 고려하여 학교에 반영한다. 학생 중심적 방법에 대한 역량 강화를 위한 훈련 단계도 계획할 수 있다.

학부모 활동과 관련하여 다른 학교의 긍정적인 경험들을 조사하고, 필요한 경우 학교에 제안할 수 있다. 외부 강사가 효과적인 학부모 활동의 발전을 위한 계기를 제공할 수도 있다.

(3) 단계 3

교사와 학부모가 합리적이라고 생각하는 새롭고 근거가 명확한 접근방식과 단계를 계획하고 준거 기준으로 확정하여 점차적으로 실현하고 평가한다. 이를 위해서는 현재의 사회적 상황과 문제를 명확히 인식하여야 한다. 이어서 확인된 추세가 통학 가능한 지역에 있는 가족에도 적용되는지 확인해야 한다. 이로써 일반적 주제가 모든 교사에게 이제 '시작'할 수 있다는 동기를 부여할 수 있다. 사례는 다음과 같다.

- 학업성취도 평가 결과, 우리는 어디에서부터 시작해야 하는가?
- 우리는 교실에서 새로운 방법과 방식의 학습이 필요한가?
- 우리는 우리 학교가 건강한 학교가 되기를 바란다!
- 중독예방이라는 주제는 우리 모두에게 관련된 교육적 과제이다!
- 우리 학교는 외국인들과 관계를 개선할 수 있는 방법을 생각해야 한다.
- 학부모와 협력을 강화하는 것은 우리 모두에게 중요한 과제이다.

(4) 단계 4

운영위원회를 보면 현재 상태를 알 수 있다. 교사들은 교사협의회에서, 학부모들은 학부모회의에서 계획에 대한 의견을 제시한다. 이들은 변경 요청을 접수하고 작업한 다음, 승인을 위해 학교운영위원회의에 본안을 제출한다.

3) 비전 문제

학교는 교육과정 서문에 윤리적·사회적 가치가 무엇인지 그리고 추구하는 인간상을 명기한다. 학교는 어떻게 그런 주장을 하는가? 교육과정에 관한 작업과정에서 일반적으로 학교의 교육관리 기준 관련 관계자들 사이에 기본적인 합의가 이루어진다. 학교지침에 기본이 되는 이념을 고려하는 것도 교사의 몫이다. 비전은 기본적 학교생활뿐 아니라 교실 및 과외활동이 이루어지는 학교 전체에 유효한 원칙과 기본목표로 구성된다. 비전은 의사결정 기준을 제공하고 우선순위 결정을 위한 근거를 제시한다. 학부모도 비전 형성에 참여하여야 한다. 학부모는 사회, 직업 및 가족의 관점에서 교사의 아이디어에 대해 추가 및 수정 사항을 제시한다. 이것은 학교가 학부모와 갈등 없이 협력하여 합의하는 데 매우 중요하다. 교육과정에는 일정 기간 모든 프로그램에 유효하고 향후 발전 방향을 제시하는 준거기준이 포함된다.

12. 수업과 참여 기회에 대한 학부모의 불만족

목표 지향적으로 갈등을 해결할 수 있도록 여론의 중지를 모아 평가한다.

- 학부모 활동을 평가할 수 있는 기준은 무엇인가?
- 학부모 권한과 교육원칙을 어떻게 조율할 수 있는가?
- 학부모의 수업에 대한 만족도를 어떻게 파악할 수 있는가?

지속적인 갈등 원인을 철저히 파악하여 관리하려면 학교와 관련된 학부모 활동에 대한 조사가 필요하다. 학교장은 갈등 초기 상황 파악 및 분석을 위해 교사와 학부모로 구성된 소규모 실무집단을 구성해야 한다. 학부모 활동은 구조, 과정, 결과의 세 측면에서 평가한다.

1) 구조

구조적 측면에서 실무집단은 학부모 활동과 관련 환경을 조사한다. 환경에는 법적 근거(법적 보호자의 참여 목적, 참여 형태 및 기관, 주제 및 내용, 부모의 권리 및 의무, 취학의무 등)가 포함된다. 예를 들어, 학부모회의 구성(외국인 부모의 비율 및 국적), 학교에 대한 학부모의 일반적인 관심 및 다양한 학교 상황에 대한 적극적 참여 의사 등과 같은 개인적 측면도 있다. 다음과 같은 사항들도 확인하여야 한다.

• 학부모와 협업에 대한 교사의 태도는 어떤가?

• 서로 파트너로서 협력하려는 노력은 어떤가?

• 학부모가 학교에 참여하고 협력할 수 있는 환경이 갖추어졌는가?

학부모와 작업하고 상의할 수 있는 공간에 대해서도 질문하여야 한다. 예를 들어, 대화가 방해 받지 않고 친근한 분위기에서 진행될 수 있는 학부모 상담실이 있는가? 다수의 학부모를 위한 적절한 좌석을 갖춘 공간도 있는가?

실무진은 기간과 관련한 세부 정보도 수집해야 한다. 기간은 협업의 성공을 위해 매우 중요하다. 기간은 아이디어 교환, 교육문제 해결, 조언, 교육과정 참여 등을 위한 시간을 의미한다.

2) 과정

과정은 협력, 즉 교사와 학부모 간 상호작용 방식에 관한 사안이다. 물론 학교의 비전(교육과정의 일부)에 명시된 학부모와 동반자적 협력 정신이 중요한 역할을 한다. 협력 정신은 관계 형성, 활동 원칙 및 규칙에 대한 기본방향을 제시한다. 따라서 아이디어, 가치 및 신념도 중요하다. 학교 관련 단체의 다양한 활동 기회뿐만 아니라 대화, 상담, 학교축제 및 다양한 학교행사 참여는 과정 및 관계에 매우 중요하다. 추가 질문은 다음과 같다.

• 관련 단체들이 학교에서 얼마나 자주 만나는가?

• 학부모의 학교와 협력에 대한 기대와 바람은 어떻게 파악되고

(예: 학급후견인, 학교후견인), 어떻게 처리하는가?

- 교사와 대화에서 학부모는 어떤 비판이나 제안을 하는가?
- 교실 및 학교 문제를 쉽게 이해할 수 있는 정보를 학부모에게 어떻게 알릴 수 있는가?
- 학생과 함께하는 교육활동을 학부모에게 어떻게 전달하고 문서화하는가?
- 학교는 학부모에게 최신 뉴스와 문제를 알릴 수 있는 수단이 있는가?
- 학부모와 교사는 특히 무엇을 함께 하길 바라는가?
- 학부모와 교사가 상부상조하려면 어떻게 협력해야 하는가?

3) 결과

결과 관련 핵심 질문은 '지금까지 학부모와 협력한 결과는 어떠한가?'이다. 이 간단한 질문에 답하는 것이 중요하다. 실무집단이 이 질문에 대해 객관적이고 신뢰할 수 있는 자료를 제공하는 것을 목표로 한다면 유토피아적인 일이 될 것이다. 이를 위해서는 구조화된 인터뷰를 실시하고 평가해야 한다. 더 큰 문제는 추세를 평가하는 것이다. 추세 평가는 '결과'를 개선하기 위한 미래 계획 수립에 중요한 역할을 한다.

결과는 몇 가지 근거로 평가할 수 있다. 우선, 법적 기본요건이 충족되고 필요한 협력이 어느 정도 이루어지는지가 중요하다. 예를 들어, 대부분의 학부모가 참여와 협력을 위해 학교에 오는 것을 좋아하고 심지어 학교로부터 환영받는다고 느낀다는 사실을 통해 협력의 효과를 판단한다. 모든 공동 노력은 학생을 위한 것이다.

따라서 학부모 활동이 학생들에게 어떤 결과를 낳을 것이며, 그들을 위해 무엇을 이루었는지에 대해서도 생각하여야 한다.

(1) 학부모와 교육원칙 조율

학교 비전 수립을 위해 학교장은 교사가 학부모의 동의를 얻어 최고의 학생교육을 위한 교육원칙을 명확히 하길 바란다. 학교장은 자신이 강조하는 핵심 교육 내용을 성명서로 작성할 수 있다. 학교장은 성명서를 학부모에게 전달하여 다음 질문과 관련하여 논의하기를 요청한다.

- 강조한 내용들이 중요하다고 생각하는가?
- 누락된 부분은 무엇인가?
- 더 명확히 표현하여야 할 문장이 있는가?

학부모로부터 취합한 내용으로 보고서를 작성하여 학교운영위원회에 권고 사항으로 회부한다. 학부모와 합의하에 검토하여 '학교 비전'에 포함할 수 있는 예는 다음과 같은 교육에 중요한 원칙들이다.

(2) 교육에 특히 중요한 원칙은 무엇인가?

- 다음 내용 중 최대 5개를 선택하시오.
  - 모든 학생은 교사와 학부모의 많은 사랑, 관심 그리고 이해를 필요로 한다.
  - 모든 학생은 학습 성공을 이룰 수 있어야 한다.

- 학생은 독립적으로 협력하여 배우고 행동할 수 있도록 가능한 조기에 교육을 받아야 한다. 이에 가속도 기여한다.
- 수업은 학생을 격려하고 최선을 다하도록 해야 한다.
- 학생은 동료를 배려하고 자신의 주장은 자제하는 법을 배워야 한다.
- 학교는 학습과 교육의 장일 뿐만 아니라 학생을 위한 중요한 생활의 터이기도 하다.
- 학생들 사이에 갈등은 학급에서 교사의 지도하에 가능한 신속히 생산적으로 처리한다.
- 사회적 비행은 항상 교사에 의해 적절하게 처벌되어야 한다. 이를 위해 학부모의 도움이 필요하다.
- 교사가 필요하다고 판단할 때, 모든 학생은 적절한 개별적 도움과 지원을 받는다.
- 학생의 성적평가 및 평가기준은 학생과 학부모에게 투명하게 공개한다.
- 과제는 명확해야 하고 학생은 과제를 양심적으로 철저히 한다. 교사는 과제를 검사하고 수정한다.
- 학생은 필기시험을 준비한다.

(3) 학부모의 수업에 대한 만족도

학교장은 먼저 필요하다고 생각하는 프로젝트와 그 범위에 대해 교사와 논의해야 한다. 이에 전력투구를 해야 한다. 설문조사를 수용하도록 홍보하고 학부모 만족도 평가를 위한 주요 요소들에 대해 조율하여야 한다. 학교장은 학부모의 설문조사 참여를 독려하고 토론을 위해 다음과 같은 문항을 평가척도 방식으로 제시할 수 있다.

- 우리 아이는 학교에서 공부하는 것을 즐긴다.
- 아이는 특히 ○○ 과목을 좋아한다.
- 전반적으로 아이는 학교에서 성공적으로 공부하고 있다.
- 아이 반 교사들은 다양하고 도전적인 교육을 위해 노력한다.
- 교사들은 좋은 교실 분위기에 기여하고 있다.
- 학생의 사회적 행동은 교사들에게 중요한 관심거리이다.
- 과외활동(스터디그룹, 하이킹, 관광, 여행)에 대해 ……한 의견이 있다.
- 학교와 학부모 간 협력은 때때로 가족의 문제가 된다.
- 내 아이의 학교 경험도 집에서 대화거리이다.
- 기타

담임교사는 완성된 설문지를 수집하고 설문 결과를 기록하며 학부모회의에서 설문 결과에 대해 논의하다. 이어서 가능한 학부모의 도움하에 긍정적인 변화를 위해 노력할 수 있는 부분을 선정한다.

(4) 학교장에게 중요한 사항

학교에서 평가 조사는 교사, 학생 및 학부모가 함께 더 잘할 수 있는 것이 무엇인지 알아내는 데 도움이 된다. 교사에 대한 개별적 평가가 중심이 되어서는 안 된다. 이런 평가는 일방적일 수 있으며 일부 교사의 엄청난 저항으로 이어질 것이다. 다른 한편으로, 수업은 항상 교사에게 매우 중요한 상호작용의 장이다.

참고문헌

Badry, E., Buchka, M., & Knapp, R. (IIrsg.) (2003). *Pädagogik. Grundlagen und Arbeitsfelder.* Neuwied, Kriftel.

Blum, E., & Blum, H. J. (2006). *Der Klassenrat.* Ziele, Vorteile, Organisation. Mülheim: Verlag an der Ruhr.

Boettcher, W., & Mosing, G. (2009). Leitungskommunikation. In Buchen, H. & Rolff, H. G. (Hrsg.), *Professionswissen Schulleitung.* 2. Aufl. Weinheim und Basel: Beltz.

Boskamp, P., & Knapp, R. (Hrsg.) (1999). *Führung und Leitung in sozialen Organisationen.* Handlungsorientierte Ansätze für neue Managementkompetenz. Neuwied: Luchterhand.

Brockmeyer, R. (1997). Schule, Schulsystem und Schulentwicklung. In Müller, A. U. A. (Hrsg.), *Leitung und Verwaltung einer Schule.* 8. vollständig überarbeitete Auflage. Neuwied, S. 1-19.

Brophy, J. (2000). Teaching. In: *International Bureau of Education Educational Practice Series No. 1.* Geneva, Switzerland: International Bureau of Education. ERIC Document Reproduction Services ED 440066.

Brozio, C., & Gampe, H. (2008). Qualitütsimpulse Für Schulentwicklung und Konfliktmanagement. In Knapp, R., Neubauer, W., & Gampe, H. (Hrsg.), *Schulische CD-ROM mit Praxishilfen.* Köln: LinkLuchterhand. 45-48.

Buchen, H., & Rolf, H. G. (Hrsg.) (2009). *Professionswissen Schulleitung.* Weinheim und Basel: Beltz.

Buchka, M., Grimm, R., & Klein, F. (Hrsg.) (2000). *Lebensbilder bedeutender Heilpädagoginnen und Heilpädagogen im 20. Jahrhundert.* München.

Buhren, C., & Rolff, H. G. (2002). *Personalentwicklung in Schulen*. Konzepte, Praxisbausteine, Methoden. Weinheim: Beltz.

Burkard, Chr., & Eikenbusch, G. (2000). *Praxishandbuch Evaluation in der Schule*. Berlin. Hamburg.

Dick, R. V., & West, M. A. (2005). *Teamwork, Teamdiagnose, Teamentwicklung: Praxis der Personalpsychologie*. Göttingen: Hogrefe.

Diez, H., & Krabbe, H. (1996). Mediation. Ein Überblick über die neue Form der Konfliktlösung durch Vermittlung. In: *Report Psychologie, 21*, 169-177.

Doppler, K., & Lauterburg, C. (2008). *Change Management: Den Unternehmenswandel gestalten*. Frankfurt/New York: Campus.

Dreikurs, R., & Soltz, V. (2001). *Kinder fordern uns heraus*. Wie erziehen wir sie zeitgemä β ? Stuttgart.

Dubs, R. (2003). *Qualitätsmanagement für Schulen*. St. Gallen: Institut für Wirtschaftspädagogik.

Dulabaum, N. (2009). *Mediation: Das ABC*. Die Kunst in Konflikten erfolgreich zu vermitteln. 5. Aufl. Weinheim: Beltz.

Eichhorn, C. (2008). *Classroom-Management*. Stuttgart: Klett-Cotta.

Gampe, H, & Rieger, G. (2022). *Leistungsbewertung-Ordnungsmaßnahmen-Schulpflicht*. 11. Aufl. Beckum: F&L Schulorganisation.

Giesecke, H. (1999). *Die pädagogische Beziehung*. Pädagogische Professionalität und die Emanzipation des Kindes. Weinheim.

Grief, S., Runde, B., & Seeberg, J. (2004). *Erfolge und Misserfolge beim Change Management: Eine intergrative Theorie und praktische Methoden*. Göttingen: Hogrefe.

Grunder, H. -U. (2002). *Schulentwickung durch Kooperation und Vernetzung*. Schule verändern. Bad Heilbrunn: Klinkhardt.

Helmke, A. (2009). *Unterrichtsqualität und Lehrerprofessionalität:*

Diagnose, Evaluation und Verbesserung des Unterrichts. Seelze: Klett-Kallmeyer.

Holtappels, H. G., Heitmeyer, W., Melzer, W., & Tillmann, K-J. (Hg.) (2009). *Forschung über Gewalt an Schulen: Erscheinungsformen und Ursachen, Konzepte und Prävention.* Weinheim: Juventa.

Keller, G. (2005). *Lerntechniken von A bis Z. Infos, Übungen, Tipps.* Bern: Huber.

Keller, G. (2007). *Schulisches Qualitätsmanagement von A-Z.* Baltmannsweiler: Schneider.

Keller, G. (2008). *Disziplinmanagement in der Schulklasse.* Unterrichtsstörungen vorbeugen-Unterrichtsstörungen bewältigen. Bern: Huber.

Kempfert, G., & Ludwig, M. (2008). *Kollegiale Unterrichtsbesuche: Besser und leichter unterrichten durch Kollegen-Feedback.* Weinheim und Basel: Beltz.

Klein, J., & Träbert, D. (2001). *Wenn es mit dem Lernen nicht klappt.* Schluss mit Schulproblemen und Familienstress. Reinbek bei Hamburg.

Klein, K. (2006). *Klassenlehrer sein.* Das Handbuch. Strategien, Tipps, Praxishilfen. Müheim: Verlag an der Ruhr.

Klein, S. (2007). *Wenn die anderen das Problem sind.* Konfliktmanagement, Konflikt-coaching, Konfliktmediation. 2. Aufl. Offenbach: Gabal.

Klippert, H. (2000). *Pädagogische Schulentwicklung.* Planungs-und Arbeitshilfe zur Förderung einer neuen Lernkultur. Weinheim.

Klippert, H. (2008). *Schulentwicklung.* Planung-und Arbeitshilfe zur Förderung einer neuen Lernkultur. 3. Aufl. Weinheim: Beltz.

Klippert, H., & Kähne, H. (2006). *Kommunikations-Training*

Übungsbausteine für den Unterricht II. Weinheim: Beltz.

Knapp, R. (2001). *Elternarbeit in der Grundschule.* Grundlagen. Eltern beratung und-seminare. Mitarbeit im Schulleben. Berlin.

Knapp, R. (2008). Der Erziehungs-und Bildungsauftrag der Schule und das Vermitteln von Konfliktfähigkeit. In Knapp, R., Neubauer, W., & Gampe, H. (Hrsg.), *Schulische Konflikte bewältigen.* Grundlagen und Praxisorientierungen plus CD-ROM mit Praxishilfen. Köln: LinkLuchterhand, S. 8-15.

Knapp, R., & Kreter, G. (2008). Lehrer-Eltem-Ebene, in: Knapp/ Neubauer/Gampe: *Schulische Konflikte bewältigen.* Grundlagen und Praxisorientierten plus CD-ROM mit Praxishilfen. Köln: LinkLuchterhand, S. 120-134.

Kreyenberg, J. (2005). *Konfliktmanagement.* 2. Aufl. Berlin: Cornelsen.

Malik, F. (2007). *Führen Leisten Leben.* Wirksames Management für eine neue Zeit. Frankfurt und New York: Campus.

Miller, R. (2002). *"Du dumme Sau!" Von der Beschimpfung zum fairen Gespräch.* Lichtenau: AOL.

Miller, R. (2004). *99 Schritte zum professionellen Lehrer.* Erfahrungen, Impulse, Empfeh-lungen. Seelze: Kallmeyer.

Miller, R. (2013). *Du dumme Sau! Von der Beschimpfung zum fairen* Gespräch. Schulwerkstatt.

Myschker, N. (2007). *Verhaltensstörungen bei Kindern und Jugendlichen.* 7. Aufl. Stuttgart, Berlin, Köln: Kohlhammer.

Niemeyer, Chr. (1998). *Klassiker der Sozialpädagogik.* Einführung in die Theoriegeschichte einer Wissenschaft. Weinheim und München.

Nolting, H. P. (2007). *Störungen in der Schulklasse.* Ein Leitfaden zur Vorbeugung und Konfliktlösung. 6. Aufl. Weinheim und Basel: Beltz 2007.

Philipp, E. (2005). *Teamentwicklung in der Schule.* Konzepte und Methoden. 4. Aufl. Weinheim und Basel: Beltz.

Philipp, E., & Rademacher, H. (2002). *Konfliktmanagement im Kollegium. Arbeitsbuch mit Modellen und Methoden.* Weinheim und Basel: Beltz.

Regenthal, G. (2008). *Wie soll ich das alles nur schafften?* Schulleitung-Coaching fur die neuen Anforderungen, Koln: Luchterhand.

Risse, F. (2003). *Schulprogramm. Entwicklung und Evaluation.* 2. Aufl. Neuwied: Hermann Luchterhand.

Satow, L. (1999). Klassenklima und Selbstwirksamkeitsentwicklung: Eine Längsschnittstudie in der Sekundarstufe I. Dissertation am Fachbereich Erziehungswissenschaft und Psychologie der Freie Universität Berlin.

Satow, L. (2008). *Klassenklima und Selbstwirksamkeitsentwicklung.* Eine Längsschnitt-studie in der Sekundarstufe I. Dissertation am Fachbereich Erziehungswissenschaft und Psychologie der Freien Universität Berlin.

Schulische Konflikte bewältigen. Grundlagen und Praxisorientierten plus CD-ROM mit Praxishilfen. Köln: LinkLuchterhand: S. 120-134. Femer Kap.II/5 auf der CD zum Buch.

Sprenger, R. K. (2007). *Vertrauen führt: Worauf es im Unternehmen wirklich ankommt.* 3. Aufl. Frankfurt: Campus.

Strahm, P. (2008). *Qualität durch systematisches Feedback.* Grundlagen, Einblicke und Werkzeuge. Bern: Schulverlag.

Straube, R., Leuschner, H., & Müller, P. (2008). *Konfliktmanagement für Projektleiter.* Strategien zur Lösung und Vermeidung von Konflikten. München: Haufe.

Thesing, T. (1999). *Leitideen und Konzepte bedeutender Pädagogen.* Ein

Arbeitsbuch für den Pädagogikunterricht. Freiburg.

Träbert, D. (2003). *Starke Eltern-erfolgreiche Schüler*. Reinbek bei Hamburg.

Tuckman, B. J. (1965). Developmental sequences in small groups. *Psychological Bulletin, 63*, 348-399.

Wallrabenstein, W. (Hrsg.) (1999). *Gute Schule-Schlechte Schule*. Ein Schwarz-Wei β -Buch. Reinbek bei Hamburg.

Watzlawick, P., Beavin, J. H., & Jackson, D. D. (2007). *Menschliche Kommunikation*. Formen, Störungen, Paradoxien. 11. Aufl. Bern: Huber.

Weinert, Fr. G. (2001). *Leistungsmessungen an Schulen*. Weinheim: Beltz.

11장

학교장의 전형적인 실수와 예방

CONFLICT MANAGEMENT IN SCHOOLS

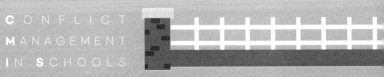

CONFLICT
MANAGEMENT
IN SCHOOLS

- 학교장은 교사들과 충분히 논의할 시간이 있는가?
- 학교장은 끝없는 토론을 피하기 위해 항상 자진해서 방향을 제시해야 하지 않는가?
- 전형적 실수는 무엇이며 어떻게 예방할 수 있는가?

개인 간 갈등에서 학교장이 종종 범하는 일련의 실수가 있다.

1. 당신은 ……을 알아야 합니다.

이른바 너-전달법에 의한 상대방에 맞서는 듯한 요구로는 대개 성공하지 못한다. 상대방은 공격을 받았다고 느끼며 자신의 반대 의견을 고수하며 저항한다. 공격받은 사람은 자기 의견을 지지하는 주위 사람들을 확보하려 하기 때문에 일시적이라도 반대 집단이 형성되기 마련이다. 물론 상대방이 학교장의 권한을 두려워하거나 좋은 인상을 주기 위해 아첨할 수도 있다.

- 제안: 나-전달법으로 자신의 생각과 감정을 명확히 밝히고 갈등상대방이 자신의 주장을 합의안으로 제시할 수 있도록 한다. 대화 시작 시 주요 규칙 및 결정 범위를 명확히 한다.

2. 나는 상대방이 자유롭게 마음 놓고 토론하도록 하지만, 상대방이 나에게 유리한 해결책을 찾지 못하면 단호히 반대한다.

모든 갈등당사자는 최선을 다해 문제에 대한 해결책을 찾을 수 있어야 한다. 따라서 자신의 노력이 결국 헛된 것으로 여겨져 좌절하고 낙담하는 상황은 결코 바람직하지 못하다.

- 제안: 학교장은 처음부터 결정 범위를 명확히 하고 자신의 생각이나 우려 사항을 논의에 포함시켜야 한다. 모두가 인정하는 해결책을 함께 찾는 것이 중요하다.

3. 나는 더 이상의 논쟁을 피하기 위해 갈등대화 시작부터 바로 해결방안을 제시한다.

학교장은 이런 방식으로 갈등당사자들이 스스로 해결방안을 위해 노력하는 것을 방해한다. 더 나아가 갈등당사자들은 통제받는다고 느껴서 학교장의 제안을 거부할 수 있음을 감수해야 한다. 이런 경우, 학교장은 자신의 공식적 권한으로 해결책이 실현되도록 강제하려 할 것이다. 하지만 갈등당사자 중 누구도 내용을 잘 이해하지 못하기 때문에 곧바로 더 큰 어려움이 발생할 수밖에 없다.

- 제안: 실제 문제는 갈등당사자들에게 있기 때문에 먼저 그들이 갈등을 생산적으로 해결하도록 유도해야 한다. 학교장도 적극적인 조정자로서 도움을 준다. 모든 갈등당사자가 먼저

스스로 해결방안을 제시한 경우에만 학교장도 추가적으로 해결방안을 제안하는 것이 좋다.

4. 나는 갈등당사자들과 개별적으로 대화한다. 왜냐하면 그들은 합리적인 의견을 가질 수 있기 때문이다.

갈등이 해결되려면 모든 갈등당사자가 갈등이 해결되었다고 하여야 한다. 갈등당사자 일방과만 논의된 해결방안은 반드시 상대방에게는 자신을 제외하고 암암리에 협의되었다는 의심을 불러일으킨다. 이에 대해 학교장은 그렇지 않다는 근거를 댈 것이다.

- 제안: 모든 갈등당사자 또는 적어도 대리인들이 참석한 자리에서 문제를 처리하고 모두가 수용할 수 있는 해결책을 찾는 것이 훨씬 더 좋다. 심각한 갈등의 경우, 적대적인 갈등당사자들과 개별 대화를 통해 먼저 갈등해결을 위한 대화 일정에 합의하는 것이 좋다. 개별 대화에서 대화진행자는 해결방안을 제안하지 않으며, 해결책은 갈등당사자들이 모두 참여하는 갈등해결대화까지 보류한다.

5. 갈등이 격렬한 상황에서는 가능한 한 냉정하고 발언을 자제한다.

예를 들어, 분노하여 큰소리를 치며 감정적으로 흥분하지 않는 것이 중요하다. 하지만 갈등당사자들이 사안이 학교장에게는 전혀 영향을 미치지 않는다는 인상을 받으면, 자신들의 문제를 자세히 설명하지 않으려 한다.

- 제안: 학교장은 갈등당사자들에게 공감하고 모두를 위해 원만한 갈등해결책을 찾는 것이 매우 중요하다고 말하고 행동으로 보여 주어야 한다.

6. 갈등해결대화 진행 시 가장 중요한 것은 억눌린 감정을 자제하는 방법을 찾는 것이다.

이런 견해는 인간의 감정에 대한 매우 단순한 생각을 보여 준다. 감정을 '진정시키면' 단기간에 생리적 안정을 찾지만 해결되지 않은 갈등은 이후에 새로운 분노를 일으켜 결국 그에 상응하는 부정적 감정을 야기한다.

- 제안: 갈등당사자들은 서로 노력하여 갈등을 해결함으로써 안심해야 한다. 이를 위해 대화진행자가 중요하다. 대화진행자는 가능한 한 실제로 공정한 해결책을 강구하는 것이 중요함을 강조하여야 한다. 이 외에도 대화규칙(예: "모두 상대방의 말을 끊지 않는다." "모두 갈등에 대한 자신의 의견을 제시한다." 등)을 정하고 본질적인 문제를 파악하고 그 해결을 위한 논의 과정을 이끌 수 있어야 한다.

7. 나는 중립을 지키기 위해 갈등해결대화에서 가능한 한 자제한다.

학교장은 갈등해결대화를 효율적으로 관리할 책임이 있다. 따라서 학교장은 관리자로서 목표를 달성하기 위해 절대 중립적이지 않아야 한다.

- 제안: 공식적 사업에 반대하는 사람이 없다면, 당사자들을 위한 해결방안들에 대해 개방적이어야 한다. 따라서 목표는 학교의 제도적 범위 내에서 갈등을 해결하는 것이다.

12장

학교장이 자주 묻는 질문들

CONFLICT
MANAGEMENT
IN SCHOOLS

- 일상적 학교생활에서 빈번히 발생하는 대화 상황에서 충고할 수 있는가?
- 의견 차이를 처리하는 가장 좋은 방법은 무엇인가?
- 어떻게 하면 대다수의 사람과 문제를 성공적으로 논의할 수 있는가?

다음과 같은 상황에서 나는 무엇을 하는가?

1. 두 갈등당사자(개인, 집단) 또는 위원회 구성원들이 끝없이 토론만 하고 의견 일치가 불가능하다.

원칙적으로 당사자들은 적극적으로 참여하여 당면한 문제들을 확인하여야 한다. 그러나 갈등해결대화에서는 갈등분석이나 문제해결에 대한 다양한 의견 제시에 만족하지 않고 최종적으로 서로 만족스러운 결과를 도출하여야 한다('철두철미하게 마무리 짓는다.').

일부 갈등당사자는 무제한 토론을 하거나 문제만 제기하여 해결책 도출을 방해하는 전략을 쓰기도 한다. 이런 전략은 과거 성공한 적이 있더라도 결코 성공하지 못하도록 해야 한다.

- 제안: 대화 시작 시 가능한 원만한 문제해결책을 함께 강구할 것임을 분명히 해야 한다. 학교장은 대화가 진전되지 않는다

고 판단되면 일반적으로 다음과 같은 행동이 효과적이다. 대화가 진행되지 않음을 확인하고 당사자들에게, 예를 들어 "나는 우리의 대화가 지지부진하다는 인상을 받았습니다."(나-전달법)라고 하고 "해결책을 위한 방안들을 제안하십시오."라고 한다. 모순된 주장들을 짧고 정확하게 지적하고 토론 내용을 요약하여 상황을 명확히 한다. 이어서 "이제 결정을 내려야 합니다."라고 하고 실제 해결방안을 요청한다. 갈등당사자들이 서로 반대하면서 정해진 시간 안에 원만한 해결책을 모색할 수 없으면 다음 대화 일정을 정하여야 한다. 그러나 이것마저도 어려운 경우에는 "나의 목표는 함께 해결책을 찾는 것이었습니다. 이것이 불가능하다면 이제 제가 결정을 내릴 수밖에 없습니다."라고 단호하게 말한다. 이로써 갈등당사자들은 자신들이 원칙적으로 결정사안에 영향을 미칠 수 있었음을 알게 된다. 이것은 미래를 위한 교훈과 같다.

2. 학교장으로서 중요한 이유로 받아들일 수 없는 주장을 하는 사람이 있는가?

이런 경우, 학교장은 특정 해결책을 결정하는 중요한 이유가 무엇인지에 대해 질문하는 것이 중요하다

- 제안: 학교장으로서 자신의 개인적 취향이나 습관에 관한 주장인 경우에는 다른 방안들도 고려하거나 합리적인지 여부를 비판적으로 검토해야 한다. 이와 달리 법적인 사안이라면 친근하면서도 단호하게 "당신의 요청을 이해하지만……"이라고

밝혀야 한다.

3. 항상 법적 주장만 하는 사람이 있는가?

법적 규제는 원칙적으로 중요하고 필요하다. 그러나 법적 기준만 내세우면 문제해결 시, 의무적인 것만 생각하고 절차도 공식적으로만 진행된다. 이와 달리 금지되지 않은 것은 무엇이든 가능해야 한다. 즉, 창의적으로 행동할 수 있는 여지가 있다는 것이다. 갈등조정을 통한 갈등해결전략도 이를 고려하여야 한다.

4. 항상 자기만 말하고 상대방은 말하지 못하게 하는 사람이 있는가?

학교장은 사회자로서 당연히 발언을 금지할 수 있다. 하지만 이에 대해 당사자는 분노할 수 있다. 그는 이해받지 못한다는 생각에 자신의 의견을 더 명확하게 설명하려 한다거나 지속적으로 발언권을 요구한다.

- 제안: 학교장은 많은 내용을 듣고 요점별로 정리한다. "당신은 다른 사람들도 말하고 싶은 것들에 대해 말하고 있습니다."라고 한다. 이런 경우, 발언자는 다른 사람들도 자신의 의견에 대해 말할 수 있다는 것을 이해하고 동의한다.

5. 회의에서 한마디도 말하지 않은 사람이 있는가?

서로에 대해 잘 알지 못하는 경우, 이런 사람에게 말을 걸거나 재촉하는 것은 바람직하지 않다. 이런 사람은 실제로 원하는 것이나 할 말이 없음에도 말을 해야 한다면 대개 감정적으로 반응한다.

- 제안: 주위를 둘러보며 "아직 언급되지 않은 사안이 있습니까?" 하면서 주위를 살핀다. 학교장은 집단의 대표로서 간접적으로 "학부모, 학생 등의 관점에서는 어떻게 보일까요?"라고 말을 건넨다.

6. 아무도 갈등해결을 위한 방안을 제시하지 않는가?

학교장은 사안을 혼자서만 해결하게 될 것이라고 걱정하지 말아야 한다. 이런 상황은 다분히 의도적일 수도 있다. 학교장은 사안을 혼자 짊어지지 않도록 상황에 조직적으로 대처하여야 한다.

- 제안: 침착하게 기다렸다가 과제가 명확한지 물어보고 해결방안을 요청한다. 학교장은 휴식 후에 자신이 해결방안을 제안하려 할 수도 있다. 하지만 갈등이 심한 경우, 그 제안을 갈등 당사자가 거부할 가능성이 높다. 따라서 이런 충동은 절대 금물이다. 학교장은 "나는 이 갈등을 우리가 해결하기를 바랍니다. 이를 위해 여러분을 돕고 싶습니다."라는 자신의 역할을 다시 한번 상기한다.

7. 학교장은 대다수의 사람(교사, 교직원, 학교 전체 등)에게 영향을 미치는 문제에 직면하고 있다면 어떻게 할 것인가?

원칙적으로 영향을 받는 모든 사람들이 문제해결 과정에 참여하여야 한다. 관련자들이 너무 많으면 집단대표가 있어야 한다.

- 제안: 학교장은 가능한 집단대표와 함께 문제해결 과정에 참여할 것인지 고려하여야 한다. 그래야만 그 과정의 결과로 진정한 발전을 할 수 있다. 연속 회의에서 매번 다른 사람과 논의하면 해결책은 거의 찾을 수 없다. 사람들이 가득 찬 강당에서는 원만한 토론이 불가능하다. 이런 경우, 학교장은 대표자를 요청해야 한다.

8. 결어

평화로운 학교 낙원은 앞으로도 오랫동안 꿈으로 남을 것이다. 인간의 불완전성과 제도적 결함으로 인한 학교갈등은 불가피하다. 하지만 학교갈등을 너무 체념적으로 봐서는 안 된다. 우리가 갈등에 사로잡힌 것이 아니라 긍정적인 도전으로 느낀다면 갈등을 해소하고 해결할 수 있다.

효과적인 학교갈등관리를 위해서는 해결책에 대한 낙관적 자세뿐만 아니라 해결 및 예방을 위한 방법들을 지속적으로 개발하여야 한다. 이를 위해 모든 학교는 다음과 같은 주요 질문으로 갈등을 분석해야 한다.

- 우리에게는 어떤 갈등들이 자주 발생하는가?
- 이 갈등들은 어떤 부문에서 발생하는가?
- 이 갈등들은 우리를 얼마나 괴롭히는가?
- 우리는 어떤 갈등을 효과적으로 해결할 수 있었는가?
- 우리는 어떤 갈등을 거의 해결하지 못하거나 전혀 해결할 수 없었는가?

이 분석 결과를 기반으로 우리 모두는 더 나은 해결전략으로 해결되지 않은 갈등을 해결할 수 있는 방법이나 처음부터 발생하지 않도록 예방할 수 있는 방법에 대해 생각해야 한다. 다음은 일상적인 학교생활의 한 예이다.

담임선생님은 한동안 교실에서 갈등조정을 통해 많은 갈등을 해결할 수 있었다. 그럼에도 갈등은 계속 발생했다. 교사는 차츰 갈등이 주로 사회적 기술의 부족에 기인한다는 것을 알게 되었다. 이 지식을 바탕으로 교사와 학생들은 사회적 행동 훈련을 하였다. 한 학년 동안 갈등의 수가 크게 감소하였다. 학생들이 서로 공감하고 조심하는 법을 배웠기 때문이다.

모든 학교는 능력에 따라 많은 갈등을 주체적이고 건설적으로 관리할 수 있다. 하지만 여전히 갈등이 해결되지 않고 심각한 학교갈등으로 고조되는 경우가 반복적으로 발생한다. 이런 경우, 학교는 외부의 도움을 받아야 한다. 학교심리상담센터는 가장 가까운 파트너이다. 특히 갈등을 해결하기 위해 권력의 개입이 불가피한 경우, 교육당국 역시 파트너가 될 수 있다.

학교갈등은 불쾌할 수 있지만 부정적으로만 볼 수 없다. 학교갈등은 유용할 수도 있다. 학교갈등은 항상 문제를 알리고 관계를 개선하고 개인과 조직이 변화할 기회를 열어 준다. 이는 '토양은 화산 폭발 후 가장 비옥하다.'라는 오래된 지질학적 통찰과 일치한다.

부록

1. 가능한 한 빨리 문제에 대해 말한다. 시간이 지나갈수록 분노만 쌓이고 갈등해결은 어려워진다.

2. 대화상대방에게 시간이 있는지 묻거나 간단히 이야기하고 싶다고 말한다.

3. 별도의 장소에서 방해받지 않는 분위기에서 대화를 진행한다.

4. 갈등주제를 나-전달법으로 표현한다. 나에게 방해가 되는 것, 화나게 하는 것, 불만스러운 것을 알린다.

5. 사실과 추측을 구분하여 자신의 쟁점을 제시한다.

6. 갈등상대방에게 자신의 건해를 밀힐 시간을 충분히 준다.

7. 갈등상대방의 말을 잘 듣고 공감하려고 노력한다.

8. 예의 바르고 공정하게 행동한다. 킬러프레이즈를 삼간다.

9. 갈등의 사실적 부분과 감정적 부분을 구별한다.

10. 갈등상대방이 말한 내용을 자신의 말로 반복한다.

11. 건설적으로 육하원칙(누가, 언제, 어디서, 무엇을, 어떻게, 왜)으로 질문한다.

12. 성급한 결론이나 판단을 삼간다. 새로운 지식과 관점에 열려 있어야 한다.

13. 비판은 가능하면 기대와 바람의 방식으로 한다.

14. 중요한 대화에서는 유머와 긍정적 재해석으로 긴장을 푼다.

15. 상대방과 동의하는 점을 강조한다.

16. 공동 목표를 찾고 그 목표에 에너지를 집중한다.

17. 대화상대방과 함께 해결책을 위한 아이디어들을 모으고 가장 좋은 것을 선택한다.

18. 대화 결과를 요약하고 누가 미래에 다르게 행동해야 하는지 명확하게 기술한다.

19. 해결책 이행이나 새로운 쟁점을 해결하기 위한 후속 대화 일정에 합의한다.

20. 격려의 발언을 하고 대화상대방과 친근하게 작별 인사를 한다.

전화 갈등해결대화를 위한 팁

1. 대화상대방을 인격체로 존중한다.

2. 친근하게 대화를 시작한다. 상대방은 나의 미소를 들을 수 있다!

3. 상대방의 감정에 주의를 기울이되, 그 감정에 감염되지 않도록 한다. 자신에 대해 자세히 살핀다.

4. 처음 몇 초 동안 충격을 극복하고 상대방과 말하도록 한다.

5. 잠시 상대방의 입장이 되어 본다. 상대방이 지금 왜 그렇게 화가 났는지 알아본다.

6. 상대방의 감정을 반영한다. "나는 당신이 실망했다는 것을 알고 있습니다."

7. 상대방의 우려에 대한 이해를 표시한다. "나는 당신이 화가 난 것을 이해할 수 있습니다." 상대방의 불만을 진지하게 받아들인다.

8. 내가 정말로 실수를 했다면 부정하지 않고 책임져야 한다.

9. 상대방의 말을 주의 깊이 들으며 그의 생각과 원하는 것이 무엇인지 이해한다.

10. 그러나 상대가 말을 너무 길게 하거나 알아들을 수 없게 말하면 그의 말을 가로막는다.

11. 상대방이 말한 내용을 자신의 말로 요약한다. "그러니까 당신은 ……다는 것이지요."

12. 내가 질문한다. 질문하는 사람이 리드한다!

13. 공격에 반격으로 대응하지 않고, 나-메시지를 보낸다. "당신이 나를 인간적으로 대했으면 합니다."

14. 상대방의 말을 더 이상 이해할 수 없으면 "그만"이라고 말한다.

15. 대화상대방에게 해결책을 어떻게 생각하는지 묻는다.

16. 아이디어가 없으면 가능한 해결방안들을 제시한다. 상대방에게 구체적으로 동기를 부여한다. "내가 당신을 도울 수 있으려면 ……이 필요합니다."

17. 상대방이 이해할 수 있는 좋은 논거를 활용한다. 납득시키기보다 설득이 낫다!

18. 자신의 능력과 한계를 분명히 한다.

19. 대화 결과를 기록하고 앞으로 할 수 있는 것에 합의한다.

20. 심하게 모욕을 당하거나 상처를 입은 경우에만 대화를 중단한다. 대화 중단의 이유를 밝히고 다음 만남을 제안한다.

학부모와 건설적 갈등해결을 위한 팁

학부모가 교사와 갈등을 겪는 경우가 종종 있다. 갈등의 원인은 성적, 교육 및 제재조치, 교육 권장 또는 수행평가에 대한 서로 다른 의견이다. 이런 갈등의 상당 부분은 대화를 통해 해결할 수 있다. 일부 갈등만 심각해져 법적 소송으로 이어진다.

그러나 대화로 해결하려면 양 당사자가 대화에 관심이 있고 대화를 할 의향이 있어야 한다. 갈등해결대화가 무엇이고 어떻게 성공할 수 있는지에 대해 팁 형식으로 설명할 것이다. 만병통치약은 없지만 갈등을 규명하고 해결할 수 있는 절차는 있다.

1. 갈등이 있으면, 먼저 조사하고 추가 정보를 수집한다. 갈등의 심각성을 객관적으로 평가한다. 갈등해결이 실제로 가치 있는지 솔직하고 진지하게 확인한다.
2. 심각한 문제가 있다는 결론에 도달했다면, 용기를 내어 교사에게 직접 연락을 취한다.
3. 한 학급에서 여러 학생이 관련된 갈등인 경우, 이 문제를 학부모들과 논의하고 다음 학부모회의에서 담임교사에게 알릴 수 있는지를 고려한다. 학부모들은 갑자기 할 말을 하지 못하고 자신만 홀로 된 처지가 되지 않기 위해 누가 무엇을 말할 것인지를 정한다.
4. 일부 문제는 전화로 빠르게 해결될 수 있지만, 처음부터 직접 대화를 고려해야 한다.
5. 혼자 가기 힘들면 2인 1조로 간다. 이것조차 불가능하면, 담임교사의 동의하에 학부모대표에게 연락하여 동행을 요청한다. 최

악의 경우, 학부모대표가 대신하여 대화를 진행할 수도 있다.

6. 규모가 큰 갈등인 경우, 관련자들과 함께 상담 시간에 동행할 수 있다. 물론 이에 대해 대화상대방(담임교사, 과목교사)의 동의가 있어야 한다.

7. 대화 준비를 철저히 한다. 할 질문과 핵심 요점을 기록한다. 필요한 경우 관련 자료를 지참한다. 예를 들어, 채점에 동의하지 않는 경우 시험지를 소지하여야 한다.

8. 교사에게 대화의 이유를 설명한다. 객관적이고 편안한 자세를 유지한다. 즉각적 비난은 피한다. 교사에게 문제가 무엇인지 설명한다("나는 ……이 이해가 되지 않습니다."). 또한 교사의 행동이 자녀에게 미치는 영향을 설명한다("우리 아이는 ……을 할 수 없게 되었습니다.").

9. 누군가에게 사실대로 말하는 것은 감정을 억제하라는 의미가 아니다. 문제를 알았을 때 그 기분을 나-전달법으로 전달한다. "선생님의 말투가 무례합니다!"가 아니라 "제 아이가 선생님의 말씀을 전했을 때 저는 매우 화가 났습니다."라고 하면 대화상대방은 진지하게 받아들인다.

10. 교사에게 본인의 관점에서 문제를 제시하도록 요청한다. 교사의 말을 주의 깊이 듣는다. 교사의 말을 방해하지 않는다. 교사의 말이 이해되지 않거나 일방적 독백으로 바뀌는 경우에만 중단시킨다.

11. 자신과 교사의 견해 사이에 공통점과 차이점을 확인한다. 구체적 질문을 통해 차이점을 명확히 한다.

12. 갈등 원인에 대한 평가에 합의했다면, 원하는 해결책이나 해결책을 위한 아이디어를 제시한다. 교사에게 의견을 묻는다. 예

를 들어, "처벌을 즉시 중단하세요!"와 같이 교사에게 해결책을 강요하지 않는다.

13. 교사가 해결책을 제안하도록 격려한다. 원하는 해결책과 일치하지 않더라도 처음부터 거부하지 않는다. 기꺼이 타협한다. 해결책은 대개 교착된 입장들을 함께 극복함으로써 가능하다.

14. 상대방이 무례하고 모욕적 행동을 했다고 해서 똑같이 보복하지 않는다. 상대방에게 "선생님의 말투가 저에게는 불편합니다!"라고 하고 대화규칙 위반임을 알린다. 상대방에게 자제를 요청한다.

15. 선의에도 불구하고 과목교사와의 첫 번째 해결 시도가 실패하면, 다음 상대는 담임교사이다. 담임교사에게 문제를 알리고 도움과 갈등조정을 요청한다.

16. 담임교사가 자신에게는 책임이 없다는 의사를 밝히거나 해결 또는 갈등조정 시도가 실패할 경우, 대화상대방은 학교장뿐이다. 학교장은 관련 교사와 대화를 통해 이 문제를 규명하려 하거나 양 당사자에게 갈등모더레이션을 제안한다. 갈등모더레이션은 학교장이 중립적인 회의진행자로서 양측이 갈등을 설명하고 함께 해결책을 모색하도록 하는 것을 의미한다.

17. 갈등모더레이션이 성공하면 피상적 선언이 아니라 구체적 합의를 한다. 차후(예: 2개월 후)에 해결책의 성공 여부를 함께 다시 확인할 수 있도록 요청한다.

18. 대화를 통한 해결방법들이 모두 실패하면 정신적 비용과 이점들을 비교하여 자신의 관심사를 재검토한다. 재검토 결과, 문제가 계속해서 자신과 자녀에게 심각한 영향을 미친다는 결론에 도달하면 다음 상대방은 교육당국이 될 수 있다.

19. 상급생들이 갈등하는 경우에는 스스로 적극적으로 해결할 수 있는지 고려한다. 과목교사, 담임교사 또는 학교장으로 가기 전에 학급대표와 상의하는 것도 좋다. 학급대표는 동반자 역할을 할 수 있다.

20. 갈등하는 학생과 학부모에게 또 다른 중요한 사람은 상담교사이다. 상담교사는 갈등 규명과 해결책 모색에 도움을 줄 수 있다.

폭력 예방

1. 폭력적인 청소년들을 멀리한다. 그들이 시비를 걸면 대응하지 않는다.

2. 학교 안팎에서 심각한 위협을 받거나 심지어 협박당하는 경우, 교사, 부모 및 친구에게 알린다.

3. 교사에게 위협이나 폭력 행위에 대해 알리는 경우, 고자질이 아니라 꼭 필요한 자기보호로 생각한다.

4. 본인이 겪은 위협과 폭력에 대해 누군가와 이야기하는 것이 두렵다면, 편지, 이메일, 문자 등으로 알린다.

5. 신체적 공격을 당하면 주위에 직접 알리거나 큰 소리로 도움을 요청한다.

6. 주변에 아무도 없으면 자신을 보호하거나 방어하려고 하지만 폭력적으로 반격하지 않는다.

7. 폭력을 당했다면 부모와 함께 가해자에게 해명, 처벌, 사과, 필요한 경우 보상을 요청한다.

8. 자기방어를 위한 무장은 삼간다.

9. 급우를 괴롭히는 데 가담하지 않고 괴롭힘을 당하는 급우를 돕

는 것이 의무라고 생각한다.

10. 급우들과 함께 폭력을 예방할 방법을 찾는다. 담임교사에게 학급회의에서 폭력 예방에 대해 다룰 것을 요청한다.

집단괴롭힘 예방 전략

- 학교 차원의 조치
  - 설문조사를 통한 사회적 행동 분석
  - 집단괴롭힘에 대한 교육학적 개념 개발을 위한 회의
  - 학부모회에서 개념 논의 및 변경과 추가
  - 공동 조치 목록을 정하기 위한 학교회의
  - 모든 학교구성원을 위한 관련 법규 설명과 명확한 메시지: "우리는 폭력을 용납하지 않습니다!"
  - 휴식시간 감독 변경 및 강화
  - 통학버스 감독 변경 및 강화
  - 또래조정자 교육 및 활동
  - 괴롭힘을 당한 학생을 위한 건의함 및 담당자

- 교실 차원의 조치
  - 학급교사들의 교육학적 합의
  - 학급규칙 제정
  - 피해자에 대한 공감과 도움을 목적으로 한 교실폭력 문제해결
  - 친사회적 행동을 위한 역할극
  - '고자질'을 자기보호를 위한 권리로 변경
  - 친사회적 행동에 대한 평가

－정규 학급회의/'상황 보고'

－협동적 교수법 활용

－학급의 사회적 행동에 대한 담임교사와 학급 학부모대표 간 정기적 정보교환

－집단괴롭힘 예방을 위한 학부모회의

• 개인 차원의 조치

－피해자와 대화/자기보호 방법 교육

－피해자 부모와 대화

－피해자와 가해자를 위한 심리적 지원

－가해자와 그의 부모에게 위험 경고

－규범 위반에 대한 일관된 대응

－반복되는 규범 위반 시 퇴학 조치

교사들의 대화규칙

1. 우리는 인간으로서 서로 존중한다. 이 기본적 존중을 위해 노력한다고 해서 모든 것에 찬성해야 하는 것은 아니다.

2. 우리는 서로 공감을 위해 노력한다. 우리는 상대방의 관점에서 문제를 이해하려고 한다.

3. 우리는 진정성을 추구한다. 진정성은 생각나는 대로 말하는 것이 아니라 원칙적으로 솔직함을 의미한다.

4. 우리는 서로 말할 수 있는 대화를 나눈다. 서로 마음에 들지 않으면 비행에 대해 비판은 하지만 모욕은 삼간다.

5. 상대방이 마음에 들지 않으면 우리는 나－전달법으로 감정을 표

현한다.

6. 우리는 말과 감정이 얼마나 조화를 이루고 있는지 확인한다.

7. 우리는 휴식시간이든 장시간 회의이든 서로 편안한 대화로 스트레스를 해소한다. 우리는 서로 적극적으로 경청할수록 마음이 더 편해진다.

8. 우리가 나눈 비밀은 서로에게 이용하지 않는다. 우리는 다른 동료에 대해 이야기하지 않고 상대방에게 직접 이야기한다.

9. 우리는 우정을 쌓으며 서로 축하하고 함께 활동하며 건강과 유대감을 증진한다.

10. 우리는 각자의 입장을 강하게 주장하지 않고 기꺼이 타협한다.

11. 때때로 우리는 서로 대하는 방식에 대해 함께 생각해 본다.

12. 우리는 특히 신입교사와 융화를 중요시한다. 우리는 현재 힘든 동료들을 지원한다.

13. 우리는 실수를 인정한다. 우리는 기꺼이 서로 배울 수 있다.

14. 우리는 기술적·체계적으로 서로 지원한다. 우리는 함께 수업을 계획하고 진행하고 반성한다.

15. 심각한 규칙위반 갈등이 있는 경우, 우리는 함께 모여 공동 해결을 위해 노력한다. 우리는 학생과 학부모의 공격성에 노출된 동료를 보호한다.

16. 우리는 회의, 게시판, 교수 및 수업 자료 등의 정보를 공유한다.

17. 학교장을 포함한 모든 학교구성원은 투명한 의사결정과정을 위해 노력한다. 따라서 우리는 모두 학교구성원으로서 자신의 자리를 알고 있다.

찾아보기

ㄱ

갈등 31, 33, 36

갈등 규모 52

갈등 기능 45

갈등 역사 79

갈등 원인 64

갈등 유형 47

갈등 인식 59

갈등 전개 74

갈등 조건 38

갈등고조기제 81, 83

갈등고조단계 86

갈등관리 절차 184

갈등구도 52

갈등규제 157

갈등모더레이션 138, 145, 257

갈등문화 182

갈등선 80

갈등순환 106

갈등스타일 106

갈등에피소드 79

갈등조정 138, 147

갈등진단 134, 188

갈등진단 스키마 134

갈등징후 60

갈등체계 세우기 125

갈등체계도 123

갈등해결 138

갈등해결대화 138, 140, 256

갈등해결대화 지침 214

감정 66

감정관리 279

개별대화 220

개별화 304

개인 간 갈등 175
개인 간 갈등분석 184
건설적 갈등대처 349
격분 282
경쟁 32
경청 220
공격성 32, 347
공동조정 361
공멸 90
공정한 분리 155
공포감 280
과정 성찰 121
과정 역량 121
관계 개선 216
관계갈등 50
관계관리 118
관점 변화 283
교사 간 대화 325
교사-교사 갈등 55
교사-교사 대화 323
교사-교장 갈등 58
교사-학급 갈등해결대화 241
교사-학부모 갈등 56

교사-학부모 대화 319
교사-학생 갈등 55
교사-학생 갈등해결대화 236
교사-학생 관계 319
교사회의 253
교육과정 개발 378
교육관 정립 374
구두점 찍기 83
구조적 긴장 완화 122
권력개입 285
그림 그리기 125

ㄴ
나-전달법 282
내면화 349
내적 갈등 33, 49
냉랭갈등 76
느슨한 이완결합체계 72

ㄷ
다세대 조직 73
대화 4요소 모델 70
또래조정 207, 345, 352

또래조정자 교육 356

ㄹ

리더십 피드백 299

리듬화 342

ㅁ

마음챙김 대화 315

말 대신 행동 88

메타관점 97

메타커뮤니케이션 224

모더레이터 145, 203

모욕감 280

목표갈등 48

문제 32

문제해결 212

문화갈등 51

문화변화기제 128

ㅂ

반향 측정 343

발전 저항 335

발전스트레스 340

방어기제 186

분노감 280

분배갈등 49

분위기 포스터 310

불신감 281

불안감 279

불편부당성 146

비난-요청 원리 282

비전 문제 382

ㅅ

사회적 갈등 33

사회적 범주화 178

사회적 역량 교육 359

사회적 요인 73

사회적 정체성 179

사회적 정체성이론 178

사회적 지각 98

사회적 차별성 179

상대방 제거 89

상대방 존중 217

상호 갈등 263

상호작용 69

생소함 100

선행조직자 302

세심한 학교발전 334

수업 피드백 306

수치심 279

수행평가 370

시간포식자 342

신체적 피해 89

심리적 안정 112

쌍방 대화 97

ㅇ

악마화된 영역 85

악순환 82

압력 101

약식 대화 236

업무 위임 227

역장 분석 340

역할 명료화 114

역할갈등 50, 115

열렬갈등 76

옐로 카드 283

우리의식 178

위기 33

위협 89, 100

유머 282

의견 차이 32

의사결정 198

의식화된 조정 절차 352

인간관계 116

일반화 83

입씨름 87

입장 강화 87

ㅈ

자가감염 43

자기결정 205

자기공격성 349

자기이행적 예언 85

자기지각 98

장애 극복 97

재정리 282

저항 99

저항 관리 99

적 이미지 84

적극적 경청 282

적대감 281

전이 186

정기적 교사회의 365

정신위생 309

정신훈련 113

제편성 146

조정역량 149

조정자 203

조직적 요인 71

조직화된 무질서 72

죄책감 281

중재 203

지각 65

지루감 281

질투심 280

짐 버리기 342

집단 177

집단갈등관리 182

집단과 갈등 177

집단괴롭힘 181, 262

집단괴롭힘 고조단계 264

집단역동 119

집단정체성 178

ㅊ

체계원리 127

체계적 팀발달 327

체면 깎기 88

초조감 281

ㅋ

킬러프레이즈 62

ㅌ

태도 67

토론 31

퇴행 85

투사 84

팀 모더레이션 328

팀워크 진단 331

ㅍ

파괴적 갈등대처 347

편짜기 88

평가갈등 49

폭력 32, 347

프로젝트 갈등 122

피드백 222

ㅎ

하버드 협상법 144
학교-언론과 교육당국 갈등 59
학교장의 역할 168
학교장의 책임 165
학교조직 세우기 125
학교조직문화 128
학교-지역사회 갈등 59
학교폭력 예방 345, 346
학급 설문지 313
학급교사회의 250
학부모-교사 갈등해결대화 247

학부모의 불만족 383
학생 중심의 교실관리 308
학생/학부모-교사 갈등 57
학생-학생 갈등 54
학생-학생 갈등 또래조정 244
학생-학생 대화 322
행동 68
협력적 갈등해결대화 208
협상 138
화해 138, 153
화해자 153
효과적 수업 300
효과적 지렛대 342
훌륭한 학교리더십 295

저자 소개

문용갑(Moon Yong Gap)

독일 Bremen 대학교 사회심리학 박사

전 독일 Bremen 대학교 ITB 교수

현 한국갈등관리 · 조정연구소 대표

〈저서 및 역서〉

교실갈등관리(공저, 학지사, 2023)

갈등 트레이닝(공역, 학지사, 2019)

대물림과 체계론적 가족치료(공저, 학지사, 2019)

해결중심갈등관리(공역, 학지사, 2019)

조직갈등관리(공저, 학지사, 2016)

갈등조정의 심리학(학지사, 2011)

이남옥(Lee Nam Ok)

독일 Osnabrück 대학교 심리학 박사

현 한국상담대학원대학교 가족상담학과 교수

〈저서〉

교실갈등관리(공저, 학지사, 2023)

나의 다정하고 무례한 엄마(라이프앤페이지, 2020)

대물림과 체계론적 가족치료(공저, 학지사, 2019)

우리 참 많이도 닮았다(북하우스, 2018)

문다운(Moon Da-Un)

독일 Berlin 의과대학교 의학 박사

현 독일 Berlin 대학병원 정신건강의학과 전공의

〈저서〉

교실갈등관리(공저, 학지사, 2023)

학교갈등관리
Conflict Management in Schools

2023년 8월 20일 1판 1쇄 인쇄
2023년 8월 30일 1판 1쇄 발행

지은이 • 문용갑 · 이남옥 · 문다운
펴낸이 • 김진환
펴낸곳 • ㈜ **학지사**

04031 서울특별시 마포구 양화로 15길 20 마인드월드빌딩
대표전화 • 02-330-5114   팩스 • 02-324-2345
등록번호 • 제313-2006-000265호

홈페이지 • http://www.hakjisa.co.kr
인스타그램 • https://www.instagram.com/hakjisabook

ISBN 978-89-997-2946-1 93180

정가 18,000원

출판미디어기업 **학지사**

간호보건의학출판 **학지사메디컬** www.hakjisamd.co.kr
심리검사연구소 **인싸이트** www.inpsyt.co.kr
학술논문서비스 **뉴논문** www.newnonmun.com
교육연수원 **카운피아** www.counpia.com